Grundlagen Sportwissen
W. Friedrich, L. Jung

Prizipien der biomechanik
S. 103

Grundlagen Sportwissen

Lehrbuch für Training und Sportunterricht

2., überarbeitete Auflage

W. Friedrich, L. Jung

Spitta Verlag GmbH & Co. KG · Ammonitenstraße 1 · 72336 Balingen · www.spitta.de

Anschrift der Verfasser:

Dr. Wolfgang Friedrich
Im Brühl 1/2
72144 Dußlingen

Lutz Jung
Hindenburgstraße 26
72127 Kusterdingen

Bibliografische Information der Deutschen Bibliothek
Die Deutsche Bibliothek verzeichnet diese Publikation in der Deutschen Nationalbibliografie;
detaillierte bibliografische Daten sind im Internet über http://dnb.ddb.de abrufbar.

Nach dem Zulassungsbescheid vom 18. 08. 2003 für den Schulunterricht an den allgemein bilden-
den Gymnasien (Kursstufe – Pflichtfach) des Landes Baden-Württemberg zugelassen.

1. Auflage 2003
2., überarbeitete Auflage 2004
© 2004 by Spitta Verlag GmbH & Co. KG
Ammonitenstraße 1, D-72336 Balingen
www.spitta.de

Produktmanagement: Isabella Herr, Petrarca Bohlender
Lektorat: Ingrid Ahnert, Kunreuth; Isabella Herr
Umschlagfotos: R. Eckert, Pressefoto, Bamberg; The Image Bank, München
Satz: Kranzbühler Werbeatelier, Albstadt-Lautlingen
Druck: Druckerei Kessler, Bobingen
Printed in Germany
ISBN 3-934211-70-4

Das Werk, einschließlich aller seiner Teile, ist urheberrechtlich geschützt. Jede Verwertung außerhalb der engen Grenzen des
Urheberrechtsgesetzes ist ohne Zustimmung des Verlages unzulässig und strafbar. Die dadurch begründeten Rechte, insbesondere die der Wiedergabe auf fotomechanischem (Fotokopie/Mikrokopie) oder ähnlichem Wege, der Einspeicherung und Verarbeitung in elektronischen und digitalen Systemen (Internet, CD-ROM, DVD), der Übersetzung, der Entnahme von Abbildungen
und der Funksendung bleiben, auch bei nur auszugsweiser Verwendung, vorbehalten. Die Wiedergabe von Gebrauchsnamen,
Handelsnamen, Warenbezeichnungen usw. in diesem Werk berechtigt auch ohne besondere Kennzeichnung nicht zur Annah-
me, dass solche im Sinne der Warenzeichen- und Markenschutz-Gesetzgebung als frei zu betrachten wären und daher von
jedermann benutzt werden dürften.

Leider konnten nicht für alle Abbildungen die Rechteinhaber ermittelt werden. Sollte dem Verlag gegenüber der Nachweis der
Rechteinhaberschaft geführt werden, wird das branchenübliche Honorar nachträglich gezahlt.

Geleitwort

Für Trainer, Übungsleiter und ebenso für Sportstudenten ist es außerordentlich schwierig, eine kompakte, praxisnahe Information zu biologischen und physiologischen Erkenntnissen der Trainingslehre zu bekommen. Meist muss man sich die neueste Information aus Spezialliteratur oder Spezialbüchern zusammenstellen, was vom Zeitaufwand in keiner Relation zu den durchzuführenden Aufgaben steht.

Es ist aber wünschenswert, dass sich diejenigen, die den Sport organisieren, anleiten und auch durchführen, mit den fortschreitenden wissenschaftlichen und biologischen Grundlagen beschäftigen. Umso dankenswerter ist es, wenn sich kenntnisreiche Autoren die Mühe machen, die Informationen in regelmäßigen Abständen zusammenzustellen und auf den neuesten Stand zu bringen. Besonders sinnvoll erscheint die Absicht der Autoren, nicht nur theoretische Informationen zu liefern, sondern auch Kapitel anzuschließen, die von praktischem Wert sind.

Von Seiten der Sportmedizin freuen wir uns über diese Aktivitäten auch deshalb, weil die erweiterten physiologischen Kenntnisse der Trainer und Übungsleiter auch das Gespräch mit Sportmedizinern erleichtern, um wichtige Erkenntnisse aus der Sportmedizin in den Sport zu transferieren. Für manchen Sportmediziner wäre es darüber hinaus auch hilfreich, wenn er sich mit der Lektüre beschäftigt, um bestimmte Probleme des sportlichen Trainings zu verstehen.

Wir hoffen, dass die Autoren genug Anerkennung finden werden, um auch weiterhin an einer permanenten Fortführung der Grundlagen im Sportwissen zu arbeiten.

Prof. Dr. H.-H. Dickhuth
Präsident der Deutschen Gesellschaft
für Sportmedizin und Prävention

Vorwort zur 2. überarbeiteten Auflage

Die Halbwertszeit der sportwissenschaftlichen Erkenntnisse wird heute auf etwa fünf Jahre geschätzt. Wir sind daher der Meinung, dass ein zeitgemäßes Lehrbuch für die Schule den damit verbundenen Entwicklungen in den jeweiligen Sportbereichen Rechnung tragen muss. Es bleibt unser Anliegen, den Schülern moderne, wissenschaftlich belegte Informationen zu vermitteln.

In dieser 2. überarbeiteten Auflage orientierten wir uns noch enger an dem baden-württembergischen Lehrplan der Gymnasien, was vor allem zu einer Überarbeitung des Kapitels »Sportbiologie – Energiebereitstellung« führte.

Erfreut haben uns die vielen positiven Rückmeldungen über die Kapitel »Kompetenzen von Übungsleitern und Trainern«, »Sport und Ernährung« sowie »Gesundheitssport« der ersten Auflage. Diese Themen, die zum Teil erst in den letzten Jahren Einzug nahmen, sind heute schon nicht mehr wegzudenken. Wer das Heranwachsen von Kindern und Jugendlichen aufmerksam verfolgt, wird feststellen, dass diese Aspekte für die Entwicklung hin zu einem selbstverantwortlichen Erwachsenen immer wichtiger werden.

Die Notwendigkeit, so schnell eine zweite Auflage zu erstellen, scheint unser Konzept der breit gefächerten Unterrichtsgestaltung zu bestätigen. Unser Dank gilt all den Kollegen und Freunden, die uns für die Überarbeitung der ersten Auflage mit ihren Anregungen und Rückmeldungen eine große Unterstützung waren.

Dußlingen und Kusterdingen im Sommer 2004   Dr. W. Friedrich, Lutz Jung

Inhalt

Geleitwort 5

Vorwort 6

1	**Kompetenzen von Übungsleitern und Trainern** .... .13	
1.1	Soziale Kompetenz .... .14	
1.1.1	Einschätzung sozialer Verhaltensweisen .... .16	
1.1.2	Verhaltenserwartungen und Ich-Aussagen .... .17	
1.1.3	Zuhören und Kommunikation .... .18	
1.1.4	Konflikte konstruktiv und kommunikativ lösen .... .19	
1.1.5	Zusammenfassung .... .20	
2	**Trainingsprinzipien und Anpassung im Sport** .... .22	
2.1	Leitprinzip: Prinzip der Entwicklungs- und Gesundheitsförderung ... .22	
2.2	Physiologisches Prinzip .... .23	
2.3	Prinzip der Homöostase und Superkompensation .... .24	
2.4	Prinzip des wirksamen Belastungsreizes .... .25	
2.5	Prinzip der progressiven Belastung .... .26	
2.6	Prinzip der Quantität des Trainings und der Trainingshäufigkeit ..... .27	
2.7	Prinzip der Anpassungsfestigkeit und des längerfristigen Trainingsaufbaus .... .28	
2.8	Prinzip der Qualität des Trainings .... .28	
3	**Theorie und Methodik des Trainings** .... .30	
3.1	Training/Trainieren: Um was geht es dabei? .... .30	
3.2	Leistungsfaktoren: Worauf beruht »Leistungssteigerung« eigentlich? . .32	
3.3	Langfristiger Trainingsaufbau: Konzepte statt Rezepte .... .34	
4	**Konditionelle Fähigkeiten** .... .42	
4.1	Kraftfähigkeiten .... .43	
4.1.1	Trainingsziel: Kraftzuwachs .... .45	
4.1.2	Trainingsziel: Kraftausdauer .... .46	
4.1.3	Trainingsziel: Schnellkraft .... .47	
4.1.4	Trainingsziel: Reaktivkraft .... .48	
4.2	Ausdauerfähigkeiten .... .49	

4.2.1	Trainingsziel: allgemeine aerobe Ausdauer (Grundlagenausdauer)	51
4.2.2	Trainingsziel: spezielle Ausdauer	52
4.3	Schnelligkeitsfähigkeiten	55
4.3.1	Trainingsziel: Reaktionsschnelligkeit	55
4.3.2	Trainingsziel: Handlungsschnelligkeit	57
4.3.3	Trainingsziel: Bewegungsschnelligkeit	58
4.3.4	Trainingsziel: Schnelligkeitsausdauer	60
4.4	Beweglichkeit	61
4.4.1	Dauerdehnung	63
4.4.2	Anspannungsdehnung	63
4.4.3	Wiederholungsdehnung	63
5	**Trainingsmethoden im Konditionstraining**	**65**
5.1	»Klassische Methoden« der Belastungssteuerung	65
6	**Koordinative Fähigkeiten**	**71**
6.1	(Räumliche) Orientierungsfähigkeit	75
6.2	(Kinästhetische) Differenzierungsfähigkeit	75
6.3	Koppelungsfähigkeit	75
6.4	Gleichgewichtsfähigkeit	76
6.5	Rhythmusfähigkeit (Rhythmisierungsfähigkeit)	77
6.6	Reaktionsfähigkeit	77
6.7	Umstellungsfähigkeit	78
6.8	Zusammenfassung in zwei Merksätzen	78
6.9	Antizipation	79
6.10	Analysemodell nach *Neumaier*	79
7	**Methodische Grundsätze und methodische Maßnahmen im Koordinationstraining**	**83**
7.1	Maßnahmen zur Variation der Bewegungsausführung	84
7.2	Maßnahmen zur Variation der Übungsbedingungen	85
8	**Planung, Durchführung und Auswertung von Übungsstunden und Trainingseinheiten**	**86**
9	**Methodik im Sport**	**92**
9.1	Lehrwege	94
9.2	Allgemeine methodische Grundsätze	95
9.3	Ganzheitsmethode	97
9.4	Teillernmethode	97

Inhalt

10	**Struktur und Funktion von Bewegungsabläufen**	99
10.1	Phasenanalyse von sportlichen Bewegungen	100
10.2	Strukturmodell von *Meinel* und *Schnabel*	100
10.3	Strukturierung nach Funktionsphasen von *Göhner*	101
10.4	Einsatzmöglichkeiten der Strukturmodelle	103
10.5	Biomechanische Prinzipien im Sport	103
11	**Fehlerkorrektur im Sport**	105
11.1	Inhalt der Information	106
11.2	Menge und Genauigkeit der Information	107
11.3	Modalität der Information	108
11.4	Frequenz der Information	109
11.5	Zeitpunkt der Information	109
11.6	Externer und interner Fokus	110
12	**Sportbiologie**	112
12.1	Aktiver Bewegungsapparat, Muskulatur und Energiebereitstellung	112
12.1.1	Arten des Muskelgewebes und Aufbau des Skelettmuskelgewebes	112
12.2	Energiebereitstellung im Muskel	113
12.2.1	Anaerobe Energiegewinnung	113
12.2.2	Aerobe Energiegewinnung	116
12.3	Muskelkater	119
12.4	Herz-Kreislauf-System und sportliches Training	120
12.4.1	Anatomisch-physiologische Grundlagen zu Aufbau und Funktion des Herzens	120
12.4.2	Kenngrößen der Herzfunktion	121
12.4.3	Anpassungserscheinungen des Herz-Kreislauf-Systems an Ausdauerbelastungen	122
12.4.4	Bedeutung der Pulsfrequenzkontrolle	123
12.5	Passiver Bewegungsapparat und sportliches Training	124
12.5.1	Gelenke und ihre Bedeutung für den Sport treibenden Menschen	124
13	**Sportverletzungen**	129
13.1	Hauptursachen von Sportverletzungen und Sportschäden	129
13.2	Sportverletzung – Pech gehabt?	132
14	**Sport und Ernährung**	134
14.1	Besondere Bedingungen des Sports	134
14.2	Flüssigkeits- und Elektrolythaushalt	136
14.2.1	Thermoregulation	136

14.2.2	Zusammenhang von Dehydratation und Leistungsfähigkeit	138
14.2.3	Trinken während sportlicher Belastung	138
14.2.4	Ausgewählte Getränke im Kurzüberblick	140
14.3	Feste Nahrung	143
14.3.1	Kohlenhydrate	143
14.3.2	Fette	146
14.3.3	Proteine	147
14.3.4	Vitamine	147
14.4	Gewichtsreduktion und Sport	148
14.5	Zusammenfassung	149
14.6	Zusammenspiel zwischen Ernährung, Herz-Kreislauf-System und Energiebereitstellung	150
15	**Gesundheitssport**	**152**
15.1	Zugänge	152
15.2	Gesundheitskonzepte	154
15.2.1	Bindungsmodell	154
15.2.2	Salutogenesemodell	155
15.2.3	Bewältigungsmodell	156
15.2.4	Risikofaktorenmodell	156
15.3	Gesundheits-Abc der Sportarten	158
15.4	Bluthochdruck und Sport	161
16	**Bewegungserziehung und entwicklungsgemäßes Training im Kindes- und Jugendalter**	**162**
16.1	Zusammenhang zwischen Erbanlagen und soziokulturellen Einwirkungen	162
16.2	Kleinkindalter (1–3 Jahre)	163
16.3	Vorschulalter (4–7 Jahre)	164
16.4	Frühes Schulkindalter (7–10 Jahre)	166
16.5	Spätes Schulkindalter (10–13/14 Jahre)	167
16.6	Allgemeine sportmedizinische Grundlagen zum Kindes- und Jugendtraining	168
16.6.1	Wachstum und Körpergröße bzw. Körperproportionen	168
16.6.2	Wachstum und Stoffwechsel	168
16.6.3	Wachstum und passiver Bewegungsapparat	169
16.6.4	Wachstum und aktiver Bewegungsapparat (Muskulatur)	170
16.6.5	Wachstum und Thermoregulation	170
16.6.6	Wachstum und Gehirnentwicklung	171
16.6.7	Wachstum und Herz-Kreislauf-System	171

16.7	Training der konditionellen Fähigkeiten	172
16.7.1	Schnelligkeitstraining	172
16.7.2	Ausdauertraining	173
16.7.3	Krafttraining	174
16.8	Ernährung	175
17	**Training im Freizeitsport – Fitnesstraining**	**177**
17.1	Ziele und Inhalte	178
17.2	Gestaltung	178
17.3	Methodik des Ausdauertrainings	179
17.4	Krafttraining	180
17.5	Beweglichkeitstraining	181
17.6	Ernährung	181
18	**Sportpsychologische Aspekte**	**182**
18.1	Konzentration im Sport	182
18.1.1	Ziel	182
18.1.2	Bedürfnisse, Motive, Wünsche	182
18.1.3	Entspannung	183
18.1.4	Zeit	183
18.1.5	Konzentrationsrichtungen	183
18.1.6	Konzentrationstraining und -kontrolle	183
19	**Aufwärmen**	**185**
19.1	Allgemeines Aufwärmen	185
19.2	Spezielles Aufwärmen	187
20	**Funktionelle Gymnastik**	**189**
20.1	Funktionelle Muskeldehnung	189
20.2	Dehnen und Stretchen	190
20.3	Dehntechniken	191
20.4	Funktionelle Kräftigung	192
20.5	Wie sieht es mit »traditioneller« Gymnastik aus?	193

Glossar ... 195

Abkürzungen ... 197

Literatur ... 198

Sachregister ... 201

	Aufgaben
!	Merksätze, Definitionen
o	Zusammenfassung
B	Beispiel

1 Kompetenzen von Übungsleitern und Trainern

Ein Sportverein ist ohne Übungsleiter/Trainer (ÜL/Trainer) genauso schwer vorstellbar wie ein ÜL/Trainer selbst, der nicht fähig ist,
- sein Training in sportlicher Hinsicht »hinzukriegen« und
- seinen Sportlern etwas beizubringen.

Trainerausbildung zielt darauf ab, ÜL/Trainer möglichst gut auf diese zentralen Aufgaben im Verein vorzubereiten. Dazu gehört natürlich, dass er sich sehr intensiv mit sämtlichen sportfachlichen Kenntnissen und Fähigkeiten beschäftigt, die er benötigt, um im Verein erfolgreich arbeiten zu können. Bevor in den nachfolgenden Kapiteln der rein fachliche Teil behandelt wird, werden zunächst Anforderungen aus einem anderen Bereich in den Vordergrund gestellt. Denn: Dort wird die Grundlage für all das gelegt, was nachfolgend in der Zusammenarbeit zwischen Trainer und Athleten bzw. zwischen Übungsleiter und Sportler erreicht werden kann. Zusätzlich zu den oben genannten fachlichen Dinge ist es äußerst wichtig,
- dass ÜL/Trainer mit anderen (und mit sich selbst!) »klarkommen«!

Alle ÜL/Trainer, die in einem Sportverein Übungsstunden leiten, das Training gestalten oder Sportler im Wettkampf betreuen, verfügen dabei über ihre persönlichen Erfahrungen. Das gilt insbesondere für die Art und Weise, wie jeder Einzelne mit anderen Menschen umgeht. Diese Erfahrungen sind wichtig, denn sie geben uns die notwendige Sicherheit. Zudem könnten wir uns ohne sie in einer sozialen Situation wie dem Training überhaupt nicht zurechtfinden.

Aber sowohl im Sport mit Erwachsenen und Älteren als auch im Kinder- und Jugendsport müssen ÜL/Trainer die Erfahrungen, die sie in der Vergangenheit gemacht haben, immer wieder aufs Neue überprüfen und neu bewerten. »Passen« sie auch in dieser momentanen Situation? Ist meine »Art«, die Dinge zu sehen, die einzig mögliche, die einzig »richtige«? Oder ist nicht auch meine aktuelle Wahrnehmung mitbestimmt von meinen persönlichen Erfahrungen und den Erwartungen, die ich an mich selbst in meiner Rolle als ÜL/Trainer und an meine Teilnehmer sowie an meine Gruppe richte? Handle ich so, dass es vor einem allgemein akzeptierten pädagogischen Hintergrund (der Gruppe, der Gesellschaft) gerechtfertigt ist? Mit diesen und ähnlichen Fragen ist zum einen die Gesamtpersönlichkeit des ÜL/Trainers angesprochen. Das Übungsleiter- bzw. Trainer-Sein erfordert zuerst ein Bewusstsein für die mit der Tätigkeit verbundene Verantwortung (Verantwortung in Lehr- und Vermittlungsfragen, sportfachliche und pädagogisch-psychologische Verantwortung...). Diese Verantwortung kann nur übernehmen, wer Vertrauen in sich selbst und ein starkes Ich besitzt. Und Selbstbewusstsein sowie Selbstsicherheit wiederum ermöglichen Offenheit und Kritikfähigkeit und führen zur Unabhängigkeit von Rezepten aller Art. Zum anderen sind seine »sozialen Kompetenzen« angesprochen, denn jeder ÜL/Trainer ist im ständigen Kontakt mit seiner Übungsgruppe und mit den unterschiedlichsten Einzelpersonen, die sich in unseren Vereinsgruppen zusammenfinden. Was aber genau meinen wir, wenn wir von der zentralen Rolle sprechen, welche wir der »Sozialkompetenz« von ÜL/Trainer beimessen?

1.1 Soziale Kompetenz

> Soziale Kompetenz ist ein Bündel von verschiedenen Verhaltensweisen, die Menschen ausführen, um mit anderen Menschen in Kontakt zu treten und sich mit ihnen angemessen zu verständigen (*Francescon*, 2001).

Die Tatsache, dass in der Übungsleiter- bzw. Trainerausbildung von den Unterrichtsanteilen her gesehen – ebenso wie in diesem Buch – die Beschäftigung mit den fachlich-inhaltlichen Fragen der Trainingsgestaltung dominiert, scheint auf den ersten Blick die weit verbreitete Meinung zu bestätigen: »Ohne Fachkompetenz kann doch niemand das Training in einer Sportart bzw. eine Übungsstunde im freizeit- oder gesundheitsorientierten Sport leiten.« Was in diesem Kapitel hinzugefügt werden soll, ist die Überzeugung, dass es ein Irrtum ist zu glauben, dass Qualität und Erfolg in der Arbeit von Trainer/ÜL dauerhaft auf der sportfachlichen Ebene alleine entstehen.
In der Praxis des Vereinssports geht es ebenso wie in der ÜL-/Trainer-Ausbildung vor allem um das Zusammenwirken sowie das Zusammenführen aller Fähigkeiten und (Schlüssel-)Qualifikationen, die in ihrer Summe die Voraussetzung für die erfolgreiche Tätigkeit als ÜL/Trainer sind.
Die sog. »liegende Acht« (nach *Hotz*, 2000) stellt den Zusammenhang, das Zusammenwirken und die Verwobenheit dieser Fähigkeiten (»Kompetenzen«) dar (Abb. 1).

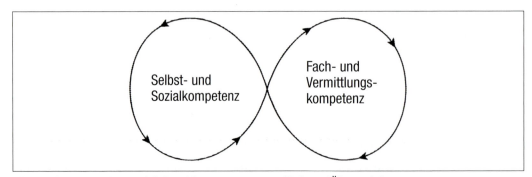

Abb 1: Zusammenhang wichtiger Kompetenzen von Trainern/Übungsleitern.

Soziale Kompetenz

> Was mit den »Händen« einer exzellenten Fachkompetenz aufgebaut wurde, kann mit dem »Hintern« einer unterentwickelten Sozialkompetenz wieder eingerissen werden.

Sozialkompetenz kann und muss Thema in der Trainer-/Übungsleiterausbildung sein (Abb. 2). Spannend ist vor diesem Hintergrund die Frage, welchen Stellenwert die angehenden ÜL/Trainer der Sozialkompetenz im Vergleich zu anderen Kompetenzbereichen zuschreiben.
Wenn man über eine hohe Sozialkompetenz, aber keinerlei Fachkompetenz verfügt, kann man kein erfolgreicher Trainer in einer Sportart sein. Man kann in einer Sportart vielleicht Trainer sein, wenn man lediglich über Fachkompetenz verfügt. Dann ist man aber kein »guter« Trainer.

> Sozialkompetenz bedeutet für einen Trainer, dass er in der Lage sein sollte, eine dialogorientierte und tragfähige Beziehung im Sport aufzubauen und zu erhalten.

Nach *Ridder* (in: *Francescon*) kann man darunter vor allem folgende Kompetenzbereiche verstehen:
- Kommunikative Kompetenz,
- Kooperationsfähigkeit,
- Konfliktlösungskompetenz,
- Teamfähigkeit,
- Management eigener und fremder Emotionen,
- Umgang mit Verschiedenheit und kulturellen Unterschieden.

Da es sich bei der Sozialkompetenz um mehrere einzelne Kompetenzbereiche handelt, ist es notwendig, sich mit diesen Bereichen in der Ausbildung von ÜL/Trainer auseinanderzusetzen. Die folgenden Bereiche beziehen sich auf Ausführungen von *Francescon*.

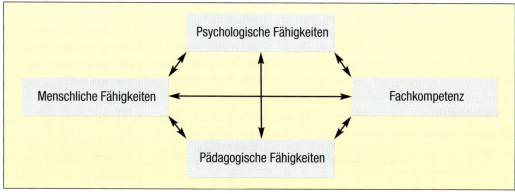

Abb 2: Kompetenzbereiche eines Trainers/Übungsleiters.

1.1.1 Einschätzung sozialer Verhaltensweisen

Bei diesem Teilaspekt geht es um den erstaunlichen Sachverhalt, welche Bandbreite menschlichen Verhaltens man in bestimmten sozialen Situationen beobachten kann. In ein und derselben Situation reagieren Trainer/ÜL und Sportler völlig unterschiedlich (z. B. von *aggressiv* oder *unsicher* bis hin zu dem Verhalten, das man als *sozial kompetent* bezeichnet).

Um soziale Situationen einschätzen zu können, muss man diesen möglichen Verhaltensweisen bestimmte Kriterien zuordnen können – quasi als Signale, um welche Verhaltensart des Gegenübers es sich gerade handelt. Die Frage, die es zu klären gilt, lautet demnach: Wie unterscheiden sich diese verschiedenen Verhaltensweisen, z. B. *aggressives*, *unsicheres* oder *sozial kompetentes Verhalten* im Hinblick auf:

1. Stimme,
2. Formulierung,
3. Inhalt sowie
4. Gestik und Mimik?

Wer hier keine Zuordnungen finden kann, läuft in der Praxis Gefahr, unangemessen zu reagieren. Jede funktionierende Gemeinschaft ist auf übereinstimmende Zuordnung dieser Signale angewiesen. Sie ist eine Grundbedingung des Zusammenlebens. Diese Signale unterscheiden sich von Gesellschaft zu Gesellschaft. Man denke nur daran, welch unterschiedliche Bedeutung der Gestik und Mimik z. B. in anderen Kulturen zukommt. In Tabelle 1 hat *Francescon* eine mögliche Zuordnung von Merkmalen vorgenommen.

Merkmal	Sozial kompetent, sicher	Unsicher	Aggressiv
Stimme	Laut, klar, deutlich	Leise, zaghaft	Brüllend, schreiend
Formulierung	Eindeutig	Unklar, vage	Drohend, beleidigend
Inhalt	Präzise Begründung, Ausdrücken eigener Bedürfnisse und Gefühle, Benutzung von »Ich«	Überflüssige Erklärungen, Verleugnung eigener Bedürfnisse, indirektes Ausdrücken von Gefühlen, Benutzung von »Man«	Keine Erklärung und Begründung, Drohungen, Beleidigungen, Kompromisslosigkeit, Rechte anderer werden ignoriert
Gestik/Mimik	Unterstreichend, lebhaft, entspannte Körperhaltung, Blickkontakt	Kaum vorhanden oder verkrampft, kein Blickkontakt	Unkontrolliert, drohend, wild gestikulierend, kein Blickkontakt oder Anstarren

Tab. 1: Matrix für sozial kompetentes Verhalten (nach *Francescon*, 2000).

Soziale Kompetenz

Sozial kompetentes Verhalten bedeutet auch, dass der Trainer/ÜL sich nicht verstellt, sondern ehrlich im Umgang mit seinen Gefühlen ist. Voraussetzung ist weiterhin eine Atmosphäre gegenseitiger Wertschätzung. Auch das Eingehen auf Wünsche der Sportler und umgekehrt der Wünsche des Trainers/ÜL durch die Sportler gehört dazu.

1.1.2 Verhaltenserwartungen und Ich-Aussagen

Jeder Trainer/ÜL hat Erwartungen an seine Sportler und umgekehrt. Wichtig ist in diesem Zusammenhang für den ÜL/Trainer, welches »Bild« er von seinen Sportlern hat. Die eigene Einstellung bzw. Erwartung beeinflusst das Verhalten des Trainers/ÜL in hohem Maße. Wo jeder Trainer diesbezüglich steht, kann er selbst herausfinden, indem er sich mit folgenden zwei Fragen beschäftigt:
1. Welche Eigenschaften von Sportlern wünsche ich mir besonders?
2. Welche Eigenschaften von Sportlern lehne ich ab?

Jeder Trainer/ÜL sieht das Verhalten seiner Sportler durch seine eigene Brille. Wer für sich z. B. die Ruhe in der Trainingshalle als sehr wichtig einschätzt, wird in der Praxis eher Konflikte haben in Situationen, in denen Trainingsteilnehmer Lärm machen und laut sind. Trainer/ÜL, welche der Lärm nicht so stört, werden in ähnlichen Situationen eher keinen Konflikt haben. Jeder Trainer/ÜL geht mit seinen persönlichen Erwartungen/Einstellungen in den Sport. Er muss sich darüber im Klaren sein, dass er dadurch quasi das Bild eines Idealsportlers für sich konstruiert. Dieses Bild leitet sein eigenes Verhalten, und auch das Verhalten der Teilnehmer wird wiederum davon beeinflusst (Abb. 3).

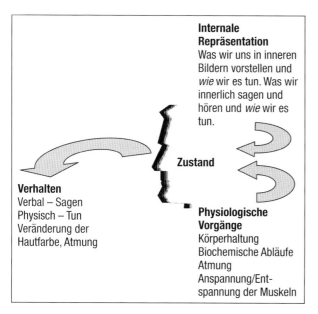

Abb. 3: Erzeugung von Zuständen und Verhaltensweisen (modifiziert nach *Robbins*, 2000).

Selbstverständlich hat jeder Trainer/ÜL durch seine Funktion das Recht, Forderungen an die Sportler, z. B. bezüglich ihrer Verhaltensweise, zu stellen. Hier muss zwar eine klare Abgrenzung zur Willkür und zu Allmachtsphantasien mancher Trainer/ÜL gezogen werden, insbesondere was die Verhaltenssteuerung von Kindern und Jugendlichen anbelangt. Aber in jeder einzelnen Situation muss Folgendes klar werden: *Ich* teile dir *meine* Wahrnehmung, *mein* Empfinden, *meine* Bewertung und *meine* Forderung an dich mit.

Ich-Aussagen wirken grundsätzlich nur in der aktuellen Situation und sind kein Allheilmittel, um Konflikte damit zu lösen. So einfach darf man es sich nicht machen. Ich-Aussagen sind als Verhaltensweise zu verstehen und nicht als »Arbeitstechnik«. Durch Ich-Aussagen teilt sich der ÜL/Trainer seinen Sportlern unmittelbar und persönlich mit. Daher sind diese Aussagen ein wichtiger Bestandteil sozial förderlichen Verhaltens, insbesondere bei auftretenden Spannungen und Konflikten zwischen ÜL/Trainer und Sportlern. Auf was kommt es bei Ich-Aussagen an?

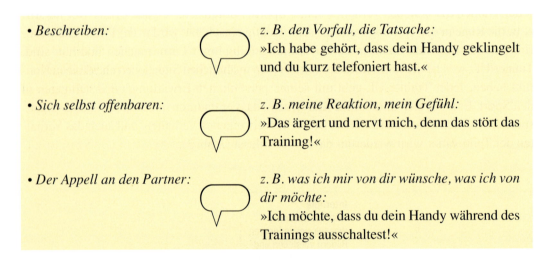

- *Beschreiben:*   z. B. *den Vorfall, die Tatsache:* »Ich habe gehört, dass dein Handy geklingelt und du kurz telefoniert hast.«

- *Sich selbst offenbaren:*   z. B. *meine Reaktion, mein Gefühl:* »Das ärgert und nervt mich, denn das stört das Training!«

- *Der Appell an den Partner:*   z. B. *was ich mir von dir wünsche, was ich von dir möchte:* »Ich möchte, dass du dein Handy während des Trainings ausschaltest!«

1.1.3 Zuhören und Kommunikation

Eine weitere Grundvoraussetzung im Umgang mit Sportlern (Eltern/Funktionären...) ist das Verstehen dessen, was diese Personen mitteilen wollen. Dazu ist es notwendig, dass der Trainer/ÜL nicht nur passiv zuhört, was bedeutet, dass ihn der Inhalt des Gesagten nicht wirklich interessiert. In solchen Fällen hat der Zuhörer unabhängig vom Inhalt dessen, was ihm sein Gegenüber sagt, die Antwort schon parat. Erst durch aktives Zuhören kann der Trainer/ÜL verstehen, was ihm der Andere sagen will. Gleichzeitig zeigt der Trainer/ÜL durch *aktives Zuhören,* dass er sowohl am Inhalt als auch an der Person interessiert ist. Im Kern geht es darum, dieses Interesse zu zeigen und so zu einer guten (weil am Gesprächspartner orientierten) Form der Kommunikation zu gelangen.

Soziale Kompetenz

Das Ziel des aktiven Zuhörens ist es, Missverständnissen vorzubeugen und Gesprächspartner besser zu verstehen, um entsprechend angemessen miteinander kommunizieren zu können. Merkmale für ein aktives, bewusstes Zuhören sind nach *Franceson*:
- *Aufnehmendes Zuhören:* Zeigen, dass man aufmerksam ist (Nicken, Blickkontakt).
- *Zusammenfassen:* Wiederholen der wesentlichen Äußerungen des Gegenübers mit eigenen Worten, um zu zeigen, dass man ihn verstanden hat.
- *Offene Fragen stellen:* Durch offene Fragen (Wer? Wo? Wie? Weshalb?) kann der Gesprächspartner dazu angeregt werden, Aussagen zu präzisieren.
- *Lob für gutes Gesprächsverhalten:* Positive Rückmeldungen geben, damit der Partner ermutigt wird, auch in Zukunft offene Aussagen zu machen.
- *Rückmeldung der eigenen Gefühle:* Es gibt auch Situationen, in denen man nicht mit Verständnis reagieren kann. Dies muss man dem Gesprächspartner ebenfalls mitteilen.

1.1.4 Konflikte konstruktiv und kommunikativ lösen

Neben der sportlichen Betreuung im Training ist die Lösung von Konflikten die wichtigste Aufgabe der Trainer/ÜL. Hier kommt es zur Anwendung des zuvor Gelernten. Den Beteiligten muss klar sein, dass sozial kompetentes Verhalten nichts mit »ständig freundlich und nett zueinander sein« zu tun hat. In der Praxis gilt es zu differenzieren, ob man das Problem mit der ganzen Gruppe oder nur mit dem/der Betroffenen bespricht. Folgende Vorgehensweise ist zur Konfliktlösung in einer Gruppenarbeit denkbar:

Schritt 1: Problem erkennen, beschreiben und definieren: Welches Verhalten zeigen die Beteiligten? Was könnte in ihnen vorgehen? Welches Interesse haben sie?
Schritt 2: Lösungsvorschläge entwickeln: Sammeln der Vorschläge ohne zu werten.
Schritt 3: Lösungsvorschläge werten: Alle Vorschläge werten. Manchmal ergibt sich bereits bei diesem Schritt eine Art Reihenfolge nach Durchführbarkeit und Fairness.
Schritt 4: Über die Lösung entscheiden: Einen Konsens herbeiführen, besser als einen Mehrheitsbeschluss.
Schritt 5: Realisierungsschritte erarbeiten: Verantwortung für die Lösung übernehmen. Maßnahmenplan erstellen; Kriterien für die Erreichung des Zieles müssen klar sein.
Schritt 6: Lösung beurteilen: Die Lösung wird nach einiger Zeit gemeinsam bewertet. Eventuell ist ein neuer Lösungsweg notwendig.

Prinzipiell sollte der ÜL/Trainer nach diesem Schema auch für sich alleine bei der Konfliktlösung vorgehen.

Was bei Kindern/Jugendlichen (und nicht nur bei ihnen) schlecht ankommt:
- Moralpredigten halten
- Bloßstellen oder Beleidigen vor der Gruppe
- Ohne Vorankündigung die Eltern einbinden

Lösungsorientierte Ansätze sind:
- Ursachenanalyse mit allen Beteiligten
- Eigene Stellung klar machen
- Forderungen formulieren
- Sanktionen vereinbaren oder konkret ankündigen
- Vorbeugen durch Regelvereinbarungen

1.1.5 Zusammenfassung

Aus dem Gesamtkomplex Sozialkompetenz konnte in diesem Kapitel nur ein kleiner Teil dargestellt werden. Sozial kompetentes Verhalten wirkt zusammen mit der Fachkompetenz des Trainers/Übungsleiters. Wenn das Ziel des Trainers /ÜL eine dialogorientierte, tragfähige Beziehung zu seinen Sportlern ist, muss er daran auch arbeiten. Möchte er sich in diesem Bereich weiterqualifizieren, so setzt dies vor allem Interesse und Offenheit gegenüber diesem Thema voraus. Das Gegenteil von Offenheit soll das folgende Zitat eines Trainers dokumentieren: »Ich habe immer wieder Sportler getroffen, die mich verstanden haben!« Der Trainer kann und muss sich soziale Kompetenz genauso aneignen wie Fachkompetenz.

Thommy Haas (re.) mit *Carl-Uwe Steeb* (Foto: Team2Sportphoto)

Soziale Kompetenz

 Aufgaben

Welche der Fähigkeiten in Abbildung 2 ist für Ihre momentane Tätigkeit als Trainer/ÜL die wichtigste? Begründen Sie gegenüber Kollegen, warum dies so ist.

Welchen Stellenwert haben die übrigen drei Fähigkeiten aus Abbildung 2 für Ihre Tätigkeit als Trainer/ÜL? Begründen Sie Ihre Einstellung gegenüber Ihren Kollegen. Überlegen Sie sich in Gruppenarbeit Antworten auf folgende Arbeitsaufträge:
- Was kann ein anderer Trainer tun, damit ihn seine Kollegen achten?
- Was kann ein Trainer tun, damit die Trainingsteilnehmer sagen: »Der ist klasse?«
- Was muss ein Trainer tun, damit Eltern ihre Kinder bestimmt nicht in sein Training schicken?
- Was muss ein Trainer tun, damit ihn ein anderer Verein abwerben möchte?

Überlegen Sie sich gemeinsam mit Ihren Kollegen für Ihre Sportart/Disziplin typische Konfliktsituationen und lösen Sie diese anhand der in Kapitel 1.1.4 genannten Vorgaben.

Analysieren Sie, wo Ihre eigenen Stärken und Schwächen im Hinblick auf die Selbst- und Sozialkompetenz bzw. Fach- und Vermittlungskompetenz liegen.

Aus: *Podgorsky, I.*: Muskeln auf Papier, Wien 1986

2 Trainingsprinzipien und Anpassung im Sport

Die Trainingsprinzipien gelten als *Kernstück der Trainingslehre*. Es sind allgemeine Grundsätze, und sie sollen in dieser Funktion orientierende Aussagen über die Planung und Durchführung von sportlichem Training liefern. Sie beruhen auf sportwissenschaftlichen Erkenntnissen sowie auf Trainer und Expertenerfahrung. Die Trainingsprinzipien lassen dem Trainer und Sportler Ermessensspielräume für Training sowie Wettkampf und sind nicht als rigide und feste Vorschriften zu verstehen. Für die hier getroffene Auswahl waren primär das Vorliegen eines biologischen Hintergrundes und die Bedeutung für die konditionellen Fähigkeiten entscheidend (vgl. *Grosser* et al., 2001; *Hohmann* et al., 2002). Pädagogisch orientierte Trainingsprinzipien (Anschaulichkeit, Fasslichkeit etc.) werden an dieser Stelle nicht weiter behandelt. Die Trainingsprinzipien wirken in das Konditionstraining hinein. Der Organismus reagiert auf überdurchschnittliche körperliche Anforderungen mit funktionellen und morphologischen Veränderungen, die eine höhere Arbeits- und Belastungsfähigkeit zur Folge haben. Diesen Prozess bezeichnet man als Anpassung oder Adaptation.

> Genauer kann der Prozess der Anpassung folgendermaßen beschrieben werden:
> Wenn im Verlauf eines regelmäßigen Trainings durch reizwirksame, überschwellige Belastungen dem Organismus neuromuskuläre und energetische Engpässe aufgezwungen werden, dann versucht er, die Arbeitsbereiche der beanspruchten Systeme zu verändern. Er steuert die Arbeitsweise des neuromuskulären Systems um und vergrößert allmählich die Kapazität des Energiepotenzials. Diese wiederholten, durch Trainingsbelastungen provozierten Umstellungsprozesse führen dann schrittweise zur Anpassung (vgl. ebd.).

2.1 Leitprinzip: Prinzip der Entwicklungs- und Gesundheitsförderung

Das Konditionstraining ist derart zu gestalten, dass es die körperliche, psychische und motorische Entwicklung zu keinem Zeitpunkt hemmt, sondern diese stets unterstützt. Die Gesundheit soll unter verantwortungsbewusster Vermeidung oder weitestgehender Reduzierung von Risiken gefördert werden. Es geht um alters- und entwicklungsgemäßes Training der konditionelle Fähigkeiten.

2.2 Physiologisches Prinzip

Nach dem physiologischen Prinzip sind Form und Funktion wechselseitig aufeinander bezogen (Abb. 4). Organe, Strukturen und Formen eines Organismus entwickeln sich nur weiter, wenn sie auch genutzt und belastet werden. Ändert man die Funktion (= Belastung) eines Organs (z. B. Muskels), so beeinflusst man dessen qualitative Beschaffenheit und erhöht seine spezifische Leistungsfähigkeit. Wenn man Krafttraining mit einem Muskel macht, so passt sich dieser im Laufe der Zeit an die Belastung an. Man wird kräftiger! Macht man regelmäßig Ausdauerläufe, so passen sich der Muskel und insbesondere das Herz-Kreislauf-System an die Belastung an. Umgekehrt kommt es zu einer negativen Anpassung, wenn man das Training für längere Zeit unterbricht (z. B. Verletzungen, Pause).

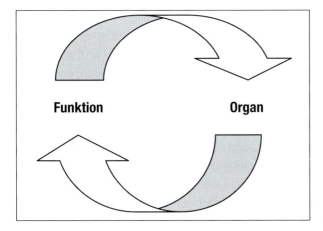

Abb. 4: Physiologisches Prinzip.

Alle prinzipiellen Aussagen zum Training der konditionellen Fähigkeiten beschreiben (mit diesem biologischen Hintergrund) den Trainingsprozess im Grunde genommen folgendermaßen:

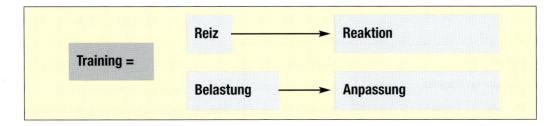

Die nachfolgenden Ausführungen haben im Hinblick auf diese Beziehung zwischen Trainingsbelastung und Anpassungserscheinungen grundsätzliche Bedeutung.

2.3 Prinzip der Homöostase und Superkompensation

Die Überkompensation wurde von *Jakowlew* 1977 als überschießende Anpassungsreaktion beschrieben (Abb. 5). Bei starken, überschwelligen Reizen nimmt die Leistungsfähigkeit, bezogen auf den Ausgangszustand, zunächst ab, der Körper ermüdet. Dadurch wird das Fließgleichgewicht des Organismus (= Homöostase) gestört. In der nachfolgenden Erholungsphase stellt der Organismus seine Leistungsfähigkeit wieder her, indem er seine Strukturen, Energie- und Funktionspotenziale erneuert. Die regenerierenden Prozesse gehen dabei über den Zustand des Ausgangsniveaus hinaus, was man als Superkompensation bezeichnet. Das erhöhte Niveau bleibt nach einer einmaligen Belastung nicht erhalten, sondern bildet sich wieder zurück. Die optimale neue Belastung muss logischerweise auf den Höhepunkt der Superkompensationsphase Rücksicht nehmen. Grundsätzlich kann man sagen: Je länger und intensiver der Belastungsreiz ist, der zur Erschöpfung des Organismus führt, desto länger dauert die Regenerationsphase. Die Wiederherstellung der verschiedenen Energiespeicher bzw. biologischen Beanspruchungsbereiche zeigt einen unterschiedlichen Verlauf, den man als Heterochronizität bezeichnet. In der Trainingspraxis ist es nicht einfach, den jeweiligen optimalen Zeitpunkt der Wiederherstellung zu finden, da außer der vorausgegangenen Belastung auch die individuelle Anpassungsfähigkeit (Adaptabilität), die Ernährung und sonstige trainingsbegleitende Maßnahmen Einflussfaktoren auf den Kurvenverlauf darstellen. Letztlich führen neben dem theoretischen Wissen nur die Erfahrung des Trainers/Sportlers und die Beobachtung der individuellen Verhältnisse des Sportlers zu konkreten Ergebnissen. Zudem ist die Anpassung von Hochleistungssportlern anders als die von mittelmäßigen Sportlern oder sportlichen Anfängern. Grundsätzlich gilt die Superkompensation für die Entleerung der Glykogenspeicher (Zuckerspeicher) der Muskulatur. Im konditionellen Bereich gilt sie eher für das Training der Ausdauer- und Kraftarten. Für den Schnelligkeitsbereich, das technische oder auch das Koordinationstraining trifft sie nicht zu. In Abbildung 6 wird deutlich, dass verschiedene Teilsysteme bzw. verschiedene biologische Strukturen unterschiedliche Zeiten zur Wiederherstellung benötigen bzw. einen unterschiedlichen Erholungsverlauf aufweisen.

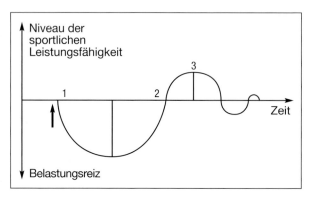

Abb. 5: Veranschaulichung der biologischen Anpassung: Dies gilt insbesondere für Prozesse der Vergrößerung des Glykogendepots (1: Phase der Abnahme der sportlichen Leistungsfähigkeit; 2: Phase des Wiederanstiegs der sportlichen Leistungsfähigkeit; 3: Phase der Superkompensation; *Weineck*, 2000).

Prinzip der Homöostase und Superkompensation

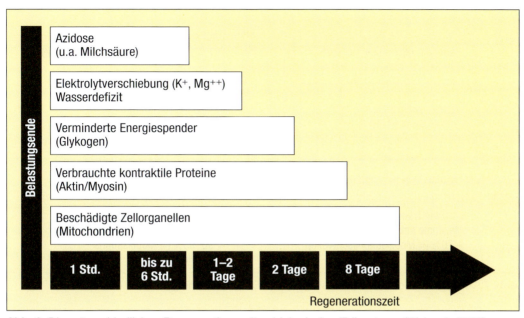

Abb. 6: Die unterschiedlichen Regenerationszeiten biologischer Teilsysteme (*Weineck,* 2002).

2.4 Prinzip des wirksamen Belastungsreizes

Dieser Grundsatz sagt aus, dass der Trainingsreiz eine bestimmte Intensitätsschwelle überschreiten muss, um überhaupt eine Anpassungsreaktion hervorzurufen, d.h. trainingswirksam zu sein. Die Reizstufenregel besagt:
- Unterschwellige Reize bleiben wirkungslos.
- Über der Schwelle liegende schwache Reize erhalten das Funktionsniveau.
- Über der Schwelle liegende starke Reize (= optimale Reize) lösen physiologische und anatomische Veränderungen aus.
- Zu starke Reize schädigen die Funktion/das Organ/die Struktur.

Wo der jeweilige Schwellenwert liegt, hängt vom Trainingszustand des Sportlers ab. Die jeweils wirksamen Belastungsreize unterscheiden sich für die Bereiche Kraft, Schnelligkeit und Ausdauer. Für den Kraftbereich gelten mindestens 30 % des Maximalkraftwertes als Schwellenwert für Anpassung bzw. Erhaltung (Abb. 7).

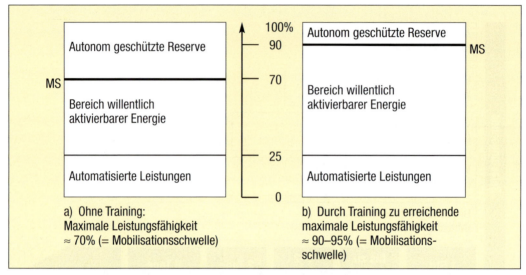

Abb. 7: Verschieben der Mobilisationsschwelle (MS) durch Training (*Grosser* et al., 2001).

2.5 Prinzip der progressiven Belastung

Wenn Trainingsbelastungen über einen Zeitraum von mehreren Wochen oder Monaten gleich bleiben, hat sich der Organismus so angepasst, dass dieselben Belastungsreize nicht mehr trainingswirksam sind (Abb. 8). Sie rufen keine weitere Leistungssteigerung mehr hervor. Möglichkeiten der Belastungssteigerung sind:

- Höhere koordinative Ansprüche
- Änderung der Belastungskomponenten, wie z.B. Reizdauer, -dichte, -umfang, -intensität
- Erhöhung des Trainingsumfanges innerhalb der Trainingseinheit
- Erhöhung der Trainingsintensität
- Erhöhung der Anzahl der Wettkämpfe
- Erhöhung der Zahl der Trainingseinheiten pro Woche
- Verkürzung der Regenerationspausen

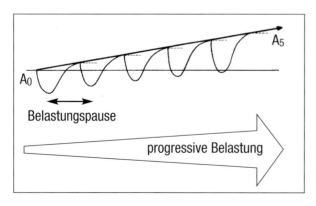

Abb. 8: Adaptationsverlauf bei optimaler Pausensetzung (*Frey, Hildenbrandt*, 1994).

2.6 Prinzip der Quantität des Trainings und der Trainingshäufigkeit

Je besser der Trainingszustand eines Sportlers ist, umso geringer sind die möglichen Leistungszuwächse auch bei sehr hohem Trainingsumfang. Gleichzeitig ist bei gleicher Trainingsquantität und Leistung die Aufteilung in kleinere Teileinheiten trainingswirksamer als das Ableisten in einem großen Trainingsblock. Eine Steigerung der Belastung sollte daher zunächst über eine erhöhte Trainingshäufigkeit und erst in zweiter Linie über die Ausweitung der Dauer (Trainingsquantität) der einzelnen Trainingseinheiten erfolgen. Abbildung 9 zeigt Zwillinge, die über 6 Wochen hinweg mit ca. 80 % ihrer maximalen Sauerstoffaufnahme trainiert haben. Einer von beiden trainierte an 6 Tagen der Woche jeweils 6 Minuten auf dem Fahrradergometer. Dies ergibt 36 Minuten Training pro Woche. Der Bruder trainierte jeweils an einem Tag der Woche 36 Minuten. Die Anpassung war bei dem Zwilling, der täglich trainierte, mehr als doppelt so groß. *Insbesondere im Ausdauerbereich ist die Trainingshäufigkeit eine bestimmende Größe!*

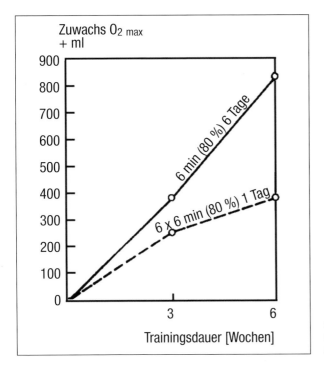

Abb. 9: Zuwachs der O_2-Kapazität durch unterschiedliches Training (*Frey, Hildenbrandt, 1994*).

2.7 Prinzip der Anpassungsfestigkeit und des längerfristigen Trainingsaufbaus

Bei diesem Prinzip geht es um den Zusammenhang zwischen der Struktur des Trainingsaufbaus und der Rückentwicklung der Leistungsfähigkeit nach Absetzen des Trainings (Abb. 10). Dies ist der Fall bei Verletzung, Urlaub oder Erkrankung bzw. nach Beendigung der aktiven Laufbahn.

Ein schnell erarbeitetes Leistungsniveau ist weniger stabil und recht störanfällig. Über einen größeren Zeitraum hinweg erzielte Adaptationen sind durch eine wesentlich höhere Stabilität (Trainingsfestigkeit) und eine geringere Störanfälligkeit gekennzeichnet (vgl. *Frey, Hildenbrandt*, 1994). Das bedeutet für Leistungs- und Hochleistungssportler, dass sie in der Übergangsperiode ruhigen Gewissens pausieren können, ohne dass die Form sofort vollkommen verschwindet. Inbesondere im Anfänger- und Jugendbereich sollte das Prinzip der Langfristigkeit und Regelmäßigkeit Anwendung finden. Maßvolle Trainingshäufigkeit und -intensität sowie geringere Wettkampfhäufigkeit wirken dem frühen »Verheizen« entgegen! Die Devise muss im Kinder-/Jugendtraining lauten: *»Umfang vor Härte«* sowie *»Technik vor Belastung«*.

2.8 Prinzip der Qualität des Trainings

Spezifische Belastungen führen immer nur zu spezifischen biologischen Anpassungen. Oder anders ausgedrückt: Spezielle Reize führen zu speziellen Ergebnissen. Gewichtheber, welche primär Kraft trainieren, weisen keine über der Norm liegenden Ausdauerwerte auf.

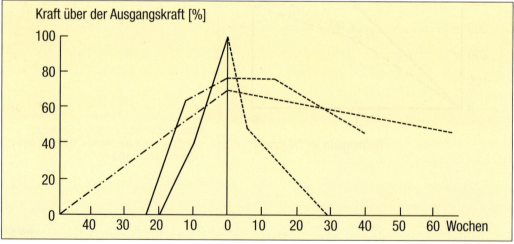

Abb. 10: Aufbaudynamik und Anpassungsfestigkeit (— : tägliches Training, — · — : wöchentliches Training, - - - : kein Training; *Frey, Hildenbrandt*, 1994).

Prinzip der Qualität des Trainings

Andererseits sind Langstreckenläufer im Kraftbereich zum Beispiel mit untrainierten Normalbürgern vergleichbar. Hochspringer haben eine anders ausgeprägte Sprungkraft als Weitspringer, und Mittelstreckler unterscheiden sich in ihrer Ausdauerleistungsfähigkeit von Langstrecklern. Jede Sportart/Disziplin hat ihr eigenes Anforderungsprofil, auf welches im Training zielgerichtet hingearbeitet werden muss.

 Folgendes Beispiel soll dieses Prinzip verdeutlichen: Ein Sprinter läuft die 30-m-Distanz mit maximaler Geschwindigkeit. Nach jedem Sprint macht er eine ca. 5-minütige vollständige Erholungspause. Er läuft diese Strecke 7-mal, also insgesamt 210 m. Ein anderer Athlet läuft die 30 m in einem Pendelsprint hintereinander insgesamt 7-mal. Bruttodistanz: 210 m. Der Unterschied besteht darin, dass der erste Athlet die Schnelligkeit trainiert, während der zweite die Schnelligkeitsausdauer verbessert! Trainingseffekte können trotz gleicher Inhalte völlig unterschiedlich sein, wenn man die Zusammensetzung der Belastungskomponenten (Reizintensität,-dauer,-dichte und -umfang) entsprechend verändert!

Aufgaben

- Machen Sie sich anhand von Beispielen aus der Sportpraxis klar, wann und weshalb welche Trainingsprinzipien berücksichtigt werden müssen.

- Ergründen/diskutieren Sie mit Kollegen, wie im Gesamtkomplex des Trainings die Trainingsprinzipien letztendlich zusammenwirken.

3 Theorie und Methodik des Trainings

3.1 Training/Trainieren: Um was geht es dabei?

Handball-Nationalspieler, Altherren-Fußballer und Freizeitkegler, alle »trainieren«, ohne jedoch das Gleiche zu tun. Übungsleiter und Trainer sollen Trainingsprozesse verstehen und gestalten: Welche konkreten Aufgaben stellen sich ihnen? Ein erster Zugang zum »Trainieren« ist über die *unterschiedlichen Zielsetzungen* der Trainierenden möglich (Abb. 11).

Abb. 11: Ziele des Trainings.

Training findet also mit unterschiedlichsten Zielsetzungen und auf unterschiedlichsten Ebenen (Leistungsniveaus) statt (Abb. 12).
Unabhängig von der Zielsetzung und dem Niveau werden Trainingsprozesse jedoch immer dadurch begründet, dass einige typische – für das Training charakteristische – Merkmale erfüllt sind:

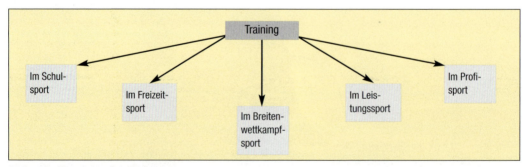

Abb. 12: Bereiche des Trainings.

> **! Definition**
> Unter Training wird der *zielgerichtete, geplante*, möglichst *individuelle, kontrollierte* und *langfristige Prozess* mit dem Ziel verstanden, die komplexe sportliche Leistungsfähigkeit zu erhalten, zu steigern oder wiederzuerlangen.

Anwendungsorientierte theoretische Aussagen zur Gestaltung von Trainingsprozessen (allgemeine und spezielle Trainingslehren) stützen sich sowohl auf Erfahrungen aus der Sportpraxis als auch auf Forschungsergebnisse anderer sportwissenschaftlicher Disziplinen, denen quasi eine Zubringerfunktion zukommt (Abb. 13).

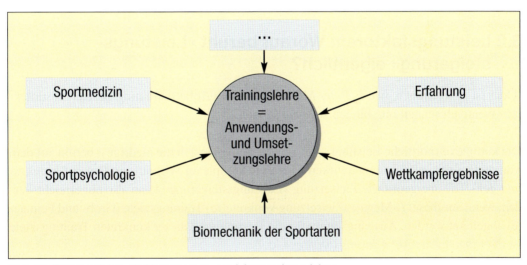

Abb.13: Trainingslehre als Umsetzungs- und Anwendungslehre.

Dem Übungsleiter/Trainer kommt dabei die schwierige *Aufgabe der Steuerung und Regelung des Trainingsprozesses* zu, das heißt, er sollte unter Berücksichtigung vorliegender Erfahrungen und – sich z. T. widersprechender – theoretischer Aussagen zum Training sowie unter Berücksichtigung jeweils spezifischer Zielsetzungen und Niveauebenen
- den jeweils gegebenen Leistungsstand der von ihm trainierten Sportler möglichst genau feststellen (»Diagnose«),
- ausgehend von den erkannten »Stärken« und »Schwächen« realistische Trainings-(Fein-)*Ziele bestimmen*,
- das kurz-, mittel- und evtl. langfristige Vorgehen zum Erreichen dieser (Fein-)*Ziele planen* (Trainingsinhalte auswählen, Belastungen festlegen usw.),
- das geplante Vorgehen in konkrete praktische Trainingsarbeit umsetzen *(Trainingsdurchführung)*,

- den Erfolg/Teilerfolg/Misserfolg des durchgeführten Trainings *kontrollieren* (Beobachtung, Testverfahren, Wettkampfergebnisse),
- versuchen, die Ursachen für Erfolg/Teilerfolg/Misserfolg *herauszufinden* und
- auf der Grundlage aller Teilschritte das weitere Vorgehen im Training von Neuem planen (Beibehalten, Ergänzen, Verändern).

Aufgabe
Hinterfragen Sie kritisch im Zusammenhang mit dem Training die Aussage »Planung ersetzt den Zufall durch den Irrtum«.

3.2 Leistungsfaktoren: Worauf beruht »Leistungssteigerung« eigentlich?

(Oder ist es so einfach, wie es *Peter Müller* nach einer Abfahrtstrainingsbestzeit ausdrückte: »Wenn ich schnell bin, bin ich sowieso schnell.«)

Die komplexe sportliche Leistung – sowohl die hohe als auch die niedrige – beruht auf dem Vorhandensein und Zusammenwirken wiederum komplexer Wirkungsgrößen (= *Leistungsfaktoren*). Die übergeordnete Zielsetzung »Leistungssteigerung« kann also nur erreicht werden, wenn aus dieser (»Mega«-)Zielsetzung konkrete(re) Trainingsziele (Grob- und Feinziele) abgeleitet werden. Ausgangspunkt für die Bestimmung dieser konkreten Trainingsziele ist die Frage nach »*Anforderungsprofilen*«, d. h.
- nach den konkreten Handlungsanforderungen innerhalb der jeweiligen Sportart und Disziplin und
- nach denjenigen *Fähigkeiten*, die gebraucht werden, um die jeweils konkrete *Anforderungssituation* (z. B. die Sportabzeichen-Anforderungen zu erfüllen, eine bestimmte Spielsituation zu »meistern«) zu *bewältigen*.

Aufgabe
Schreiben Sie alles, was Sie über das *»Anforderungsprofil« Ihrer Sportart*
- konditionell (Kraft, Schnelligkeit, Ausdauer, Beweglichkeit),
- koordinativ (Gewandtheit, Geschicklichkeit, genauer: Gleichgewicht, Reaktion, Differenzierung etc.),
- psychologisch (Konzentration, Motivation, Stress, Angst)

wissen, möglichst genau auf. Besprechen Sie die Ergebnisse mit Ihren Kollegen.

Worauf beruht Leistungssteigerung

Klammert man diejenigen (Rahmen-)Bedingungen zunächst aus, welche die sportbezogene Handlungs- und damit Leistungsfähigkeit nur *mittelbar* beeinflussen (z. B. familiäre und berufliche/schulische Situation, Trainingsmöglichkeiten usw.), so führen uns zwei Fragen zur Bestimmung konkreter Trainingsziele:
1. In *welchen Phasen* läuft das »Handeln« des Sportlers ab, wenn er seine sportartspezifischen Anforderungen bewältigt?
2. *Welche Fähigkeiten* des Sportlers bilden die Voraussetzungen für das erfolgreiche Handeln innerhalb dieser Phasen?

Das bedeutet z. B. im Bereich der Sportspiele und der Zweikampfsportarten:
Welche Fähigkeiten
- bewirken starke »*Antriebe*«, überhaupt etwas leisten zu wollen,
- führen zu einer umfassenden »*Orientierung*« vor einer Bewegungshandlung und einem *Handlungsplan*,
- ermöglichen eine quantitativ und qualitativ gute »*Ausführung*« der geplanten Bewegungshandlung,
- werden benötigt, um eine »*Auswertung*«/»*Interpretation*« ausgeführter Bewegungshandlungen vornehmen (= lernen) zu können?

Dieses Beispiel verdeutlicht, dass es nicht genügt, das Training auf einige wenige Fähigkeiten bzw. nur auf die Ausführungsphase hin auszurichten, denn die sportbezogene Handlungsfähigkeit wird immer von vielen Fähigkeiten aus verschiedenen Bereichen geprägt (Abb. 14).

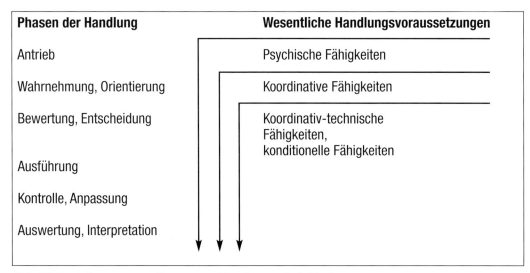

Abb. 14: Beeinflussung sportbezogener Handlungsmöglichkeit.

Kopf, Herz und Hand gehören also untrennbar zusammen. Der Sportler muss lernen, ausgerichtet an Zielen und Erwartungen zu handeln, Entscheidungen zu treffen darüber, was *wie* getan werden muss und dies – ohne bzw. mit Störungen – wirkungsvoll auszuführen. Viele Fähigkeiten müssen entwickelt werden. Jede von ihnen wirkt leistungsbestimmend und/oder leistungsbegrenzend. Für die Trainingspraxis bedeutet das, dass der Übungsleiter/Trainer *Zielkonflikte* (vor allem bei zu geringer Trainingshäufigkeit) lösen muss, indem er Trainingsschwerpunkte zur Verbesserung einzelner Fähigkeiten setzt, ohne jedoch das Gesamte aus den Augen zu verlieren.

 Merke
Es können nicht immer (nicht in jeder Altersstufe, nicht zu jedem Zeitpunkt des Trainingsjahres usw.) *gleichzeitig alle* für die Leistung wichtigen Fähigkeiten im gleichen Umfang, mit gleicher Intensität und mit gleicher Wirksamkeit trainiert werden.

Andererseits muss sich der Übungsleiter/Trainer darüber im Klaren sein, dass alle *allgemeinen und speziellen Leistungsvoraussetzungen* im Verlauf eines langjährigen Trainingsprozesses geschaffen und weiterentwickelt werden müssen, wenn eine umfassende Handlungsfähigkeit und eine gute Leistungsfähigkeit im Sport erreicht werden sollen (Abb. 15).

Abb. 15: Entwicklung von Leistungsvoraussetzungen.

3.3 Langfristiger Trainingsaufbau: Konzepte statt Rezepte

Oder: *Welche Ziele* sind (speziell am Anfang des langfristigen Trainingsprozesses) *wann wichtig?*

Trainingswissenschaft und praktische Erfahrung belegen, dass innerhalb der langfristigen Trainingsarbeit dem Training mit Kindern und Jugendlichen eine besondere Bedeutung zukommt.

Langfristiger Trainingsaufbau: Konzepte statt Rezepte

Dies gilt insbesondere für das sogenannte »*Grundlagentraining*« (= GLT), dem ersten geplanten Abschnitt jedes langjährigen Trainingsprozesses. Das GLT bildet *die Basis* jedes systematisch betriebenen Trainings. Es hat die Funktion, *Fundamente zu schaffen*. Abbildung 16 verdeutlicht – idealtypisch – seine »*Schlüsselrolle*«.

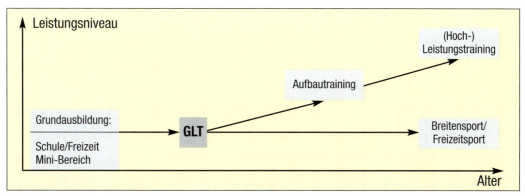

Abb. 16: Bedeutung des Grundlagentrainings (GLT).

Späte und *Schubert* weisen mit Recht darauf hin, dass im Verlauf des Grundlagentrainings alle Voraussetzungen (koordinativ-technische, konditionelle, technisch-taktische, kognitive, motivationale usw.) dafür geschaffen werden müssen, dass eine spezielle Sportart (in welcher Form auch immer)
- langfristig,
- gesund und
- gut vorbereitet

betrieben werden kann. Es gilt, günstige Grundlagen für »Weiterlernen« und »Weitertrainieren« zu schaffen; im Grundlagentraining darf kein Ziel und keine Aufgabe auf Kosten anderer Ziele/Aufgaben gelöst werden.

> **! Merke**
> Niemals kann auf einem Minimum an Basis ein Maximum an Leistung aufgebaut werden; Grundlagentraining bedeutet, perspektivisch zu denken und zu handeln (»*auf Vorrat*« arbeiten)!

Es ist also nicht nur wichtig zu entscheiden, *WAS* im Verlauf des Trainingsprozesses überhaupt gelernt, entwickelt oder erreicht werden soll *(Ziele des Trainings),* sondern es muss auch klar sein, was sinnvollerweise *WANN* (in welchen Abschnitten des Trainingsprozesses) und *WIE* (mit welchen Inhalten und Methoden) erfolgen muss.

Theorie und Methodik des Trainings

> ❗ **Merke**
> - In jedem Abschnitt des Trainingsprozesses müssen bestimmte (Etappen)-Ziele erreicht werden.
> - Bevor die speziellen Leistungsvoraussetzungen der jeweiligen Sportart entwickelt werden können und dürfen, müssen – als Grundlage – allgemeine Leistungsvoraussetzungen geschaffen werden.
> - Eine sinnvolle Ausbildung erfolgt immer über die Etappen/Etappenziele.

- Vielseitige Grundausbildung
- Zielgerichtetes vielseitiges Grundlagentraining
- Beginn der (verzögerten) Spezialisierung
- Vertiefung des speziellen Trainings
- Leistungssteigerung

Für die Ordnung bzw. den Aufbau der ersten (grundlegenden) Trainingsabschnitte gelten vor allem die folgenden Ansatzpunkte (Abb. 17):

A: Die Gesetzmäßigkeiten bzw. die Systematik der Leistungsentwicklung in der jeweiligen Sportart/Disziplin (vgl. hierzu die *Rahmentrainingspläne der Fachverbände*),

B: die alters- und entwicklungsbedingte Lern- und Leistungsfähigkeit, Belastbarkeit und Trainierbarkeit (vgl. hierzu die Ausführungen zur Sportmedizin in diesem Buch sowie Kapitel 16),

C: pädagogische Leitgedanken (vgl. hierzu unter anderem die Ausführungen zur Sozialkompetenz in diesem Buch, Kapitel 1).

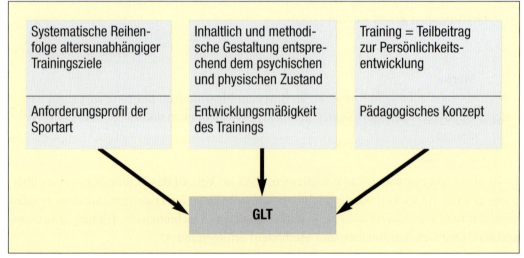

Abb. 17: Faktoren, die das Grundlagentraining bestimmen.

Langfristiger Trainingsaufbau: Konzepte statt Rezepte

 Merke
Soll das Training mit Kindern/Jugendlichen (Grundlagentraining) erfolgreich durchgeführt werden, muss es sich
- in den Zielen,
- in den Inhalten und
- in den Methoden

vom Erwachsenentraining unterscheiden.

Leider findet man in der Praxis sehr häufig erfolgs- statt leistungs- und spaßorientierte Übungsleiter/Trainer im Grundlagentraining, deren Blick (fast) durchweg auf der jeweils aktuell möglichen Bestleistung ruht. Ihre häufigsten und gleichzeitig schwerwiegendsten Fehler sind nachfolgend schlagwortartig aufgelistet:

- *Das überragende Ziel ist der – kurzfristige – Wettkampferfolg:*
  Das »Siegen-Wollen« steht zu sehr im Vordergrund und demnach wird das trainiert, was kurzfristig »Erfolg« bringt und nicht das, was unter einer langfristigen Perspektive notwendig und sinnvoll wäre.
- *Das falsche Ziel führt zu falschen Inhalten und Methoden:*
  Das Training ist zu einseitig und zu speziell; die individuelle koordinativ-technische Ausbildung wird vernachlässigt; es wird zu viel Taktik betrieben; es wird mit nicht alters- und leistungsgerechten Belastungen gearbeitet (z. B. Tiefsprünge im D- und C-Jugendalter u. Ä.); das Training ist zu wenig abwechslungsreich und macht wenig bzw. keinen Spaß.
- *Die Trainingshäufigkeit ist zu gering:*
  Es wird nicht regelmäßig und das ganze Jahr über trainiert; es entsteht Zeitdruck mit all seinen negativen Folgen; die Belastbarkeit wird ungenügend entwickelt.
- *Es fehlt ein (einheitliches) Trainingskonzept:*
  Jeder Übungsleiter/Trainer sieht nur »seine« Trainingsgruppe; die Abstimmung und Zusammenarbeit zwischen den Trainern im Verein fehlt oft völlig.
- *Der Ausbildungs-/Wissensstand der Übungsleiter/Trainer ist mangelhaft:*
  Schwächen und Unsicherheiten in der Beobachtungs- und Korrekturfähigkeit führen zu Mängeln in der individuellen Ausbildung (vor allem technische Mängel!); fehlendes Wissen verhindert wichtige Trainingsarbeit (z. B. das Training von Technikvariationen!); zu häufig werden anstatt eines variantenreichen und motivierenden Trainingsangebots lediglich Standardübungen – aus dem Erwachsenentraining bzw. aus Lehrbüchern – angeboten.

Welche trainingspraktischen Konsequenzen müssen diese Überlegungen für die Gestaltung des Grundlagentrainings nach sich ziehen (Abb. 18)?

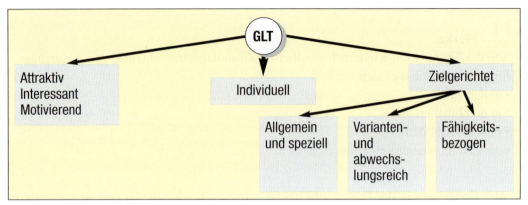

Abb. 18: Methodische Überlegungen zum Grundlagentraining.

Aufgabe

Formulieren Sie für das Grundlagentraining in Ihrer Sportart Antworten in möglichst knapper Form nach folgender vorgegebener Matrix.

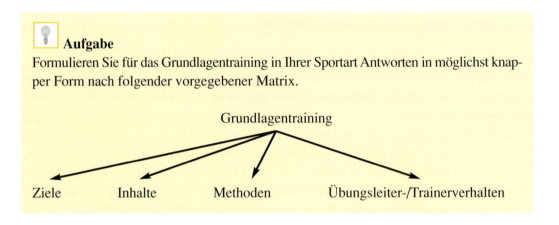

B Abschließend erfolgt eine Konkretisierung der Aussagen dieses Kapitels am Beispiel der Sportart Handball.

Trainingsabschnitt: Grundlagentraining

Zeitdauer: 3–4 Jahre

Übergeordnete Zielsetzungen: 1. Zielgerichtet-vielseitige allgemeine Grundausbildung
2. Entwicklung der sportartspezifischen Grundlagen

Inhalte und inhaltliche Proportionen: 1. Vielseitige allgemeine sportliche Ausbildung ($1/3$–$1/2$ der Trainingszeit)
2. Vielseitige sportartspezifische Ausbildung ($1/2$–$2/3$ der Trainingszeit)

Leitgedanken:	*Höchste Priorität* haben die Ziele und Inhalte in den Bereichen *Technik* und *Koordination*, die Herausbildung/Erhaltung/Förderung *aktueller* und *überdauernder Motivation* sowie das *soziale Klima* (Beziehungen Übungsleiter – Sportler und Sportler – Gruppe)
Koordinative Ziele/Inhalte:	1. Erwerb eines möglichst umfangreichen Bewegungsrepertoires 2. Basisbewegungen aus der LA (Laufen, Springen) dem GT (Rollen, Drehen) u. a. sowie allgemeine Koordinationsaufgaben (eigener Körper, Geräte) gezielt zum Erwerb *allgemeiner koordinativer Fähigkeiten* (v. a. Orientierungs-, Reaktions-, Differenzierungsfähigkeit) nutzen 3. Vorformen und Grundformen der handballspezifischen Techniken (v. a. Prellen, Werfen, Fangen, Passen) – auch durch gezielte Variation der Bewegungsausführung – zum Erwerb *spezieller koordinativer Fähigkeiten* nutzen
Technische und technisch-taktische Ziele/Inhalte:	1. Erlernen der Ball- und Körpertechniken (v. a. Bein- und Armarbeit – speziell in der 1:1-Abwehr, Blocken, Wurfarten, Anspielarten, Täuschungen) 2. Spiel- und Handlungserfahrung auf allen Spielpositionen sammeln 3. Anwenden der erlernten Technikelemente und individualtaktischen Handlungen auf verschiedenen Spielpositionen (Schwerpunkt: Technikvariationen)
Konditionelle Ziele/Inhalte:	Beginn der Entwicklung einer allgemeinen konditionellen Basis mit Schwerpunkt in den Bereichen: 1. Reaktionsschnelligkeit 2. Sprintschnelligkeit (mit und ohne Ball) 3. Allgemeine aerobe Ausdauer 4. Allgemeine Beweglichkeit 5. Ganzkörperkräftigung (Schwerpunkte: Stabilisierungsfähigkeit/Haltemuskulatur)

Psychische Ziele/Motivation/ soziales Klima:

1. »Kindgemäße Trainingsgestaltung« in der Praxis konsequent anwenden!
   - Nicht nur sportartspezifische Inhalte
   - Vielgestaltiges und abwechslungsreiches Angebot
   - Mehrere Themen- und Inhaltsschwerpunkte in jeder Trainingseinheit
   - Nicht zu lange Konzentrationsphasen, Variation von Trainingsmethoden
   - Wechsel von Spiel- und Übungsformen, reizvollen Aufgaben und Wettkämpfen
   - *Inhaltliche Säule*, auf der Spaß und Motivation entsteht bzw. erhalten wird
2. *Nicht die Muskeln und den Kreislauf trainieren, sondern die Menschen!*
   - Offene Beziehung Übungsleiter/Trainer/Spieler aufbauen (so dass z. B. Ängste/Befürchtungen ausgesprochen und besprochen werden können)
   - Nicht (nur) anweisen, anordnen, nachvollziehen lassen, sondern (auch) einsichtig machen, ermuntern, Mut machen
   - Sportler betreuen (im umfassenden Sinne), d. h. beraten, auf Einzelne eingehen, nicht »blocken«, wenn Beanspruchungssituation auftritt, konstruktiv kritisieren
   - »Kommunikationshandwerk« erwerben (geschärfte Selbst- und Fremdwahrnehmung anstreben, *Sozialkompetenz verbessern*)
   - Zwischenmenschliche Säule, auf der Spaß und Motivation entsteht bzw. erhalten wird

Den zentralen konzeptionellen Ansatz, der die Struktur des Grundlagentrainings auch in diesem Beispiel bestimmt, bildet also das Prinzip der zielgerichteten Vielseitigkeit (Abb. 19).

Langfristiger Trainingsaufbau: Konzepte statt Rezepte

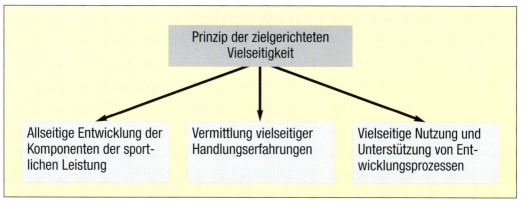

Abb. 19: Prinzip der zielgerichteten Vielseitigkeit.

Hürdenläufer

4 Konditionelle Fähigkeiten

> **! Definition**
> Konditionelle Fähigkeiten (KF) sind Leistungsvoraussetzungen, die in der Ausführungsphase wirksam werden und vorwiegend von der Form und Beschaffenheit der Organe (Muskelquerschnitt, Herzgröße) und von den Stoffwechselleistungen her (= energetisch) bestimmt sind (Abb. 20).

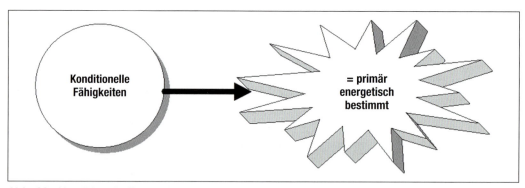

Abb. 20: Konditionelle Fähigkeiten sind energetisch bestimmt.

Es ist dabei sinnvoll, zum einen allgemeine konditionelle Fähigkeiten (z. B. Schnellkraft) und zum anderen spezielle Erscheinungsformen innerhalb der verschiedenen Sportarten (z. B. Schlagkraft, Sprungkraft, Schusskraft) zu unterscheiden.

Hinweis: In Abbildung 21 wird nicht übersehen, dass die hier angewendete Einteilung nicht dem aktuellen wissenschaftlichen Kenntnisstand entspricht, denn vor allem die Beweglichkeit und die Schnelligkeitsfähigkeiten werden wesentlich auch von technisch-koordinativen und anderen Anteilen bestimmt, so dass man sie von ihren Grundlagen her als gemischt konditionell-koordinative Fähigkeiten bezeichnen müsste. Dennoch werden wegen einer geschlossenen Darstellung in diesem Kapitel Kraft-, Ausdauer-, Schnelligkeitsfähigkeiten und Beweglichkeit näher erläutert.

Kraftfähigkeiten

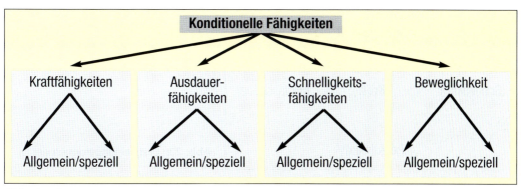

Abb. 21: Überblick über die konditionellen Fähigkeiten.

4.1 Kraftfähigkeiten

Kraftfähigkeiten sind in erster Linie das Ergebnis der Tätigkeit der Muskulatur und deren vielfältiger Anpassung an Widerstände. Dabei kann der Muskel zunächst in dreierlei Hinsicht trainiert werden (Abb. 22).

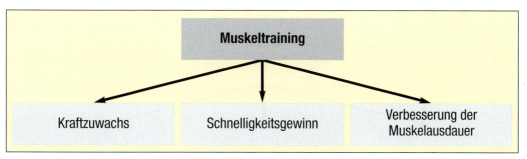

Abb. 22: Anpassungsmöglichkeiten des Muskels an Krafttraining.

Analog dazu unterscheidet man in der Sportpraxis vor allem 4 Erscheinungsformen der Kraft (Abb. 23).

Vor allem im Hinblick auf die Gestaltung des Trainings mit Kindern und Jugendlichen darf aber nicht übersehen werden, dass Kraftleistungen der Muskulatur nicht nur unter Leistungsaspekten gesehen werden dürfen, sondern dass Kraftleistungen auch andere – zunächst sogar wichtigere – Funktionen haben (Abb. 24).

Die Körpermuskulatur übernimmt also einerseits *Bewegungsaufgaben* (schnelle kraftvolle Kontraktionen) und andererseits *Halte- und Schutzaufgaben:*
- Stabilisierung der Gelenke
- Vergurtung der Wirbelsäule/Reduzierung von Druck- und Zugspannungen im Bereich der Wirbelsäule
- Sicherung möglichst guter Gelenk-Muskel-Beziehungen
- *Allgemein:* Entlastung des passiven Bewegungsapparates

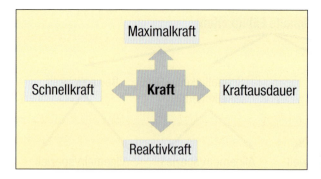

Abb. 23: Erscheinungsformen der Kraft.

Auf ein gezieltes Krafttraining zur Verbesserung einzelner Kraftfähigkeiten sollte im Bereich des Grundlagentrainings verzichtet werden. Stattdessen heißt das sinnvolle Trainingsziel hier allgemeine *Kräftigung (= Ganzkörperkräftigung)*.
Inhaltlich bedeutet das:
- Spiele, Übungen, Zweikampfsituationen, »knifflige« Aufgaben mit Geräten (Matten, Medizinbälle) und mit dem eigenen Körper gehören ebenso zum inhaltlichen Aspekt wie gymnastische Grundprogramme (Ganzkörperkräftigung) und spezielle Kräftigungsgymnastik (Bauch- und Fußmuskulatur).

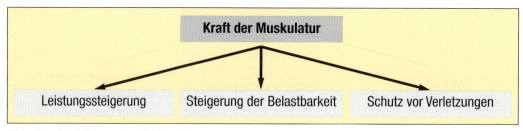

Abb. 24: Funktionen des Krafttrainings.

────▶ **Inhaltliche Vielfalt**
- Ein spezielles Sprungkraft- oder Wurfkrafttraining wird zu Gunsten der o. g. Inhalte noch nicht durchgeführt.

────▶ **Kein spezielles Krafttraining**
Methodisch bedeutet das:
- Umfangsbetonte und schnelligkeitsbetonte Anforderungen werden ebenso gestellt wie Aufgaben, bei denen viel Kraft benötigt wird.

────▶ **(Belastungs-)Methodenwechsel**
- Bei der Durchführung aller Inhalte steht das »Beherrschen« bzw. das Stabilisieren des eigenen Körpers im Vordergrund.

Kraftfähigkeiten

- Training an Maschinen bzw. mit Gewichten ist zu vermeiden; (geringfügige) Zusatzbelastungen sind nur dann sinnvoll (und ungefährlich!), wenn die Kinder/Jugendlichen die geforderten Bewegungen »sauber«, schnell bzw. mit höheren Wiederholungszahlen ausführen können.

→ **Zurückhaltung bei Zusatzbelastungen**

- Gelenkbelastende Trainingsinhalte sind wegzulassen; Wirbelsäulenbelastungen (runder Rücken, Hohlkreuz, Wirbelsäule nicht »verspannt«) sollen möglichst vermieden werden.

→ **Gelenk schonendes Training**

4.1.1 Trainingsziel: Kraftzuwachs

Dieses Trainingsziel kann auf unterschiedlichste Art und Weise erreicht werden. Während im Training mit Kindern und Jugendlichen eine Erhöhung der Kraftleistung vor allem über Verbesserungen der Bewegungstechnik (= intermuskuläre Koordination) sinnvoll ist, stehen im Aufbau- und Leistungstraining die Erhöhung der Muskelmasse sowie die verbesserte Ausnutzung bzw. das gleichzeitige Einschalten der vorhandenen motorischen Einheiten im Vordergrund (Abb. 25).

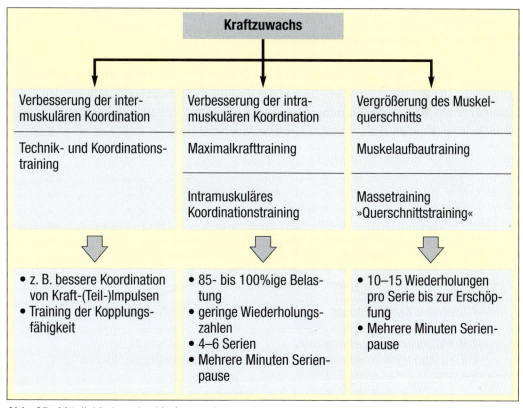

Abb. 25: Möglichkeiten des Kraftzuwachses.

4.1.2 Trainingsziel: Kraftausdauer

Die Kraftausdauer (KA) kann sowohl in allgemeiner als auch in sportartspezifischer Form trainiert werden. Man unterscheidet dabei verschiedene Arten (Abb. 26).

> **! Definition**
> Kraftausdauer ist die Ermüdungswiderstandsfähigkeit des Organismus bei lang andauernden Kraftleistungen. Je nach Ausprägung dominiert mehr die Kraft (Bsp.: Ringeturnen) oder die Ausdauerkomponente (Bsp.: Radrennsport) (vgl. *Weineck*, 2002).

Empfehlungen für die Gestaltung des allgemeinen Kraftausdauertrainings:

- Alle Hauptmuskelgruppen im Wechsel belasten
- Einfache und funktionelle Übungen auswählen
- Übungen korrekt ausführen
- Krafteinsätze realisieren, die größer sind als ein Drittel des individuellen maximalen Leistungsvermögens
- In 3–6 Serien mit 50–60 % der jeweils maximal möglichen Wiederholungszahl trainieren

} **Verletzungsprophylaxe**

Die *Gestaltung des speziellen Kraftausdauertrainings* ist wesentlich schwieriger, da hier der enge Bezug zur Wettkampfbelastung in der jeweiligen Sportart hergestellt werden muss. Somit ergeben sich in der Trainingspraxis (vor allem des Leistungstrainings) die unterschiedlichsten Formen des speziellen Kraftausdauertrainings:

Abb. 26: Möglichkeiten des Kraftausdauertrainings.

- Verbesserung der Ausdauerkomponente auf hohem Kraftniveau (z. B. beim Rudern, Radsport)
- Verbesserung der (Maximal-)Kraftkomponente bei relativ geringen Ausdaueranforderungen (z. B. beim Turnen)
- Verbesserung unter dem Aspekt erhöhter Zyklusfrequenzen (z. B. im Schwimmsprint)
- Kraftausdauertraining mit hoher Schnellkraftkomponente (z. B. in den Zweikampfsportarten)

4.1.3 Trainingsziel: Schnellkraft

Ähnlich wie das Kraftausdauertraining kann auch das Schnellkrafttraining (SK) *in allgemeiner und spezieller* Form durchgeführt werden. Vor allem im Grundlagentraining sind die allgemeinen Schnellkraftbelastungen (wie auch allgemeines Kraftausdauertraining, funktionelle Kräftigungsübungen u. Ä.) Bestandteil des vielseitigen Trainings der Muskelkraft (z. B. mit kleinen Spielen, Staffeln, Zweikämpfen, Übungen/Spielen mit Medizinbällen). Im weiteren Verlauf des Trainings muss dann zunehmend die techniknahe Erhöhung der Kontraktionsgeschwindigkeit derjenigen Muskeln angestrebt werden, die für die Wettkampfdisziplin leistungsbestimmend sind (= spezielles Schnellkrafttraining).

> **! Definition**
> Schnellkraft beinhaltet die Fähigkeit des Nerv-Muskelsystems, den Körper, Teile des Körpers (z.B. Arme, Beine) oder Gegenstände (Bälle, Schläger, Kugeln, Speere etc.) mit maximaler Geschwindigkeit zu bewegen (vgl. ebd.).

Für die *Methodik* des speziellen Schnellkrafttrainings gelten prinzipiell die gleichen Überlegungen wie im speziellen Kraftausdauertraining, d. h. koordinative Übereinstimmung der Trainings- mit der Wettkampfübung plus Orientierung an den wettkampfspezifischen Belastungsmerkmalen.

Auch hier kommen – wie im Kraftausdauertraining – in erster Linie Intervallbelastungen zur Anwendung, wobei die Kontraktion im Schnellkrafttraining immer maximal schnell (= »explosiv«) erfolgen muss.

Da die (zu verbessernde) spezielle Kontraktionsgeschwindigkeit entscheidend von der jeweiligen Maximalkraftfähigkeit (MK) beeinflusst wird, ergibt sich im Leistungstraining die Notwendigkeit, beides (Maximalkraft- und spezielle Schnellkraftentwicklung) miteinander zu verbinden:

Möglichkeit 1: zunächst Verbesserung der Maximalkraft, dann spezielle Schnellkraftübungen
Möglichkeit 2: parallel zur Entwicklung der Maximalkraft techniknahe Schnellkraftübungen

4.1.4 Trainingsziel: Reaktivkraft

Bei vielen sportlichen Bewegungen wird die eigentliche Bewegung (Abwurf, Absprung, Schlag) durch eine Aushol- und Landebewegung eingeleitet. In diesen Situationen kommt es zu einem extrem schnellen Wechsel zwischen einer abbremsenden/nachgebenden (exzentrischen) und einer verkürzenden/überwindenden (konzentrischen) Arbeit der Muskulatur. Man spricht von einem Dehnungs- Verkürzungs-Zyklus. Durch die vorauslaufende exzentrische Muskelaktion sowie elastische Speicherungskräfte in der Muskulatur, den Sehnen und Bändern wird die »Anfangskraft« der Bewegung mitbestimmt. Diese Fähigkeit, die exzentrische Muskelaktion zur Verstärkung der konzentrischen Aktion zusätzlich zu nutzen, nennt man Reaktivkraft. Beispiele sind Sprünge zum Block im Volleyball, Sprungwurf im Basketball oder die Sidestepp-Bewegungen im Tischtennis (vgl. *Hohmann*, *Lames* und *Letzelter*, 2001). Noch kürzere Kontakte weisen die Bewegungen im Sprint, Weitsprung oder Bodenturnen auf.

Definition

Reaktivkraft ist jene Muskelleistung, die innerhalb eines Dehnungs-Verkürzungszyklus einen erhöhten Kraftstoß generiert. Sie ist abhängig von Maximalkraft, Kraftbildungsgeschwindigkeit und reaktiver Spannungsfähigkeit *(Martin /Karl/Lehnertz,* 1991).

Beim Training der Reaktivkraft ist auf allmähliche Belastungssteigerung zu achten. Bezüglich der Beinmuskulatur stehen deshalb anfangs ein- oder beidbeinige Hüpfübungen. Später folgen Sprungübungen, wie z. B. Vertikalsprünge über niedrige Hindernisse oder Horizontalsprünge als Sprungschritte. Als Letztes stehen Tief-hoch-Sprünge (= plyometrisches Training) auf dem Programm (vgl. *Grosser, Starischka* und *Zimmermann*, 2001). Zu berücksichtigen ist, dass für die Tief-hoch-Sprünge eine gute Maximalkraftbasis vorhanden sein muss, weshalb es im Nachwuchsbereich nicht zum Einsatz kommen sollte. Als Trainingsmethode dient die Wiederholungsmethode.

Aufgaben

Machen Sie möglichst genaue Aussagen über:
• die allgemeine Bedeutung der verschiedenen Kraftfähigkeiten in Ihrer Sportart und
• die speziellen (Kraft-)Trainingsziele in Ihrer Trainingsgruppe.

Arbeiten Sie ein Trainingsprogramm zur gezielten Verbesserung der für Sie wichtigsten Kraftfähigkeit aus (Welche Übungsformen? Welche Belastungsmerkmale? Welche Ausführungshinweise?).

4.2 Ausdauerfähigkeiten

Ausdauerfähigkeiten sind in erster Linie das Ergebnis der Tätigkeit des Herz-Kreislauf-Atmungs-Systems und des Stoffwechsels sowie deren vielfältiger Anpassung an (Dauer-)Belastungen. Bei einer Definition der Ausdauer ist sowohl der Zusammenhang zu Ermüdungs- als auch zu Regenerationsprozessen zu berücksichtigen.

> **Definition**
> Unter Ausdauer versteht man die körperliche und geistige Widerstandsfähigkeit gegen Ermüdung bei lang anhaltenden oder sich (ständig) wiederholenden Belastungen sowie die Fähigkeit, sich nach ermüdenden Belastungen schnell zu erholen (Abb. 27).

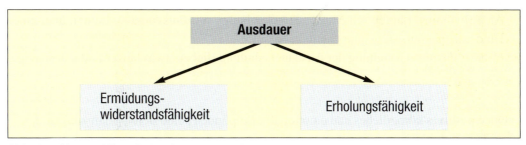

Abb. 27: Sinn und Zweck des Ausdauertrainings.

Für das Training der Ausdauerfähigkeiten ist zunächst ein Gliederungsmodell notwendig, damit spezielle Trainingsziele einerseits sowie inhaltliche und methodische Entscheidungen andererseits getroffen werden können (Abb. 28).

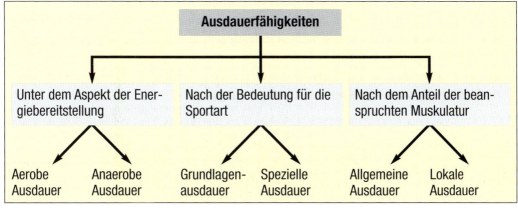

Abb. 28: Gliederungsmodell für Ausdauertraining.

Im Bereich des Grundlagentrainings sollte als Basis für später höhere und speziellere (Ausdauer-)Anforderungen und im Hinblick auf möglichst kurze Erholungszeiten das Trainingsziel allgemeine aerobe Ausdauer (= Grundlagenausdauer) im Vordergrund stehen.

Dabei treten in der Praxis einige Probleme auf:
- Die gewünschte Ausdauer-Leistungsfähigkeit setzt Kontinuität in der Belastung voraus (regelmäßig/ganzjährig).
- Bei geringer Trainingshäufigkeit bestehen wenig Möglichkeiten innerhalb des Trainings (andere Ziele, Ausdauerschulung zeitaufwändig).
- Monotonie kommt schnell auf, wenn sich Übungsleiter/Trainer nichts einfallen lassen.

Inhaltlich und methodisch bedeutet das:
- *Abwechslungsreiche* Gestaltung der Ausdauerschulung (z. B. Laufen in der Halle, Wald, Wiese; Crossläufe; Fahrtspiele, Umkehrläufe, Paarläufe, Laufen mit unterschiedlichem Atemrhythmus; Laufen mit Musik, Streckenlaufen mit Pulsvorgabe, Laufen über einen Hindernisparcours oder eine Gerätebahn).
- *Umfangsbetonte* Gestaltung der Ausdauerschulung (lieber etwas länger und langsam laufen).

> Ohne positives körperliches und emotionales Empfinden keine Bereitschaft zum ausdauernden Laufen!

- Den Kindern/Jugendlichen Anregungen dafür geben, sich auch selbst (ab und zu) außerhalb des Trainings ausdauernd zu belasten.
- Auch den Abschluss der Übungsstunden von Zeit zu Zeit unter dem Aspekt »Ausdauerschulung« gestalten.
- Auch *Leistungskontrollen* (Cooper-Test, Zeitläufe mit Streckenmessung) können Ansporn sein (wenn leistungsgemäße individuelle Zielstellungen erarbeitet werden).
- Auch Spiele und Spielformen können zur Ausdauerschulung genutzt werden (aber Vorsicht: die Durchführungsbestimmungen so festlegen, dass Pausen und Belastungsspitzen möglichst vermieden werden).
- Intensive (anaerobe) Ausdauerbelastungen weglassen (»Spielformen mit hängender Zunge« sind kein geeignetes Mittel zur Ausdauerschulung).

Ausdauerfähigkeiten

4.2.1 Trainingsziel: allgemeine aerobe Ausdauer (Grundlagenausdauer)

Eine wirksame Belastung tritt bei relativ untrainierten Personen (im Ausdauerbereich trifft dies z. B. auf sehr viele Hallensportler zu) bereits bei Beachtung folgender *Mindestanforderungen* auf:

- Mindestens 2-mal pro Woche
- Mindestens 10–12 Minuten
- Ununterbrochen so belasten, dass etwa ein Puls von 130 Schlägen/Minute erreicht wird

Die Belastung, bei der (Trainings-)Aufwand und (Trainings-)Ertrag in einem optimalen Verhältnis stehen, kann – mit Ausnahme ausgesprochener Ausdauersportler – wie folgt beschrieben werden:

- Etwa 3- bis 4-mal pro Woche
- Etwa 30–40 Minuten
- Ununterbrochen so belasten, dass etwa ein Puls von 160 Schlägen/Minute erreicht wird

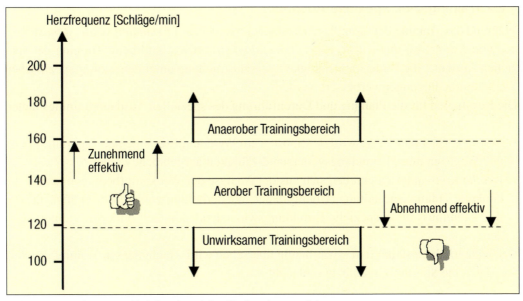

Abb. 29: Herzfrequenz-Trainingsbereiche für Ausdauertraining.

Wie anhand der Pulsfrequenz die Höhe der Belastung (= Intensität) im aeroben Ausdauertraining eingeschätzt und dessen Wirksamkeit beschrieben werden kann, verdeutlicht Abbildung 29.

Da ein derartiges Ausdauertraining in der Regel *nicht stattfindet*, liegen im Ausdauerbereich sehr häufig Leistungs- und vor allem Erholungsreserven. Die vielfache Praxis, dass kurzzeitig (wenige Wochen) in der Vorbereitungsperiode massiv Ausdauertraining »gebolzt« wird, muss als äußerst fragwürdig eingestuft werden, wenn in den weiteren Perioden des Trainingsjahres weder trainingswirksame aerobe Ausdauerbelastungen folgen, noch ein gezieltes »Erhaltungstraining« bzw. langsame Dauerläufe zur Erholung (*»regeneratives Laufen«*) durchgeführt werden. Im weiteren Verlauf des Trainingsprozesses (nach dem Grundlagentraining) bleibt die weitere Entwicklung der allgemeinen aeroben Ausdauer wichtig. Ihre ausschlaggebende Bedeutung für die Belastbarkeit im Training wird mit zunehmender Trainingshäufigkeit sogar größer, denn
- vorzeitige Ermüdung verkürzt die mögliche Übungszeit,
- Ausdauermängel machen die Durchführung intensiver Trainingsprogramme unmöglich und
- die gesamte Effektivität des Trainings würde verringert.

Zusätzlich müssen jedoch – entsprechend den sportartspezifischen Wettkampfanforderungen – gezielte Ausdauerfähigkeiten mit speziellen Inhalten und Methoden gezielt trainiert werden.

4.2.2 Trainingsziel: spezielle Ausdauer

Während das Training der Grundlagenausdauer *allgemein* auf *Ermüdungswiderstandsfähigkeit* und *Erholungsfähigkeit* (*Regenerationsfähigkeit*) abzielt, soll beim Training der speziellen Ausdauer die Widerstandsfähigkeit gegen Ermüdung unter den sportartspezifischen Wettkampfbedingungen verbessert werden.

Die Kernfragen für die Planung und Durchführung des speziellen Ausdauertrainings lauten also:
- *In welcher Art und Weise* wird der Sportler im Wettkampf (in »meiner« Sportart) belastet? Wogegen muss Ermüdungswiderstandsfähigkeit aufgebracht werden?
- *Welche Konsequenzen* ergeben sich aus der Analyse der Wettkampfbedingungen für die konkrete Trainingsgestaltung (Übungsdauer, Wiederholungszahlen, Bewegungsgüte)?
- *Wie* kann/muss diese spezielle Ermüdungswiderstandsfähigkeit wirksam trainiert werden?

Der Trainer/Übungsleiter darf – was häufig übersehen wird – nicht nur ein Training entwerfen, das seine Sportler »irgendwie schlaucht«.

> Qual und Qualität haben – auch wortgeschichtlich – nichts Gemeinsames!

Erforderlich ist vielmehr ein Training, das auf die *anforderungsgerechte Energielieferung* in die Muskulatur abzielt und die spezielle Ausdauer in komplexer Form ausbildet.

⟶ Wettkampfnahe Belastungsbedingungen sichern

Das Training darf z. B. in den Beschleunigungsanforderungen, in den Bewegungsfrequenzen, in der Art der Krafteinsätze, im Belastungs-Pausen-Verhältnis usw. nicht wesentlich von der Wettkampfsituation abweichen. Auch wenn im Training die körperliche Belastung des Wettkampfes übertroffen werden soll, bleibt die *Dynamik der Wettkampfbewegung* die entscheidende Bezugsgröße. Dauern die Trainingsübungen z. B. zu lange, wird ein leistungsminderndes (= »langsames«) Arbeiten der Muskulatur ausgeprägt (= »erlernt«).

⟶ Wettkampfgemäßen Willenseinsatz fordern

Auch im Training muss der Sportler sich spiel- bzw. wettkampfnah »mobilisieren«. Soll der Sportler für die Gesamtdauer der Belastung (Wettkampf-/Spieldauer) und für die einzelnen Aktionen innerhalb des Wettkampfes (Sprints, Sprünge, Würfe, Schläge) vorbereitet werden, müssen schon im Training der gleiche Anstrengungsgrad und die gleiche Einstellung wie im Wettkampf verlangt werden. Die Unterstützung der trainierten Sportler durch engagiertes Trainerverhalten ist hier von besonderer Bedeutung.

⟶ Auf gute und effektive Technik achten

Spezielle Ausdauerleistungen im Sport stehen immer in unmittelbarem Zusammenhang mit bestimmten Bewegungsabläufen, sie werden in der Regel auch in Verbindung mit diesen sportartspezifischen Techniken trainiert. Gerade das spezielle Ausdauertraining ist so aufzubauen, dass die Bewegungsgenauigkeit (Ablauf- und Zielgenauigkeit) trotz der geforderten ermüdenden Belastungen weitestgehend erhalten bleibt.

⟶ Individuelle Leistungsfähigkeit und Konstitution beachten

Im Bereich des Grundlagentrainings und bei mangelhafter aerober Grundlage sind z. B. anaerobe Trainingsbelastungen mit starker Übersäuerung grundsätzlich nicht sinnvoll, zumal derartige *Trainingsbelastungen* in vielen Sportarten (z. B. Volleyball, Tischtennis) in völligem Widerspruch zur tatsächlichen *Wettkampfbelastung* stehen. Das Training sollte bei denjenigen Sportlern abgebrochen werden, welche die geforderte Bewegungsdynamik und Bewegungsqualität nicht mehr erbringen können.

Da die individuellen Voraussetzungen in jeder Trainingsgruppe und die Belastungsanforderungen in jeder Sportart anders sind (spezielle Laufwege, spezielle Widerstandsgrößen, spezielle Schnellkraft- und spezielle Kraftausdauerleistungen), kann es logischerweise weder *die* generell »richtigen« Übungen noch *die* generell »richtigen« Belastungen geben.
Jeder Übungsleiter/Trainer ist gefordert, bezüglich des speziellen Ausdauertrainings die Wettkampfanforderungen seiner Sportart genau zu bestimmen und daraus ein auf seine Zielsetzungen und seine Gruppe abgestimmtes Training abzuleiten.

Aufgaben

Machen Sie möglichst genaue Aussagen über
• die allgemeine Bedeutung der verschiedenen Ausdauerfähigkeiten in Ihrer Sportart,
• die speziellen (Ausdauer-)Trainingsziele in Ihrer Trainingsgruppe.

Arbeiten Sie ein Trainingsprogramm zu gezielten Verbesserung der speziellen Ausdauer in Ihrer Sportart aus (Übungsformen, Belastungsmerkmale, Ausführungsanweisungen).

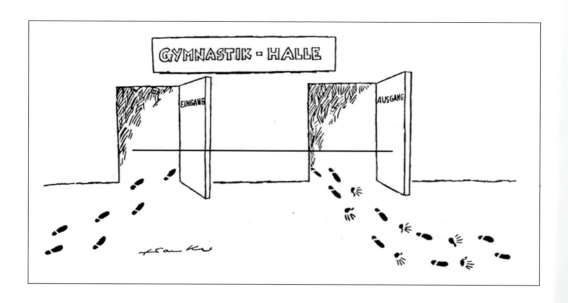

4.3 Schnelligkeitsfähigkeiten

Die Schnelligkeitsfähigkeit ist eine gemischt konditionell-koordinative Fähigkeit, die auf dem Zusammenwirken von Zentralnervensystem und Muskulatur beruht. Schnelligkeit im Sport befähigt dazu
- auf einen Reiz bzw. ein Signal (z. B. Startschuss, Ausholbewegung) hin, schnellstmöglich zu reagieren,
- Einzelbewegungen (= azyklische Bewegungen wie Stoß, Schlag, Sprung) maximal schnell auszuführen bzw. bei ständig fortlaufenden Bewegungen (= zyklischen Bewegungen wie Sprintlauf, Radsprint) sich mit höchstmöglicher Geschwindigkeit fort zu bewegen,
- die Schnelligkeitsleistungen im Verlauf und in der Schlussphase des Wettkampfes aufrecht zu erhalten.

> **! Definition**
> Schnelligkeit ist die Fähigkeit, aufgrund kognitiver Prozesse, maximaler Willenskraft und der Funktionalität des Nerv-Muskelsystems höchstmögliche Reaktions- und Bewegungsgeschwindigkeiten unter bestimmten gegebenen Bedingungen zu erzielen (vgl. *Weineck*, 2002).

Die Schnelligkeit ist somit eine komplexe Fähigkeit; Schnelligkeitsleistungen sind auf mehrere voneinander unabhängige Fähigkeiten (Teilfaktoren) zurückzuführen (Abb. 30).

4.3.1 Trainingsziel: Reaktionsschnelligkeit

In der Sportpraxis ist das schnelle Reagieren in zwei unterschiedlichen Situationen leistungsbestimmend:

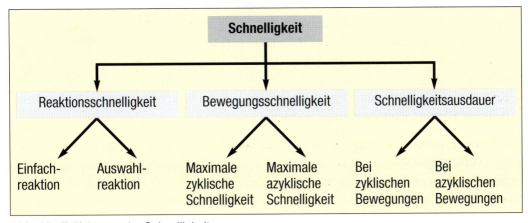

Abb. 30: Teilfaktoren der Schnelligkeit.

- Bei *Einfachreaktionen*, wenn auf nur ein mögliches Signal nur eine Reaktion möglichst schnell erfolgen soll (z. B. Startschuss? Startsprung-/Sprintstart u. Ä.).
- Bei *Auswahlreaktionen*, wenn auf mehrere mögliche Signale eine jeweils passende maximal (oder optimal) schnelle Reaktion des Sportlers verlangt wird (z. B. ständig in Zweikampf-, Rückschlag- und Spielsportarten).

Ein gezieltes Training von *Einfachreaktionen* ist in allgemeiner Form (z. B. mit kleinen Spielen, Staffeln, Reaktionsübungen auf verschiedene Kommandos, aus unterschiedlichen Startstellungen usw.) und sportartspezifisch (z. B. in typischen Wettkampfsituationen) möglich. Dabei können *zwei Hauptziele* verfolgt werden:
- Reduzierung der Reaktionszeit
- Stabilisierung der Reaktionszeit

Geht man von dem Trainingsprinzip der zunehmenden Spezialisierung aus, wird ein allgemeines Training v. a. bei Sportlern im Grundlagentraining sowie im Freizeit- und Breitensport wirksam sein. Im Aufbau und Leistungstraining ist eine Übertragung, also eine Verkürzung der sportartspezifischen Reaktionszeiten durch allgemeines Training, fraglich (Notwendigkeit spezieller Schulung). Verkürzungen der Reaktionszeit sind prinzipiell möglich (von ca. 0,3 Sekunden beim Untrainierten auf ca. 0,1 Sekunden beim Spitzenathleten), jedoch ist das Verhältnis von Trainingsaufwand und -ertrag recht ungünstig. In der Praxis gilt daher der *Grundsatz*, dass Einfachreaktionen nicht isoliert, sondern in Kombination mit anderen Fähigkeiten geschult werden.

Bei *Auswahlreaktionen* (häufig auch als komplexe Reaktionen bezeichnet) weiß der Sportler nicht genau, »was auf ihn zukommt«. Das Gegnerverhalten, unvermittelt sich ergebende Spiel- oder Kampfsituationen u. Ä. zwingen ihn nicht zu irgendeiner, sondern zu einer schnellen und zugleich *richtigen* Reaktion. Das Problem, aus einer Vielzahl von möglichen Reaktionen schnell die jeweils günstigste auszuwählen, kann nur bewältigt werden, wenn
- viele verschiedene Standardbewegungen verfügbar sind (durch vorangegangenes Technikerwerbs- und Technikvariationstraining),
- deren richtiger Einsatz geschult wurde (durch gezieltes Training der Anwendung der Techniken und Technikvarianten),
- die jeweilige Situation schnell, umfassend und genau wahrgenommen wird (durch Wahrnehmungs- und Beobachtungstraining),
- Kenntnisse über bestimmte Regelmäßigkeiten (z. B. im Wurfverhalten) und Wahrscheinlichkeiten (wenn, dann) vermittelt wurden.

Das Training von Auswahlreaktionen hat also vor allem das Ziel, Situationen und Handlungen vorhersagen/vorausschauen zu lernen (= »zu antizipieren«) und ein entsprechendes technisches Können verfügbar zu machen (Aufbau automatisierter Bewegungs- bzw. Technikprogramme). In den letzten Jahren hat sich aus dieser Problematik heraus das Training der Handlungsschnelligkeit entwickelt.

4.3.2 Trainingsziel: Handlungsschnelligkeit

Spielhandlungen in Sportspielen sind zum Teil sehr komplexer Natur. Taktisch gesehen muss aus einer Vielzahl von Lösungsvarianten *in möglichst kurzer Zeit* das optimale Verfahren gefunden und mit hoher Genauigkeit agiert werden (*Schnabel*, *Harre* und *Borde*, 1994). Das Training der Handlungsschnelligkeit ist unmittelbar mit der technischen und/oder taktischen Ausbildung der Spieler verknüpft. Abbildung 31 zeigt, welche Fähigkeiten die Qualität der Handlungsschnelligkeit bestimmen.

> **! Definition**
> Unter Handlungsschnelligkeit versteht man die Fähigkeit, technisch-taktische Spielhandlungen präzise und der jeweiligen Situation angepasst in möglichst kurzer Zeit und mit maximaler bzw. optimaler Intensität effektiv zu realisieren (*Bötcher*, *Hönl*, 1994).

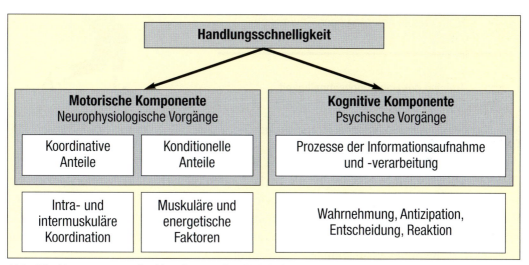

Abb. 31: Komponenten der Handlungsschnelligkeit (nach *Feldmann* und *Späte*, 1998).

Sehr gute Spieler sind in der Lage, unter Zeitdruck und Druck des Gegners ihre optimale Leistung zu zeigen. Wie aus Abbildung 32 zu ersehen ist, wird die Handlungsschnelligkeit über zwei Komponenten zentral beeinflusst, nämlich die motorische und die kognitive Komponente. Von besonderem Interesse ist die »geistige Schnelligkeit«, da sie etwa 78–80 % des Zeitbedarfs für die Lösung von technotaktischen Situationen ausmacht (*Schnabel*, *Harre*, *Borde*, 1994). Im Training gilt es daher, primär die Prozesse der Informationsverarbeitung und Informationsaufnahme, Wahrnehmung, Antizipation, Entscheidung und Reaktion zu trainieren. Diese Prozesse müssen vom Trainer aktiv gefördert und unterstützt werden, d. h., er sollte in der Lage sein, Hinweise und Tipps zu geben, in welche Richtung die Wahrnehmung gelenkt werden sollte, auf welche Dinge für eine sichere Antizipation geachtet werden müsste. Sehr viel hängt also vom Blickverhalten des Sportlers ab.

Im Hinblick auf die Entscheidung und Reaktion des Spielers ist der Trainer in der Qualität seiner Beurteilung gefordert. Man kann die Handlungsschnelligkeit mit sportartübergreifenden (allgemeinen) Übungen und sportartspezifischen Übungen verbessern. Mit steigendem Niveau der Spieler ist der Trainingsschwerpunkt mehr auf der sportartspezifischen Seite zu sehen. Bei der Ausbildung der Handlungsschnelligkeit liegen die größten Reserven in der Verbesserung der kognitiven Prozesse. Für das Training der Handlungsschnelligkeit haben *Feldmann* und *Späte* eine methodische Formel entwickelt (Abb. 32).

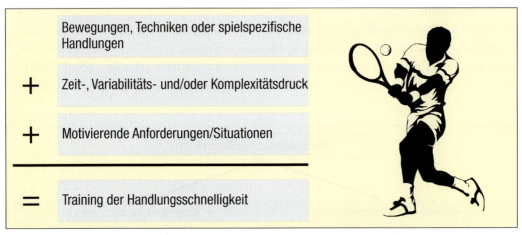

Abb. 32: Methodische Grundformel für Handlungsschnelligkeit in Sportspielen (vgl. *Feldmann* und *Späte*, 1998).

Es geht darum, allgemeine Bewegungen (z. B. Laufen oder Hüpfen), sportartspezifische Techniken (Würfe, Schläge oder Schüsse) sowie technisch-taktische Handlungen unter Zeit-, Variabilitäts- oder Komplexitätsdruck durchzuführen.

Zeitdruck: Betrifft Aufgabenstellungen, bei denen es auf Zeitminimierung, -optimierung und/oder Geschwindigkeitsmaximierung ankommt.

Variabilitätsdruck: Betrifft Aufgabenstellungen, bei denen es auf die Bewältigung von Anforderungen unter wechselnden Umgebungs- und Situationsbedingungen ankommt.

Komplexitätsdruck: Betrifft Aufgabenstellungen, bei denen es auf die Bewältigung vieler hintereinander geschalteter Anforderungen ankommt.

4.3.3 Trainingsziel: Bewegungsschnelligkeit

Obwohl die theoretischen Erkenntnisse und Aussagen zur Bewegungsschnelligkeit (häufig auch als *Aktionsschnelligkeit* bezeichnet) sehr weit auseinander klaffen, sind einige Leitlinien für die Trainingspraxis unumstritten:
- *Die Muskulatur muss gut vorbereitet sein* (aufgewärmt, gelockert).

- *Der Sportler muss 100%ig leistungsfähig sein* (körperlich und geistig völlig ermüdungsfrei).
- *Der Sportler muss hochmotiviert sein:* Bewusste Mitarbeit, volle Konzentration und die Identifikation mit der gestellten Aufgabe sind Voraussetzungen für den Trainingserfolg.
- *Die Schnelligkeitsanforderungen sind frühzeitig zu stellen:* Das Grundlagentraining im Kindes- und Jugendalter sollte grundsätzlich schnelligkeitsorientiert gestaltet werden.
- *Der Übungsleiter/Trainer muss eine maximal schnelle Bewegungsausführung fordern:* Schnelligkeit entsteht nur durch Schnelligkeit.
- *Die Belastungsdauer muss sehr kurz sein:* Sie sollte beim Training der zyklischen Bewegungsschnelligkeit 6–10 Sekunden nicht überschreiten; bei der azyklischen Schnelligkeit sollte mit maximalen Einzelbewegungen/-versuchen bzw. mit kleinen Serien – bis maximal 10–12 Wiederholungen – trainiert werden.
- *Die Pausen müssen vollständig sein:* Sie müssen so lang sein, dass bei der Wiederholung der Übung die Geschwindigkeit oder Frequenz der vorangegangenen Übung wieder erreicht wird.

Schon eine stichwortartige Zusammenfassung wesentlicher Aussagen zeigt die Unterschiedlichkeit der Standpunkte auf: *Schmidtbleicher* u. a. weisen darauf hin, dass ein Training mit explosiven Maximalkrafteinsätzen (»Maximalkraftmethode«) zu einem generellen Schnelligkeitsgewinn (auch bei unbelasteten Bewegungen wie beim Fechten, Boxen, Tennis etc.) führt. Dagegen sehen *Hollmann, Hettinger, Harre* u. a. einen Schnelligkeitsgewinn durch ein Training mit hohen Lasten nur dort für gegeben an, wo Bewegungen gegen große äußere Widerstände (Hochsprung, Kugelstoß etc.) durchgeführt werden. *Martin, Carl* und *Nertz* sprechen von Schnelligkeitsleistungen im engeren Sinn überhaupt nur dann, wenn hohe/höchste Kontraktions- und Bewegungsgeschwindigkeiten gegen geringe Widerstände erzielt werden und stellen fest, dass diese Schnelligkeitsleistungen (im Gegensatz z. B. zu Beschleunigungsleistungen) weitgehend unabhängig von Schnell- und Maximalkraftleistungen sind. Auch *Bauersfeld, Voss* u. a. betonen insbesondere die Notwendigkeit der maximal schnellen Bewegungsausführung und empfehlen leichtere/kleinere Geräte sowie Körpergewichtsentlastung und ähnliche Maßnahmen. Sie gehen davon aus, dass diese Art und Weise – insbesondere im Nachwuchstraining – sogenannte »kurze (schnelle Zeit-)Programme« beim Sportler auszubilden. Diese stabilen Zeitprogramme steuern dann alle Schnelligkeitsleistungen und sind ihren Untersuchungen zufolge nicht durch den Ausprägungsgrad der Kraftvoraussetzungen bestimmt.

Fazit
Wie bei keiner anderen Fähigkeit ist der Übungsleiter/Trainer im Bereich des Schnelligkeitstrainings auf
- eigenes Beobachten,
- eigene Überlegungen und
- die Auswertung praktischer Trainingserfahrungen angewiesen.

Die oben genannten trainingsmethodischen Empfehlungen sollten dabei jedoch immer zu Grunde gelegt werden.

4.3.4 Trainingsziel: Schnelligkeitsausdauer

Höchste Geschwindigkeiten (z. B. beim 100-m-Lauf), explosive Antritte (z. B. beim Gegenstoß) oder maximal schnelle Einzelbewegungen (z. B. beim Schuss im Tischtennis) können nicht beliebig lange und beliebig oft durchgeführt werden. Das Training der Schnelligkeitsausdauer hat zum Ziel, den Zeitpunkt des ermüdungsbedingten Schnelligkeitsverlustes zu verzögern. In jeder Sportart muss der Übungsleiter/ Trainer entscheiden, ob er gezielt den Schnelligkeits- oder mehr den Ausdaueraspekt in den Mittelpunkt stellen will (vgl. die Aussagen zur Kraftausdauer und zur speziellen Ausdauer).

Definition

Unter Schnelligkeitsausdauer – sie wird auch als Stehvermögen bezeichnet – versteht man die Fähigkeit, die maximale Laufschnelligkeit möglichst lange aufrecht erhalten zu können (vgl. ebd.).

Soll das Training der Schnelligkeitsausdauer schnelligkeitsorientiert erfolgen, dann sollten Strecken und Wiederholungszahlen gewählt werden, die ca. 10–20 % über denjenigen des Schnelligkeitstrainings liegen. Für die Trainingspraxis gelten dann ähnliche/fast gleiche Empfehlungen wie im Schnelligkeitstraining. Der Unterschied besteht lediglich darin, dass durch die geringfügige Erhöhung der Übungsdauer bzw. der Wiederholungszahlen die jeweils letzten Aktionen nur *nahezu* mit Höchstintensität und Höchstgeschwindigkeit ausgeführt werden können. Es gilt die Aussage: »*Wo die Ermüdung anfängt, hört die Schnelligkeit auf.*«

Aufgaben

- Prüfen Sie die Bedeutung der Schnelligkeitsfähigkeiten in Ihrer Sportart und versuchen Sie, Unterschiede zu verwandten Sportarten herauszuarbeiten.
- Schätzen Sie die von Ihnen trainierten Sportler im Hinblick auf deren Stärken und Schwächen im Bereich der Schnelligkeit schriftlich ein.
- Planen Sie ein gezieltes Schnelligkeitstraining und setzen Sie bei der Durchführung die zentrale Forderung »*maximal schnelle Bewegungsausführung*« konsequent durch.
- Welche Bedeutung kommt in Ihrer Sportart/Disziplin der Handlungsschnelligkeit zu? Begründen Sie dies schlüssig.
- Finden Sie Trainingsbeispiele für Handlungsschnelligkeit in Ihrer eigenen Sportart/Disziplin.

4.4 Beweglichkeit

Die Beweglichkeit ist eine eigenständige Leistungsvoraussetzung, die sowohl direkt (z. B. im Kunstturnen) als auch indirekt (optimale Beweglichkeit lässt z. B. ungehinderte Kraft- und Schnelligkeitsleistungen zu) an der sportlichen Leistung mitwirkt bzw. diese begrenzt.

> **! Definition**
>
> Beweglichkeit ist die Fähigkeit, willkürliche Bewegungen mit der erforderlichen bzw. optimalen (unter Umständen maximalen) Schwingungsweite in den beteiligten Gelenken ausführen zu können.

Sie ist einerseits abhängig von den anatomisch vorgegebenen Bewegungsspielräumen in den Gelenken, andererseits von der Dehnfähigkeit der Muskulatur und bindegewebiger Anteile. Die Beweglichkeit steht nicht in unmittelbarem Zusammenhang mit der Körpergröße und dem Körpergewicht; schwache Zusammenhänge bestehen bezüglich Alter und Geschlecht. Stark abhängig ist das Ausmaß der Beweglichkeit von der Tageszeit (mittags, abends, morgens), der Körpertemperatur (warm, kalt) und dem Ermüdungsgrad (nicht ermüdet, ermüdet). Langfristig von entscheidender Bedeutung ist jedoch nahezu ausschließlich die Häufigkeit und Qualität der Ausführung von Mobilisations- und Dehnungsübungen. Zur Bestimmung von Trainingszielen im Beweglichkeitstraining hat sich die in Abbildung 33 dargestellte Differenzierung durchgesetzt.

In der Trainingspraxis wird an diesen Trainingszielen häufig lustlos und ohne Überzeugung gearbeitet (»lästige Pflichtübungen«). Dazu tragen leider auch viele Übungsleiter/Trainer bei,

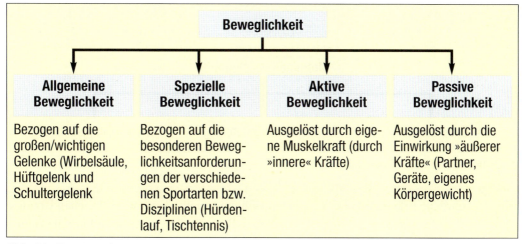

Abb. 33: Trainingsziele im Beweglichkeitstraining.

wenn sie innerhalb des Aufwärmens »ein paar« Dehnungsübungen verlangen und diese dann eher halbherzig vormachen oder erklären. So können die verschiedenen Aufgaben und Ziele von Dehnungsübungen kaum erreicht werden. Sie beinhalten im Einzelnen:

- *Verbesserung der körperlichen Leistungsvoraussetzungen:* Erst eine verbesserte sportartspezifische Beweglichkeit ermöglicht die schnelle und/oder kraftvolle Ausführung vieler Techniken.
- *Behebung von muskulären Dysbalancen in Verbindung mit Krafttraining:* Verspannte Muskeln hemmen die Kraftentwicklung ihrer Gegenspieler und verändern vielfach die Balance im Körper und dadurch die Körperstatik; durch Kräftigung des Antagonisten kann eine Dysbalance beseitigt werden.

Insbesondere bei folgenden Muskeln besteht eine Neigung zur Verspannung und damit eine besondere Dehnungsnotwendigkeit:

- großer Brustmuskel
- Oberschenkelanzieher
- Wirbelsäulenstrecker (v. a. im Bereich der Lendenwirbelsäule)
- Lendendarmbein-Muskel
- dreifacher Wadenmuskel
- Kniegelenkbeuger

Beweglichkeitstraining und Dehnungsübungen haben also allgemeine (gesundheitliche) Funktionen, vorbereitende und nachbereitende Funktion. Generell soll bei wirkungsvoller Dehnung ein *Dehnungsrückstand* erreicht werden. Reflektorische Gegenspannungen in der gedehnten Muskulatur, die verhindern sollen, dass der Muskel plötzlich in eine zu starke Dehnungsposition gezwungen und dabei verletzt wird, müssen vermieden werden. Nach dem derzeit aktuellen Kenntnisstand werden diese Forderungen von sehr schnellen Dehnungsbewegungen nicht erfüllt. In Frage kommen in der Trainingspraxis vielmehr drei Methoden der Dehnung, für die es in der Fachliteratur z. T. sehr unterschiedliche Bezeichnungen gibt (Abb. 34).

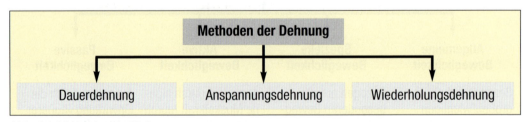

Abb. 34: Methoden der Dehnung.

Eine ausführliche Erläuterung der genannten Dehnungsmethoden (mit zahlreichen Übungsbeispielen) findet sich u. a. bei *Anrich* (2002). An dieser Stellen werden nur kurz die Hauptmerkmale der drei Dehnungstechniken beschrieben.

4.4.1 Dauerdehnung

Hier wird zunächst der zu dehnende Muskel langsam in eine Dehnstellung gebracht, bei der ein »Ziehen« gespürt wird. Diese Dehnposition wird so lange beibehalten, bis sich das Ziehen abschwächt. Dann wird die Dehnung vorsichtig so weit verstärkt, dass das ursprüngliche Dehngefühl wiederhergestellt wird. Das Hauptmerkmal dieser Methode ist dabei die lange Dauer, während der die Dehnung einwirkt (10–15 Atemzüge bzw. ca. 20 Sekunden pro Wiederholung bei insgesamt 2–4 Wiederholungen).

4.4.2 Anspannungsdehnung

Hier wird zunächst der zu dehnende Muskel »leicht angedehnt« (s. o.). In dieser Position wird der Muskel für einige Sekunden – ohne dass eine Bewegung erfolgen soll (= isometrisch) – stark angespannt. Hierdurch soll der Umstand genutzt werden, dass für kurze Zeit nach einer starken Anspannung der Muskel nicht (oder nur sehr schwach bzw. sehr spät) mit einer reflektorischen Gegenspannung auf einen Dehnreiz reagiert, d. h., die Voraussetzungen für eine intensive Dehnung sollen durch die isometrische Anspannung verbessert werden. Bei der jetzt folgenden Dehnung wird ebenso wie bei der Dauerdehnung vorgegangen. Die aus dem Englischen stammende Bezeichnung »CHRS« macht die Hauptmerkmale dieser Technik deutlich, nämlich die Verbindung von:

C = Contract (Anspannung)
H = Hold (Halten der Anspannung)
R = Relax (Lösen der Anspannung)
S = Stretch (Dehnen)

4.4.3 Wiederholungsdehnung

Das Hauptmerkmal dieser Technik ist die »weiche« und kontrollierte Ausführung von *Dehnungsbewegungen*. Da der Dehnungsreiz auf die Muskulatur bei jeder Bewegung nur sehr kurz (Sekundenbruchteile) einwirkt, muss die Dehnungswirkung bei dieser Methode über Wiederholungszahlen (ca. 5–15 Wiederholungen pro Muskel) hergestellt werden.

Abschließend sind *einige wichtige trainingsmethodische Grundsätze* aufgeführt, die unabhängig von der konkret verwendeten Dehnungstechnik gültig sind:

- Vorheriges Aufwärmen ist unbedingt notwendig und verbessert die Dehnungswirkung.
- Alle Ausgangs- und Endpositionen müssen (wie bei Kräftigungsübungen) Gelenk schonend sein.
- Alle Dehnungen sollten schmerzfrei ausgeführt werden.
- Alle Dehnungen sollten kontrolliert und konzentriert ausgeführt werden.
- Fehlerhafte und nachlässige Ausführungen sollten korrigiert werden (Beobachtung durch den Übungsleiter).
- Übungsdemonstrationen (Übungsleiter/Sportler) sollten in guter Qualität erfolgen.
- Es sollten zusätzlich exakte Hinweise zur Ausgangsstellung und zur Dehnungsrichtung gegeben werden.

- Es sollten grundsätzlich keine »Endstellungen« angegeben (oder gar vorgeschrieben) werden.
- Während des Dehnens sollte man ruhig und gleichmäßig weitergeatmet können.
- Es ist sinnvoll, mit einer geringen Anzahl von Übungen pro Training zu dehnen (→ Übungsschwerpunkte setzen und an diesen ohne Hektik arbeiten).
- Es ist – vor allem bei eher Ungeübten – sinnvoll, die Ausführung der Übungen durch gezielte Maßnahmen zu unterstützen: Atmung spüren lassen, Augen schließen lassen, Fragen stellen (»Wo zieht es?«, »Was spürst Du?« etc.), Gegensatzerfahrungen machen lassen, Übungen erklären lassen.

Zusammenfassung

Die Vergrößerung der Gelenkreichweite durch Dehnen ist nach dem derzeitigen Kenntnisstand sowohl kurzfristig als auch langfristig nur durch die Gewöhnung an Dehnungsspannung zu erklären. Darüber kann Dehnen kurzfristig die Ruhespannung herabsetzen, allerdings reichen dazu 5 dynamische Dehnmaßnahmen. Nach ca. 60 Minuten war dieser Effekt in einer Untersuchung von *Magnusson* (1996) zu dieser Thematik völlig verschwunden.

Beim Vorbereiten auf einen Wettkampf oder eine Trainingseinheit genügen im Rahmen des Aufwärmens wenige Dehnungsübungen. Dabei ist dynamisches Dehnen neben den koordinativen Vorteilen auch deshalb empfehlenswerter, weil es die Durchblutung des Muskels zum Zweck des Aufwärmens nicht unterbricht.

Vor allem vor Schnelligkeits- und Schnellkraftleistungen sollte nicht intensiv gedehnt werden, da dadurch die Leistungsfähigkeit beeinträchtigt wird. Die akuellen Untersuchung weisen darauf hin, dass Dehnungsübungen dauerhaft die Ruhespannung des Muskels nicht beeinflussen. Dehnungstraining hat zudem keinen Einfluss auf die Muskellänge, kann somit »Verkürzungen« alleine nicht beseitigen (vgl. *Wiemann*, 1998).

Aufgaben

- Vergleichen Sie die Wirksamkeit der drei beschriebenen Dehntechniken (Zu welchem Zweck setzen Sie welche Dehnmethode mit welchen Ergebnissen ein?).

- Verschaffen Sie sich einen genauen Überblick über individuelle Defizite in der Dehnfähigkeit in Ihrer Trainingsgruppe.

- Arbeiten Sie für einzelne Sportler mit schlechter Dehnfähigkeit gezielte Übungsprogramme/Übungsempfehlungen aus (»Hausaufgaben«).

5 Trainingsmethoden im Konditionstraining

In den Kapiteln 4 und 6 über konditionelle und koordinative Fähigkeiten wird die Frage nach dem *WAS* (= Ziele) des Trainings beantwortet. In diesem Kapitel geht es um die Frage nach dem *WIE* (= Methoden) des Trainings, also um die geeigneten Verfahren, die in der Übungs- und Trainingspraxis anzuwenden sind, wenn konditionelle bzw. koordinative Fähigkeiten zielgerichtet verbessert werden sollen (Abb. 35).

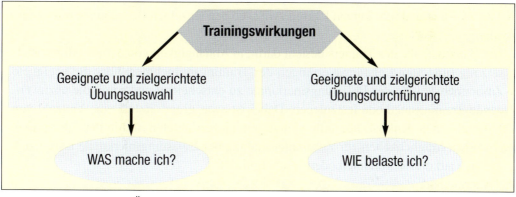

Abb. 35: Grundsätzliche Überlegungen zur Trainingswirkung.

→ Im Bereich der energetisch-konditionellen Fähigkeiten sollen körperliche Anpassungsvorgänge ausgelöst werden. Diese Anpassungsvorgänge müssen durch auf den Körper einwirkende Belastungen hervorgerufen werden. Die zu verwendenden Trainingsmethoden im Kraft-, Ausdauer- und Schnelligkeitsbereich sind also geordnete (planmäßige) Verfahren zur zielgerichteten Regulierung von Belastung und Erholung.

5.1 »Klassische« Methoden der Belastungssteuerung

Je nachdem, welche Kraft-, Ausdauer- oder Schnelligkeitsfähigkeit verbessert werden soll, müssen die Merkmale der Belastung trainingszielabhängig verändert und aufeinander abgestimmt werden.
Während längerfristig (über Wochen, Monate oder Jahre) die *Trainingshäufigkeit* von entscheidender Bedeutung für die Trainingsergebnisse ist, wird die Belastung in der einzelnen Trainingseinheit über die folgenden *Merkmale (Komponenten) der Belastung* festgelegt:

- *Reizstärke* = Größe der Anstrengung, Höhe (Intensität) der Belastung: Wie schnell laufe ich?
- *Reizdauer* = zeitliche Dauer der (Einzel-)Belastung: Wie lange brauche ich, um die einzelne Strecke zurückzulegen?
- *Reizumfang* = Größe der (Gesamt-)Belastung: Welche Strecke laufe ich insgesamt? Wie oft laufe ich die Einzelstrecken?
- *Reizdichte* = Verhältnis von Einzelbelastung (bzw. einer Serie von Einzelbelastungen) zu Pause: Welche Erholungspausen zwischen den einzelnen Läufen (bzw. zwischen einzelnen Laufserien) mache ich?

Die genannten Belastungsmerkmale stehen in einem gegenseitigen Abhängigkeitsverhältnis – sie bedingen sich gegenseitig. So ist es prinzipiell unmöglich, gleichzeitig mit sehr hohen Intensitäten und sehr hohen Umfängen zu trainieren. Falsch wäre es auch, mit sehr hoher Intensität und sehr kurzen Pausen zwischen den einzelnen Belastungen trainieren zu wollen.

Die Hauptaufgabe des Trainers besteht darin, in Abhängigkeit von der jeweiligen Zielsetzung (und vom Leistungsvermögen der Trainingsteilnehmer) über die geeignete Zusammenstellung der Belastungsmerkmale zu entscheiden und somit die anzuwendende Trainingsmethode festzulegen. Dabei ist zwar grundsätzlich eine Vielzahl von Möglichkeiten denkbar, aber alle sinnvollen, zielgerichteten und in der Sportpraxis erprobten Möglichkeiten zur Zusammenstellung der Belastungsmerkmale lassen sich letztlich auf drei »Grundmethoden« zurückführen:

1. Dauermethode
2. Wiederholungsmethode
3. Intervallmethode

Die bildliche Darstellung dieser drei Trainingsmethoden macht die Unterschiede deutlich und zeigt zugleich die jeweils charakteristischen Merkmale in der Gestaltung der Belastung auf (Abb. 36–39).

Dauermethode: Üben mit ununterbrochener Belastung (ohne Pausen, d. h., die Reizdichte ist maximal); mit sehr lang dauernden Belastungen (sehr hoher Reizdauer), mit sehr vielen Wiederholungen, über eine große Distanz bzw. mit großer Gesamtlast (sehr hoher Reizumfang), aber mit niedriger Intensität (geringer bis höchstens mittlerer Reizstärke).

Wiederholungsmethode: Üben mit sehr starken Belastungen (maximaler Reizstärke), mit sehr kurzen Belastungen (sehr kurzer Reizdauer), mit sehr wenigen Wiederholungen, über eine sehr kurze Distanz bzw. mit sehr niedriger Gesamtlast (sehr geringer Reizumfang) und mit nahezu vollständigen oder sogar vollständigen (= echten) Erholungspausen (mit sehr geringer Reizdichte).

Klassische Methoden der Belastungssteuerung

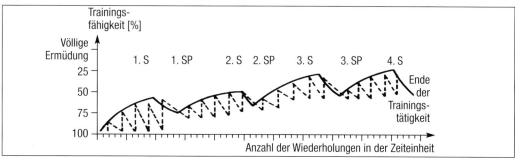

Abb. 36: Extensive Intervallmethode (nach *Weineck*, 2002).

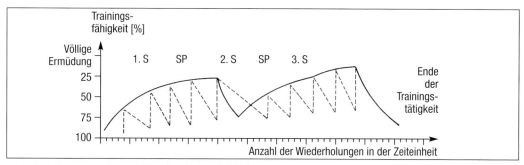

Abb. 37: Intensive Intervallmethode (nach *Weineck*, 2002).

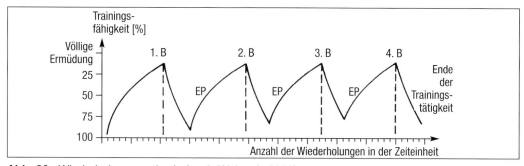

Abb. 38: Wiederholungsmethode (nach *Weineck*, 2002).

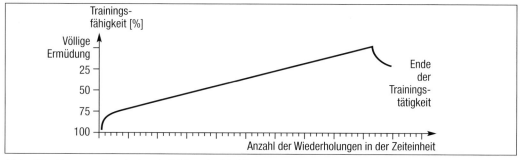

Abb. 39: Dauermethode (nach *Weineck*, 2002).

Diese beiden Methoden stellen extreme Varianten in der Gestaltung der Belastung dar. Auf der einen Seite (Dauermethode) dominieren Reizdauer und -umfang. Vor allem über diese Belastungsmerkmale wird der Trainingseffekt geprägt. Auf der anderen Seite (Wiederholungsmethode) dominiert die Reizintensität. Insbesondere über dieses Belastungsmerkmal wird die gewünschte Anpassung angesteuert.

 Aufgaben

- Welche konditionellen Fähigkeiten werden mit der Dauermethode verbessert, welche mit der Wiederholungsmethode?

- Beschreiben Sie jeweils konkrete praktische Beispiele.

Trotz der oben geschilderten, sehr einseitigen Ausrichtung der Belastung bei Dauer- und Wiederholungsmethode sind beide Methoden in der Praxis des Konditionstrainings dann sinnvoll und notwendig, wenn die Anpassung sehr akzentuiert in eine Richtung erfolgen soll. In diesen Fällen führt keine andere Zusammensetzung der Belastungskomponenten zum Ziel (Abb. 40).

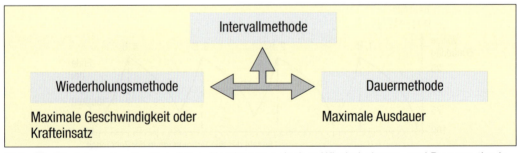

Abb. 40: Die Intervallmethode auf dem Kontinuum zwischen Wiederholungs- und Dauermethode.

In der Sportpraxis wird die Leistungsfähigkeit aber sehr häufig von konditionellen Mischformen (mit-)geprägt. Zu deren gezielter Verbesserung sind beide Methoden nicht geeignet. Im Training dieser gemischt-konditionellen Fähigkeiten (z. B. Schnelligkeitsausdauer, Kraftausdauer u. Ä.) sind abgestufte, intervallartige Belastungen erforderlich.
Die Intervallmethode deckt also in ihren vielen Variationen eine sehr große Bandbreite innerhalb des Belastungsspektrums ab – sie ist die dominierende Methode innerhalb der Praxis des Konditionstrainings (Abb. 41).

Klassische Methoden der Belastungssteuerung

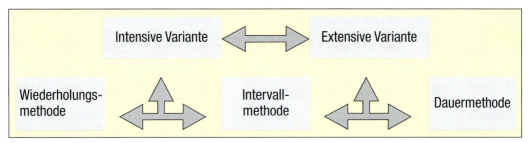

Abb. 41: Extensive und intensive Intervallmethode.

Charakteristisch für die Intervallmethode sind letztlich zwei Hauptmerkmale (Abb. 42):
- Der geplante Wechsel von Belastungs- und Pausenintervallen (im Gegensatz zur Dauermethode mit ihren kontinuierlichen Belastungen) sowie
- die unvollständigen (= »lohnenden«) Erholungspausen (im Gegensatz zur Wiederholungsmethode mit ihren vollständigen/»echten« Pausen).

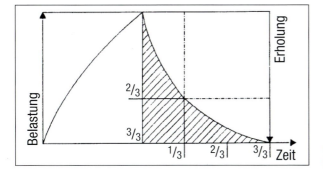

Abb. 42: Prinzip der lohnenden Pause (nach *Weineck*, 2002).

Wenn eine Pause nur $1/3$ oder $2/3$ der zur vollständigen Erholung erforderlichen Zeit gewährleistet, so spricht man von einer »lohnenden Pause«. Die *lohnende Pause* dauert bis zu 2 Minuten, längstens bis der Puls auf 120–130 Schläge/Minute abgesunken ist. Dann erfolgt die nächste Belastung. Tabelle 2 gibt einen groben (schematischen) Gesamtüberblick.

Die Bandbreite der *Intervallmethode* umfasst also ein Üben mit leichten bis hin zu submaximalen Belastungen, mit niedrigen bis hin zu hohen Umfängen, mit kurzer bis hin zu langer Belastungsdauer, aber mit jeweils unvollständigen (lohnenden) Erholungspausen.

Trainingsmethode	Belastungsbereich	Intensität [%]	Umfang	Dauer	Pause
Wiederholungsmethode	Maximal	Nahe 100	Sehr niedrig	Sehr kurz	Vollständige Erholungspause
Intensive Intervallmethode	Submaximal	80–95	Niedrig	Kurz	Lohnende Pause (unvollständig, 2/3)
Extensive Intervallmethode	Mittel bis leicht	50–75	Mittel bis hoch	Lang	Lohnende Pause (sehr unvollständig, 2/3)
Dauermethode	Gering	30–50	Sehr hoch	Sehr lang	Sehr kurz/ ohne Pause

Tab. 2: Belastungsgefüge der unterschiedlichen Trainingsmethoden im Konditionstraining.

Aufgaben

- Erarbeiten Sie konkrete Trainingsprogramme (mit Wiederholungs- und Serienzahlen, konkreten Pausenangaben etc.) für Ihre Trainingsgruppe:
  a) zum gezielten Schnellkrafttraining,
  b) zum gezielten Kraftausdauertraining.

- Legen Sie dabei auch Wert auf die optimale Übungsauswahl und die Anweisungen zur Übungsdurchführung (wie z. B. explosiv, langsam, zügig u. Ä.).

- Führen Sie das geplante Training mit Ihrer Gruppe durch, beobachten Sie die Sportler genau und ziehen Sie gegebenenfalls Schlussfolgerungen für zukünftige Trainingsmaßnahmen.

6 Koordinative Fähigkeiten

Aufgaben
- Warum tut »man« sich – anders als bei den konditionellen Fähigkeiten – so schwer, eindeutig zu sagen, was mit den sog. koordinativen Fähigkeiten gemeint ist und wie sie gezielt trainiert werden sollen?
- Schreiben Sie, bevor Sie weiterlesen, möglichst genau auf, was koordinative Fähigkeiten Ihrer Meinung nach sind, ob und wo in »Ihrer« Sportart diese Fähigkeiten besonders wichtig sind.

Alle Bewegungsabläufe können letztlich nur gut gelingen (= »funktionieren«), wenn (neben genügend Kraft, genügend Ausdauer und Willen) folgende Voraussetzungen erfüllt sind:
- Die Tätigkeit der Muskeln muss im Krafteinsatz dosiert und zeitlich abgestuft erfolgen.
- Es muss auf ein möglichst großes und mit einfachen Teilbewegungen/Bewegungsteilen gefülltes «Depot« zurückgegriffen werden (= »Bewegungsrepertoire«).
- Es muss auf ein inneres Bild (eine »Innensicht«) der Bewegung zurückgegriffen werden.
- Die Ausführung der Bewegung muss zweckentsprechend verändert werden.
- Die Situation, in der die Bewegung ausgeführt werden soll, muss umfassend, schnell und richtig eingeschätzt werden.

Um über all diese Voraussetzungen verfügen zu können, ist das geordnete Zusammenwirken verschiedener Muskeln mit verschiedenen Sinnesorganen und verschiedenen Bezirken des Nervensystems erforderlich. Dieses Zusammenwirken erst macht den Sportler lern- sowie leistungsfähig und führt zu sportbezogener Handlungsfähigkeit.

In dem hier beschriebenen Teilbereich, der von entscheidender Bedeutung für das beobachtbare Bewegungsverhalten ist, geht es allgemein um Fragen der *Bewegungskoordination* und speziell um die verschiedenen koordinativen Fähigkeiten.

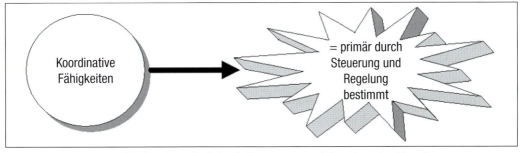
Abb. 43: Koordinative Fähigkeiten sind durch Steuerung und Regelung bestimmt.

> **! Definition**
> Koordinative Fähigkeiten sind Leistungsvoraussetzungen, die in verschiedenen Phasen sportlicher Handlungen wirksam werden. Sie bauen auf Bewegungserfahrungen auf und umfassen das Vermögen, aufgrund komplizierter Steuerungs- und Regelungsvorgänge Bewegungshandlungen in vorhersehbaren sowie unvorhersehbaren Situationen sicher und wirkungsvoll auszuführen (Abb. 43).

Abb. 44: Zielbereiche des Koordinationstrainings.

Dazu zwei Beispiele aus der Sportpraxis:

B *Beispiel 1:* Wir beobachten die Kür einer Eiskunstläuferin; sie führt einen Zweifachsprung aus.
A Sie muss diesen *konkreten Sprung* (hier den Doppellutz) technisch-koordinativ auf hohem Niveau »beherrschen«.
B Sie muss in der Flugphase jederzeit wissen, »wo sie ist« *(räumliche Orientierungsfähigkeit);* sie muss sicher auf einer Schlittschuhkufe landen können *(Gleichgewichtsfähigkeit)* usw.
C Sie muss durch ihre gesamte Darbietung bei den Wertungsrichtern einen möglichst guten künstlerischen Eindruck erwecken (sie braucht *choreographische Fähigkeiten*) usw.

Beispiele

Abb. 45: Vergleich von speziellem mit allgemeinem Koordinationstrainings.

B *Beispiel 2:* Wir beobachten ein Volleyballspiel; die Aufschlagannahme kommt zum Zuspieler, der einen hohen Pass auf die Position IV spielt.

A Der Angriffsspieler muss über mehrere *konkrete Techniken* (z. B. frontaler Angriffsschlag, Drehschlag, Lob) verfügen.

B Er muss u. a. abschätzen können, wo er selbst steht, wohin der Ball fliegt, wo die gegnerischen Blockspieler stehen und vieles mehr *(Orientierungsfähigkeit);* er muss Anlauf- und Stemmschritt sowie Armzug-, Sprung- und Schlagaktion räumlich-zeitlich und dynamisch-zeitlich organisieren können (u. a. *Koppelungs- und Differenzierungsfähigkeit*).

C Er muss die »passende« Schlagtechnik auswählen, sie gegebenenfalls reaktionsschnell variieren oder eventuell durch eine andere ersetzen; er muss Präzisionsanforderungen erfüllen und gleichzeitig unter ständigem Zeitdruck entscheiden, was und wie es zu tun ist (er braucht Spielfähigkeit).

Die meisten Übungsleiter/Trainer ordnen das gezielte Schulen und Vervollkommnen konkreter koordinativer Steuerungsvorgänge dem Bereich »Technik« zu. In den Beispielen wird deutlich, dass Techniktraining auf allen Stufen auch als spezielles Koordinationstraining bezeichnet werden könnte. Bei aller Klarheit in den Bereichen Technikerwerb, Technikvariation und Technikanwendung darf aber Folgendes nicht übersehen werden:

! Merke
- Ziele und Inhalte des Koordinationstrainings dürfen nicht auf die Verbesserung spezifischer Koordinationsvorgänge beschränkt werden.
- Auf jeden spezifischen Koordinationsvorgang hat – neben vielen anderen Faktoren – jeweils mindestens eine koordinative (Basis-)Fähigkeit einen entscheidenden Einfluss (Abb. 46).

74 Koordinative Fähigkeiten

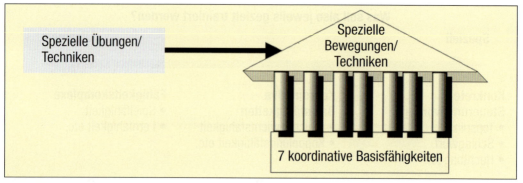

Abb. 46: Zusammenhang zwischen speziellen Techniken, den 7 koordinativen Basisfähigkeiten sowie den Übungen.

> **! Merke**
> Die vielseitig-zielgerichtete Schulung koordinativer (Basis-)Fähigkeiten verkürzt die Lernzeiten und verbessert die Lernleistungen; sie sollte dem speziellen Üben vorangehen oder es ergänzen.

Fähigkeitsorientierter Fertigkeitserwerb

Leider ist gerade die mittlere Ebene (vgl. **B**) der koordinativen (Basis-)Fähigkeiten für viele Übungsleiter/Trainer problematisch. Das hat zwei Hauptursachen:

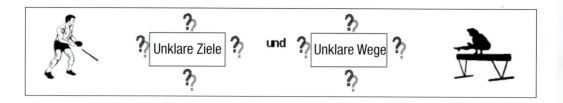

Mit dem in der Vereinspraxis auch heute noch verbreiteten Begriffspaar »Gewandtheit« und »Geschicklichkeit«, mit dem der Bereich der koordinativen Fähigkeiten abgedeckt werden soll, kann die Forderung nach klaren Zielen nicht erfüllt werden. (Wie sollte ein Übungsleiter/Trainer ein gezieltes Training durchführen, wenn die Ziele nur unscharf zu beschreiben sind?) Ein einfaches, klares und praxisbezogenes System koordinativen Fähigkeiten wird von *Harre* (1982) vorgeschlagen. Er unterscheidet 7 koordinative Fähigkeiten und gibt dadurch dem Übungsleiter/Trainer eindeutige Trainingsziele vor.

6.1 (Räumliche) Orientierungsfähigkeit

Diese Fähigkeit beruht auf der schnellen, genauen und umfassenden Wahrnehmung der Position/Lage des eigenen Körpers im Raum (z. B. Trampolinspringen, Schwimmwenden) bzw. zu dem umgebenden Raum (Mitspieler und Gegenspieler, Bälle, Feldmarkierungen usw.). Der Sportler mit guter Orientierungsfähigkeit ist z. B. in der Lage, jederzeit Spiel-, Kampf- und Zweikampfsituationen zu erfassen. Er kann dadurch sein eigenes Bewegungsverhalten der jeweiligen Situation anpassen (z. B. den Passierschlag im Tennis ins »Aus« lassen, den Pass zum freien Mitspieler spielen). Gerade in den Spielsportarten hängt die komplexe Leistungsfähigkeit in hohem Maße von dem Niveau der räumlichen Orientierungsfähigkeit ab. Ihr gezieltes Training ist hier eine unverzichtbare Aufgabe vor allem des Grundlagentrainings, aber auch aller späteren Trainingsabschnitte.

6.2 (Kinästhetische) Differenzierungsfähigkeit

Diese Fähigkeit ermöglicht es, Bewegungen mit genau dosiertem und abgestuftem (= differenziertem) Krafteinsatz auszuführen (z. B. beim Tischtennisschlag mit dem nur ca. 3 g leichten Ball, bei Korbwürfen im Basketball aus verschiedenen Distanzen, bei Pässen über verschiedene Entfernungen). Der Sportler mit einer guten Differenzierungsfähigkeit ist dazu in der Lage, weil er die Informationen der zahlreichen Sinnesorgane im Körperinneren (in den Gelenken, in den Muskeln, in den Sehnen) präzise empfinden (= kinästhetische Empfindungen) und zu ablauf- und zielgenauen Bewegungen »verarbeiten« kann. In der Sportpraxis bezeichnen viele Übungsleiter/Trainer diese Fähigkeit als »Bewegungsgefühl« (Wassergefühl, Ballgefühl, Kantengefühl). Häufig wird die Meinung vertreten, dieses Gefühl »habe man« oder »habe man eben nicht«. Diese Auffassung ist falsch. Die Differenzierungsfähigkeit kann durch gezieltes Training wesentlich verbessert werden. Ein solches Training ist insbesondere überall dort notwendig, wo es auf Präzisionsleistungen ankommt, wo also hohe Anforderungen an die Bewegungsgenauigkeit bestehen.

6.3 Koppelungsfähigkeit

Ist diese Fähigkeit vorhanden, gelingt die Verbindung (»Organisation«) der Bewegungen einzelner Körperteile (Beine, Rumpf, Arme, Kopf usw.) mit- und untereinander. Die Einzelbewegungen und/oder Teilkörperbewegungen werden dabei in räumlicher, zeitlicher und dynamischer Hinsicht zu einer zielgerichteten Gesamtbewegung »gekoppelt«. In den verschiedenen Sportarten kommt diese Fähigkeit u. a. zum Ausdruck bei der

- *Verbindung verschiedener Bewegungsphasen* (z. B. Stemmschritt, Armschwung, Absprung, Aushol- und Schlagbewegung im Volleyball),
- *Kopplung zentraler Teilbewegungen* (z. B. bei Wenden im Schwimmen, Laufen und Schlagen im Tennis, Badminton, Tischtennis, Squash),
- *Kombination einzelner Bewegungsaktionen* (z. B. Ballannahme in der Bewegung – Täuschungshandlung – Torwurf im Handball) usw.

Dabei ist es unerheblich, ob die Teilbewegungen und Bewegungsaktionen gleichzeitig oder nacheinander vollzogen werden. Dass die präzise Wahrnehmung der sogenannten »kinästhetischen« Empfindungen besonders wichtig ist, verdeutlicht ein Beispiel aus dem Schwimmsport: Ein perfekter Startsprung kann nur gelingen, wenn die Ausholbewegung der Arme, das Vorschwingen der Arme und der kraftvolle Abdruck vom Block zeitlich präzise mit dem Erfühlen des Abkippens nach vorne-unten verbunden werden.

6.4 Gleichgewichtsfähigkeit

Hier handelt es sich um die Fähigkeit, den gesamten Körper und/oder ein Objekt in Ruhe und während beliebiger Bewegungen im Gleichgewichtszustand zu halten (z. B. beim Skifahren und Snowboarden, auf dem Schwebebalken, auf Inlinern o. Ä.) oder das Gleichgewicht nach Störungen (z. B. nach Drehbewegungen, Sprüngen, Zug/Druck des Gegners im Judo o. Ä.) rasch wieder zu gewinnen. Die Gleichgewichtsfähigkeit hat also statische und dynamische Anteile. Am Beispiel der Gleichgewichtsfähigkeit lassen sich zwei wesentliche Punkte zum Komplex der koordinativen Fähigkeiten sehr deutlich aufzeigen:
- Die verschiedenen koordinativen Fähigkeiten bedingen sich zum Teil gegenseitig. Die Gleichgewichtsfähigkeit z. B. steht in einer ausgeprägten Wechselbeziehung zur räumlichen Orientierungs- und zur kinästhetischen Differenzierungsfähigkeit. Bei den komplexen Bewegungshandlungen im Sport werden immer verschiedene und sich überlappende koordinative Fähigkeiten wirksam, die häufig sogar in einer Art Abhängigkeitsverhältnis zueinander stehen.
- Viele verschiedene Gleichgewichtsleistungen in vielen verschiedenen Sportarten bzw. Disziplinen stellen im Kern die gleichen spezifischen Anforderungen an die Bewegungssteuerung. An dieser Stelle wird die Theorie durch das in der Trainingspraxis erworbene Erfahrungswissen eindrucksvoll bestätigt. In Abgrenzung zu den Fertigkeiten/Techniken zeichnen sich Fähigkeiten dadurch aus, dass sie verallgemeinerte koordinative Leistungsvoraussetzungen sind: Sie werden in vielen unterschiedlichen Bewegungssituationen erworben (Pedalo, Kreisel, umgedrehte Bank) und können dann auf alle gleichartigen oder ähnlichen Bewegungssituationen übertragen werden (Ski, Skateboard, Surfen).

6.5 Rhythmusfähigkeit (Rhythmisierungsfähigkeit)

Sie befähigt dazu, *akustisch vorgegebene, in der Bewegung enthaltene bzw. verinnerlichte Rhythmen* zu erfassen und in der Bewegung zu realisieren. Insbesondere spielen dabei dynamisch-zeitliche Gliederungen eines Bewegungsablaufes und Wechsel in der Dynamik von Bewegungsabläufen eine Rolle. Akzente und Impulssetzungen im Bewegungsablauf werden auf der Grundlage dieser Fähigkeit nicht nur wahrgenommen (Auge, Ohr, Bewegungsempfindungen), sondern im Bewegungsvollzug durch den Wechsel zwischen Anspannung und Entspannung der Muskulatur gesteuert.

Eine besondere Komponente dieser Fähigkeit ist sicherlich das Erfassen und *In-Bewegung-Ausdrücken* musikalischer Rhythmen, speziell von Rhythmuswechseln. Aber die Rhythmisierungsfähigkeit ist darüber hinaus in der Ausführung aller zyklischen (Schwimmen, Skilanglauf, Hürdenlauf) und azyklischen Bewegungen (z. B. in der Kombination Laufen – Springen bzw. Laufen – Werfen, also beim Anlaufrhythmus, Zweier-, Dreier- und Fünferschrittrhythmus) von Bedeutung.

Die frühzeitige Schulung unterschiedlicher Anlauf-, Schritt- und Bewegungsrhythmen führt später zu kürzeren Lernzeiten bei allen Techniken, die auf diesen Rhythmen beruhen. Dass sie nicht nur in den Sportarten sinnvoll ist, in denen man mit Musik zu tun hat, zeigen viele alltägliche Redewendungen auf: »Laufrhythmus gefunden«, »Spielrhythmus verloren«, »aus dem Takt gebracht« usw.

6.6 Reaktionsfähigkeit

Als Reaktionsfähigkeit wird die Fähigkeit bezeichnet, schnell auf bestimmte Signale hin zweckmäßige Bewegungsaktionen einzuleiten/auszuführen (z. B. Ausweichbewegungen, Spiel- oder Zweikampfhandlungen). Die auslösenden Signale sind dabei fast immer bekannt. Sie können jedoch vorher erwartet (z. B. Startschuss) oder unerwartet auftreten (z. B. alle Auswahlreaktionen in den Sportspielen, abgefälschte Bälle in den Rückschlagspielen). Bei der gezielten Schulung der Reaktionsfähigkeit kann das Signal vom Mitspieler, Gegner, Schiedsrichter, Starter, von einem Gerät oder vom Gelände ausgehen. Die Bewegungsreaktion kann vorher schon festliegen oder aus mehreren Möglichkeiten auszuwählen sein. In den meisten Fällen ist das maximal schnelle Reagieren am Erfolg versprechendsten. Entsprechend eng ist die Verbindung zu den Schnelligkeitsfähigkeiten im konditionellen Bereich. Die Reaktionsfähigkeit ist in allen direkt gegnerorientierten Sportarten besonders wichtig. Sie beruht vor allem auf der Aufnahme und Verarbeitung von Signalen über das Auge, aber auch Zurufe, Geräusche oder Berührungen können Reaktionsauslöser sein.

6.7 Umstellungsfähigkeit

Hierunter versteht man die Fähigkeit, ein geplantes Bewegungs- (besser: Handlungs-)Programm während seiner Ausführung aufgrund *wahrgenommener* und/oder *vorausgenommener (antizipierter)* und/oder *vorauszunehmender Situationsveränderung* zu korrigieren (»Programmvariation«) oder durch ein anderes, neues Programm zu ersetzen (»Programmwechsel«). Auf eine ungenügende oder fehlende Schulung dieser Fähigkeit können den Trainer z. B. folgende Beobachtungen hinweisen:
- (Vorausberechenbares) Standardverhalten, das sich nicht oder unzureichend an der jeweilig gegebenen Situation orientiert,
- Festhalten an vorher festgelegten (taktischen) »Marschrouten« trotz Erfolglosigkeit,
- Fehler in der Wahl der Technik und/oder Auswahl der »falschen« Technikvariante.

Damit die Sportler lernen, sich schnell und richtig zu entscheiden, müssen vor allem zwei wesentliche Voraussetzungen in frühen Trainingsphasen geschaffen werden:
- Es müssen Variationen der Grundtechniken gezielt erarbeitet werden, damit sie verfügbar sind.
- Es müssen Situationen im Training organisiert werden, in denen gezielt eine Entscheidung über die Auswahl der situationsgemäßen Technik und Technikvariante abverlangt wird.

Im Zusammenhang mit einem derartigen Training und der jeweiligen Rückmeldung über das Handlungsergebnis lernt der Sportler, sich schnell (auch unter Zeitdruck) zu entscheiden und richtig (situationsangemessen) zu verhalten.

6.8 Zusammenfassung in zwei Merksätzen

1. Während technische Fertigkeiten verfestigte, teilweise bzw. vollständig automatisierte und konkrete Bewegungshandlungen sind, stellen koordinative Fähigkeiten verfestigte, jedoch verallgemeinerte (d. h. für eine ganze Reihe von Bewegungshandlungen grundlegende) allgemeine und konkrete Leistungsvoraussetzungen dar.

2. *Hirtz* bezeichnet die koordinativen Fähigkeiten als (relativ) verfestige und übertragbare »Verlaufsqualitäten« der Bewegungssteuerung, da die Koordination der Bewegungstätigkeit dabei stets auf ganz bestimmte Art und Weise (also in einer bestimmten Qualität) verläuft. Durch die wiederholte Bewältigung gleicher oder ähnlicher koordinativer Anforderungen bilden sich die Verlaufsqualitäten heraus und werden zur Fähigkeit. Diese wiederum ist dann Voraussetzung für alle Bewegungshandlungen mit entsprechenden koordinativen Anforderungen.

6.9 Antizipation

Ein weiterer Fähigkeitskomplex, der im weitesten Sinne zum Thema Koordination passt, ist die sog. Antizipation. Sie wirkt in einer Bewegungshandlung zusammen mit der Reaktionsfähigkeit und der Umstellungsfähigkeit. Einer der weltbesten Eishockeyspieler, der Amerikaner *Wayne Gretzky*, hat einmal gesagt: »Die meisten Spieler, mit denen ich spiele, sind ziemlich gut, denn sie laufen dahin, wo der Puck ist. Ich laufe dahin, wo der Puck sein wird!« *Gretzky* »ahnt voraus«, wo der Puck sich gleich befinden wird. Dieses Voraussehen oder Vorausahnen ist quasi die Antizipation.

Definition
Unter Antizipation im Sport wird in erster Linie die vorstellungsmäßige Vorausnahme fremder Bewegungen verstanden, die beim Bewegungsentwurf der folgenden eigenen Bewegung berücksichtigt wird (*Gabler*, *Singer*, 1986).

Es geht genau genommen um die Fähigkeit des einzelnen Sportlers, Aktionen des Gegners vorherzusehen und bereits während deren Ablaufs eine zielgerichtete Entscheidung zu treffen. Eine gute Antizipation bringt hier dem Sportler unter Umständen einen entscheidenden Zeitgewinn. Eine wichtige Rolle spielen dabei gespeicherte technomotorische Erfahrung und das eigene sportliche Niveau. Generell kann man sagen, dass das Antizipationsvermögen umso besser ist, je erfahrener der Sportler ist. Zudem sind Aufmerksamkeitszuwendung und Blickverhalten für Antizipationsleistungen mitverantwortlich. Gerade diese beiden letztgenannten Faktoren müssen vom Trainer bewusst in die Schulung der Antizipation im Trainingsprozess eingebunden werden. Das bedeutet, dass ein Trainer einem jungen und noch unerfahrenen Sportler erklären muss, auf welche körperlichen Signale oder Signale des Sportgeräts (z. B. Tischtennis- oder Tennisschläger) er sein «Augenmerk» lenken soll. Eine weitere methodische Maßnahme kann darin bestehen, dass vom Trainer Situationen in Spiel- und/oder Übungsformen geschaffen/arrangiert werden, welche zwangsläufig die Antizipation schulen. Man spricht in diesem Fall von *zwingenden methodischen Maßnahmen*.

6.10 Analysemodell nach *Neumaier*

Möchte man im Sport erfolgreich sein, so ist die koordinative Handlungskompetenz die notwendige Leistungsvoraussetzung, um anspruchsvolle Bewegungsaufgaben motorisch lösen zu können. Denn: »Die Qualität der koordinativen Handlungskompetenz bestimmt den Grad der Leistungseffizienz!« (*Hotz*, 2000). Für die Praxis fordert *Hotz*, dass sich das Koordinationstraining stets am Anforderungsprofil der Sportart zu messen hat. »Die Sportartanalyse zeigt den Weg, den es im Training einzuschlagen gilt! Bei der Koordination gilt es zu überlegen, welche Aspekte der koordinativen Handlungskompetenz besonders wichtig sind, um den Bewegungsablauf – die entsprechenden koordinativen Fähigkeiten – optimieren zu können.« (*Hotz*, 2000).

> Übe und trainiere das, worauf es ankommt (*Hotz*, 2000).

Beim Training der Koordination oder koordinativen Fähigkeiten muss man stets von der Praxis ausgehen. *Neumaier* (1999) hat ein Modell entwickelt, um zu analysieren, welche Anforderungen eine Sportart an die Koordination stellt. Er betrachtet die Koordination nicht mehr unter dem Gesichtspunkt der individuellen Leistungsvoraussetzung, sondern geht von der zu bewältigenden motorischen Aufgabe aus. Die Aufgabe, die ein Handballer zu bewältigen hat, unterscheidet sich von der eines Basketballers und diese sich von Leichtathleten gleich welcher Disziplin. Aus dem koordinativen Anforderungsprofil leitet *Neumaier* seine Maßgaben für das Koordinationstraining ab. Die beiden Kategorien, die er dazu verwendet, sind die *Informationsanforderungen* (Abb. 47) und die *Druckbedingungen* (Abb. 48).

Die Informationsanforderungen geben die für den Koordinationsprozess wesentlichen Sinnesorgane bzw. Analysatoren an. Wird eine der Informationsanforderungen hoch bewertet, so ist in der entsprechenden Spalte ein Kreuz mehr oder weniger weit rechts zu positionieren. Umgekehrt wird bei einer niedrig eingeschätzten Anforderung das Kreuz mehr oder weniger weit links positioniert. Auf diese Weise erhält man einen Überblick über das Anforderungsprofil einer Sportart/Disziplin im Hinblick auf die Informationsanforderungen. Hoch gewertete Anforderungen sollten in entsprechendem zeitlichen Umfang beim Training der Koordination trainiert werden.

Der Präzisionsdruck beschreibt die Präzisionsanforderung der Bewegung im Hinblick auf das Bewegungsergebnis oder die Bewegung selbst (Abb. 48). Der Zeitdruck beschreibt die zur Verfügung stehende Zeit für die Bewegung oder die Bewegungshandlung. Der Komplexitätsdruck bezieht sich auf die an der Bewegung beteiligten Körperteile oder auch Muskeln.

Wertung 👎	Informationsanforderungen	Wertung 👍
◄· Optisch · ►		
◄· Akustisch · ►		
◄· Taktil · ►		
◄· Kinästhetisch · ►		
◄· Vestibulär · ►		
Niedrig		**Hoch**

Abb. 47: Informationsanforderungen nach *Neumaier* (optisch = die Augen betreffend; akustisch = das Gehör betreffend; taktil = den Hautsinn betreffend; kinästhetisch = den Muskelsinn betreffend; vestibulär = den Gleichgewichtsorgan betreffend).

Analysemodell nach Neumaier

Wertung 👎	Druckbedingungen	Wertung 👍
◄·······	Präzisionsdruck ·······►	
◄·······	Zeitdruck ·······►	
◄·······	Komplexitätsdruck ·······►	
◄·······	Situationsdruck ·······►	
◄·······	Belastungsdruck ·······►	
Niedrig		**Hoch**

Abb. 48: Druckbedingungen nach *Neumaier*.

Der Situationsdruck bezieht sich auf die Variabilität oder Komplexität der Situation, aus der heraus die Bewegung erfolgt. Je nachdem, wie hoch die Wertung für die einzelnen Druckbedingungen ausfällt, ist in der Trainingspraxis wie bei den Informationsanforderungen zu verfahren.

Das Ergebnis der Analyse ermöglicht dem Trainer/Übungsleiter über das koordinative Anforderungsprofil Hinweise für seine Trainingsziele und -inhalte im Koordinationstraining zu erhalten. Es ermöglicht ein zielgerichteteres Training. Bei Leistungssportlern unterschiedlicher Sportarten darf demnach das Koordinationstraining inhaltlich nicht identisch sein. Im Nachwuchsbereich kann man für das Training Hinweise bekommen, welche Fähigkeiten gegenüber anderen etwas mehr gefordert werden könnten. Im Nachwuchsbereich sollte das Ergebnis keine Ausschlussfolgerung sein. Hier gilt es nach wie vor, schwerpunktmäßig allgemein fähigkeitsorientiert zu trainieren. Es kann jedoch bereits ein fertigkeitsorientiertes Fähigkeitstraining erfolgen, d. h., tendenziell die für die Sportart bedeutsamen Informationsanforderungen und Druckbedingungen zu schulen.

So betrachtet ist Koordinationstraining nie (oder zumindest selten) Selbstzweck, sondern Mittel zum Zweck. Es geht immer von der Sportart aus. Schließlich sollen Strategien zur Problemlösung erworben und entwickelt werden, um Bewegungen effizienter zu koordinieren.

Aufgaben

- Suchen Sie typische Beispiele (allgemein und sportartspezifisch), in denen die besondere Bedeutung einzelner koordinativer Fähigkeiten deutlich wird.
- Gewichten Sie die Bedeutung der verschiedenen koordinativen Fähigkeiten für Ihre Sportart und begründen Sie Ihre Rangfolge.
- Schätzen Sie die von Ihnen trainierten Sportler im Hinblick auf Ihre koordinativen Stärken und Schwächen ein.
- Analysieren Sie Ihre Sportart im Hinblick auf die Informationsanforderungen. Diskutieren Sie Ihre Ergebnisse mit Ihren Kollegen.
- Analysieren Sie Ihre Sportart im Hinblick auf die Druckbedingungen. Diskutieren Sie die Ergebnisse mit Ihren Kollegen.
- Gibt es auf unterschiedlichem Könnensniveau Unterschiede im Hinblick auf die Druckbedingungen bzw. Informationsanforderungen? Erläutern Sie Ihre Erkenntnisse mit Ihren Kollegen.
- Welche Bedeutung kommt der Antizipation in Ihrer Sportart zu? Begründen Sie dies und suchen Sie Praxisbeispiele dazu. Finden Sie Übungen/Spielformen, mit denen Sie in Ihrer Sportart die Antizipation schulen können.

Aus: *Podgorsky, I.:* Muskeln auf Papier, Wien 1986

7 Methodische Grundsätze und methodische Maßnahmen im Koordinationstraining

Bei der Förderung und gezielten Verbesserung koordinativer Fähigkeiten kann nicht auf die zuvor beschriebenen Methoden der Belastungssteuerung zurückgegriffen werden. Entscheidend ist hier vielmehr die Konzentration auf die zu verbessernden Prozesse der Bewegungssteuerung. Dabei müssen die koordinativen Anforderungen über das »normale« Maß hinaus erhöht werden. Es sind vielfältige, ungewohnte und schwierige Bewegungsaufgaben zu stellen und es sind veränderte, neue und »knifflige« Übungsbedingungen zu schaffen. Die hierbei geltende grundsätzliche Formel ist in Abbildung 49 dargestellt.

Diese erschwerten Ausführungsbedingungen lassen sich prinzipiell auf zweierlei Weise organisieren, wie Abbildung 50 zeigt.

Im ersten Fall geht es also um die Erschwerung der Bewegungsausführung selbst durch die Anwendung der Prinzipien der Variation und Kombination. Im zweiten Fall geht es um den Erhalt der ursprünglichen Bewegungsausführung bei (bzw. trotz) veränderten Bedingungen und höheren Situationsanforderungen. Selbstverständlich möglich – wenn auch in der Regel besonders anspruchsvoll – sind kombinierte Maßnahmen.

> Wir müssen nicht Bewegungskoordination lernen, sondern in erster Linie Problemlösungsstrategien erwerben und entwickeln. Denn dann können wir auch Bewegungen effizienter koordinieren (vgl. *Hotz*, 2000).

Die folgenden Vorschläge sollen als Anregung für den Trainer dienen. Sie können nur dann zur vollen Wirkung gelangen, wenn die trainierten Sportler
- *konzentriert* üben,
- die koordinativen Schwierigkeiten *aktiv* bewältigen,
- sich *bewusst* mit ihren Bewegungsausführungen auseinandersetzen und
- wenn der Trainer ihnen durch Fragestellungen und Anregungen beim bewussten Erfahren sowie beim Verarbeiten ihrer Erfahrungen hilft.

Abb. 49: Grundformel für das Koordinationstraining.

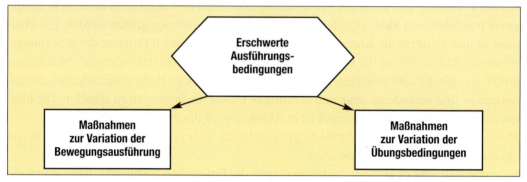

Abb. 50: Ausführungsbedingungen zum Koordinationstraining.

7.1 Maßnahmen zur Variation der Bewegungsausführung

- Veränderung der Ausgangs- und Endstellungen
- Veränderung der Bewegungsrichtung
- Veränderung des Bewegungstempos
- Veränderung des Bewegungsumfanges
- Veränderung des Krafteinsatzes
- Betonung einzelner Bewegungsphasen und/oder Teilbewegungen
- Üben mit verschiedenen Körpergliedern
- Spiegelbildliches Üben
- Kombination von Übungen
- Zusatzaufgaben während der Bewegungsausführung
- Anpassen von Bewegungen an Vorgaben
- Imitationsübungen

7.2 Maßnahmen zur Variation der Übungsbedingungen

- *Allgemeines Üben unter ungewohnten Bedingungen*
- Veränderung des Bewegungsraumes
- Veränderung der Anzahl der Mitspieler und/oder Gegner
- Veränderung des Geländes oder der Stützflächen
- Veränderung der Signalgebung
- Veränderung der Informationsaufnahme
- Veränderung von (taktischen) Aufgabenstellungen
- Üben nach Vorbelastung
- Verwendung von Handgeräten, Hilfsmitteln, Gerätebehinderungen
- Üben unter Zeitdruck, mit Zeitvorgaben
- Üben mit Partnerwechsel, Gegenwirkung durch Partner
- Zusätzliche Aufgaben während des Übens
- Veränderung von Entfernungen, Abständen, Zielvorgaben, Wurf-, Schuss- und Schlagwinkeln
- Üben mit geschlossenen Augen
- Üben nach Reizung des Gleichgewichtssinnes
- Veränderung von Spiel-, Kampf- und Wettkampfregeln
- Üben bei Störeinflüssen

 Aufgaben

- Schreiben Sie sich zu allen aufgeführten Punkten jeweils bis zu zwei praktische Beispiele auf und integrieren Sie diese gezielten Koordinationsaufgaben in Ihr Training.

- Überlegen Sie sich einige Frage, die Sie »Ihren« Sportlern stellen können, damit diese Ursache (»wenn«) und Wirkung (»dann«) ihrer Bewegungsausführung besser in den Griff bekommen können.

- Überlegen Sie sich, durch welches Trainerverhalten Sie »Ihre« Sportler im Koordinationstraining unterstützen können (bzw. sie behindern würden).

8 Planung, Durchführung und Auswertung von Übungsstunden und Trainingseinheiten

In der Trainingsplanung stellt die einzelne Trainingseinheit die kleinste Einheit im Trainingsaufbau dar. Es sind je nach Zielsetzung (Freizeit- bis Hochleistungssport) zwischen 1 und bis zu 22 Trainingseinheiten pro Woche möglich. Die Anzahl der Trainingseinheiten ist von folgenden Faktoren abhängig:
- Spezifität der Sportart
- Trainingszustand des Sportlers
- Alter, Trainingsalter (Trainingsjahre)
- Struktur der Jahresperiodisierung
- Äußere Bedingungen (z. B. Hallenkapazität)

Jede Sportart hat im Laufe der Zeit ihre eigenen Durchführungsmodalitäten entwickelt. Ein Leichtathletiktraining im Nachwuchsbereich (Alter: 7–8 Jahre) kann man nicht mit einem Training eines 15-jährigen Handballers, welcher bereits dem D-Kader des Landesverbandes angehört, vergleichen. Bezogen auf das Alter ist ein Kindertraining z. B. kein reduziertes Erwachsenentraining. Es geht um andere Ziele, andere Inhalte, und es werden andere Methoden verwendet. Hier sollten, sportpädagogisch betrachtet, vor allem die Elemente Spiel und Spaß entsprechend Berücksichtigung finden. Je mehr Trainingsjahre ein Sportler bereits absolviert hat, umso mehr Trainingseinheiten kann er während der Woche haben. Es ist aus trainingsmethodischer Sicht problematisch, 5- bis 6-jährige Kinder bereits 4- bis 5-mal pro Woche trainieren zu lassen. Es muss auch aus quantitativer Sicht noch Steigerungsmöglichkeiten im Training geben. Da in vielen Sportarten die Trainingshäufigkeit die mitentscheidende Größe ist, gilt es z. B. auch für viele Trainer, das »Hallenproblem« zu lösen. Dieses besteht in der Praxis des Vereinstrainers darin, dass die Theorie zwar eine höhere Anzahl an Trainingseinheiten vorschreibt, die Hallenkapazitäten des örtlichen Vereins jedoch meist erschöpft sind.

Sportlerinnen und Sportler erleben in der Trainingseinheit »ihr Training« mit der Trainingsbelastung, Leistungsentwicklung und Leistungskontrolle, aber auch ihre Trainingspartner, die Trainingsgruppe, die Trainerin oder den Trainer unmittelbar, quasi »hautnah«. Die einzelne Trainingseinheit ist gleichsam die Drehscheibe zur inhaltlich-methodischen Umsetzung von Training (vgl. *Martin, Nicolaus, Ostrowski, Rost,* 1999).

Eine Trainingseinheit ist aber keine beliebige Aneinanderreihung von Übungen und Spielen. Der Aufbau setzt entsprechend der Zielsetzung eine genaue Planung voraus, welche nach bestimmten Prinzipien zu erfolgen hat. Diese Planung kann/sollte je nach Bedeutung, Einstellung oder Professionalisierungsgrad des Trainings für den Trainer in schriftlicher Form erfolgen. Oberstes Ziel ist dabei die optimale Anordnung der Inhalte, welche ein Training letztendlich konstituieren. Für den Ablauf der Trainingseinheit wirken sie als Planer, Gestalter, Moderator, Controller. Darüber hinaus wirken sie als Helfer, Erzieher, Berater und Ansprechpartner, vor allem für junge Sportlerinnen und Sportler. In letzter Zeit spricht man im Zusammenhang mit diesen vielfältigen Aufgaben und Rollen, welche ein Trainer zu leisten bzw. einzunehmen hat, immer mehr vom sog. »Coach«.

Bei der Planung der Trainingseinheit gilt es, bestimmte Vorüberlegungen anzustellen. In den Abbildungen 51 und 52 sind diejenigen dargestellt, welche die größte Bedeutung im Hinblick auf die Bestimmung bzw. Festlegung der Ziele, Inhalte und Methoden der einzelnen Übungsstunde bzw. Trainingseinheit haben.

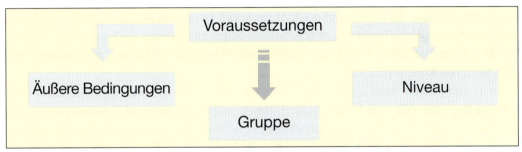

Abb. 51: Voraussetzungen zur Durchführung einer Trainingseinheit.

Bei der *Planung* der Trainingseinheit sind vom Trainer/Übungsleiter all diese Voraussetzungen zu prüfen. Zu den *äußeren Bedingungen* zählen
- die zur Verfügung stehende Zeit,
- die Umgebungsbedingungen (Halle, Platz, Wetter),
- das zur Verfügung stehende Material (z. B. Bälle, Seile, Tore, Tische) sowie
- evtl. vorhandene Medien (Tafel, Metaplan, Videorekorder, Bildschirm).

Besondere Bedeutung hat für jeden Übungsleiter/Trainer die *Dauer seiner Trainingseinheit*. Es ist planerisch ein großer Unterschied, ob die Trainingseinheit 2,5 Stunden oder nur 60 Minuten dauert. Selbst bei einer nur 60-minütigen Trainingseinheit sollte eine harmonische zeitliche Verringerung aller drei Trainingsabschnitte (Einleitung – Hauptteil – Schluss) vorgenommen werden, und nicht etwa auf einzelne Abschnitte (z. B. das Aufwärmen) verzichtet werden. Viele Spiel- und Übungsformen müssen den Umgebungsbedingungen angepasst werden. Dies setzt vom Trainer entsprechendes Verständnis, Flexibilität und Kreativität voraus. In der Leichtathletik beispielsweise sollte ein Trainer bei Regen wegen der Verletzungsgefahr beim Absprung (Ausrutschen) eher auf ein Hochsprungtraining verzichten und etwas anderes durchführen. Wird für bestimmte Spiel- und Übungsformen Material benötigt, muss man sich vor Trainingsbeginn versichern, dass es zur Trainingseinheit auch verfügbar bzw. in Ordnung ist. Ähnlich verhält es sich bei einem geplanten Medieneinsatz. In der Regel ist die Trainingsgruppe dem Trainer mehr oder weniger lange bekannt. Es gibt Sportarten, in denen vom 6-jährigen Anfänger bis zum 16-jährigen D-Kader-Mitglied sowie Mädchen und Jungen gemischt am Training teilnehmen. Auch der Umgang mit Kindern aus anderen Kulturen muss vom Trainer mitberücksichtigt werden. Der Trainer sollte die Teilnehmer auch auf die Körperhygiene nach dem Sporttreiben hinweisen. Die Planung einer Trainingseinheit unter solchen Voraussetzungen stellt an den Trainer entsprechend hohe Anforderungen, da Training neben den sozialen Prozessen auch individuellen Bedürfnissen Rechnung tragen soll.

Darüber hinaus gibt es weitere Gesichtspunkte, die der Trainer bei der Planung berücksichtigen sollte. Der zu vermittelnde *Stoff* sollte vom Trainer selbstverständlich beherrscht werden. Handelt es sich schwerpunktmäßig in der Trainingseinheit um Techniktraining, so sollte der Trainer zu einer Bewegungsanalyse in der Lage sein. Sie ist beispielsweise unabdingbare Voraussetzung für die Fehlerkorrektur im Sport. In diesem Zusammenhang sollte der Trainer wissen, welche Probleme an sog. Schnittstellen zu erwarten sind und wie man diese beheben kann. Hier spielt neben dem Können und Wissen die Erfahrung des Trainers eine entscheidende Rolle (Abb. 52).

In der Trainingspraxis kann man häufig feststellen, dass Trainer die Trainingseinheiten inhaltlich überfrachten. Wie viele Inhalte in ein Training aufgenommen werden können, hängt von mehreren Aspekten ab. Bei Anfängern sollten es eher weniger, bei sehr guten Sportlern können es auch mehrere sein. Bedacht werden sollte in jedem Fall, dass sich auch Profis in manchen Trainingseinheiten lediglich ein bis zwei Schwerpunkte setzen. Gemäß der Dreiteilung der Trainingseinheit in

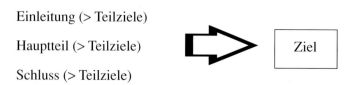

Einleitung (> Teilziele)

Hauptteil (> Teilziele)

Schluss (> Teilziele)

sollte der Trainer in jedem der drei Teile eine Schwerpunktsetzung vornehmen. In dem Begriff »Einheit« zeigt sich der prinzipielle Anspruch eines funktionalen, abgestimmten

Abb. 52: Grundsätzliche Überlegungen zum Stoffgebiet der Trainingseinheit.

und zielorientierten Ganzen. Die Trainingseinheit sollte von den Spiel- und Übungsformen sowie von der Durchführung nicht auf »Absolvieren«, sondern auf das Erreichen vorgegebener Ziel(e) ausgerichtet sein (vgl. *Martin, Nicolaus, Ostrowski, Rost*, 1999).

Den drei Trainingsbestandteilen werden bestimmte Inhalte zugeordnet. Zu Trainingsbeginn, in der *Einleitung*, sollte der Trainingsteilnehmer zu seiner Einstellung und dem Mitdenken/Mitarbeiten durch Bewusstmachung des Trainingszieles und des erwarteten Einsatzes vom Trainer kurz informiert werden. Der wesentlich wichtigere Teil besteht allerdings darin, sich motorisch-regulativ, psychisch und physisch auf die nachfolgenden Anforderungen vorzubereiten. Dehnungs- und Kräftigungsübungen, aber auch Koordinationsübungen bzw. -spiele können hier durchgeführt werden. In den meisten Fällen gilt es, sich thematisch auf einen Hauptteil vorzubereiten. Steht beispielsweise im Tischtennis die Beinarbeit im Hauptteil als Schwerpunkt, so kann im einleitenden Teil der Stunde ein gezieltes, kurzes Schnelligkeits- oder Sprungkrafttraining erfolgen. Bei jüngeren Trainingsteilnehmern im Nachwuchsbereich kann der Trainingsbeginn auch zur Entladung von Bewegungsdrang dienen, die Kinder können sich erst einmal bei geeigneten Spielen »austoben«.

Der *Hauptteil* erfüllt durch die inhaltliche und methodische Gestaltung die Zielaufgabe(n). Im Hauptteil des Trainings sind mehrere Typen möglich:
- Techniktraining
- Bewegungslernen
- Konditionstraining
- Koordinationstraining
- Taktiktraining
- Wettkampfnahes Training

Es sind auch Kopplungen dieser Typen möglich, wobei die *Zielsetzung(en) das zentrale Kriterium* der Durchführung darstellen. Grundsätzlich sollte z. B. Koordinationstraining eher am Beginn der Trainingseinheit stehen, bei Leistungssportlern kann es aber auch im ermüdeten Zustand erfolgen. Der Trainer kann dadurch einen Einblick gewinnen, wie sich die Sportler im ermüdeten Zustand bezüglich Bewegungssteuerung und Bewegungsregelung verhalten. Sollen technisch bereits automatisierte Bewegungen gegenüber Störungen resistent gemacht werden, muss man diese sogar unter Ermüdungsbedingungen trainieren. Grundsätzlich kann man dennoch folgende Regeln formulieren:
- Kein Ausdauertraining vor Techniktraining
- Kein anaerob-laktazides Training vor Techniktraining
- Maximalkrafttraining und Ausdauertraining nicht in unmittelbarer zeitlicher Nähe
- Kurzes, hochintensives Schnelligkeitstraining zu Trainingsbeginn
- Kurzes, hochintensives Sprungkraft-/Schnellkrafttraining zu Trainingsbeginn

Der *Schluss* bzw. der Ausklang der Stunde hat u. a. die Funktion, Regenerationsprozesse einzuleiten. In vielen Sportarten hat sich das Auslaufen nach der Trainingseinheit durchgesetzt. Man kann zum Schluss Spiele anbieten oder auch Trainingswettkämpfe durchführen lassen. Innerhalb des »*Cooling down*« kann man auch Dehnungsübungen durchführen. Je nach Leistungsstand und Alter der Sportler ist eine gemeinsame Auswertung der Trainingseinheit möglich. Es kann eine Kurzzusammenfassung sein, oder es können Gruppen- oder Einzelgespräche stattfinden. Natürlich kann/sollte der Trainer ein kurzes bzw. stichwortartiges Trainingsprotokoll anfertigen. Die Auswertung stellt ein wichtiges Instrument der Trainingssteuerung dar (vgl. *Martin, Carl, Lehnertz*, 1991).

In Abbildung 53 ist exemplarisch der Ablauf einer 90-minütigen Trainingseinheit dargestellt. Auffallend ist hierbei, dass der Hauptteil aus einem Technikteil und einem Konditionsteil besteht. Wichtig ist auch der langsame, allmähliche Anstieg der Belastungsintensität während des Stundenverlaufs.

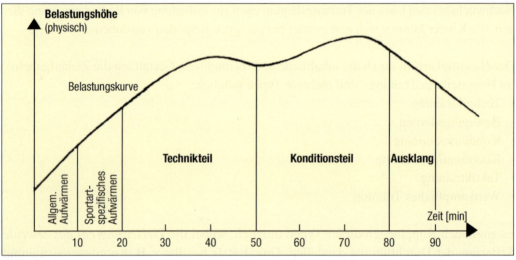

Abb. 53: Zeitliche und inhaltliche Verteilung einer 90-minütigen Trainingseinheit (nach *Rieder* und *Fischer*, 1986).

Planung, Durchführung und Auswertung von Übungsstunden

 Aufgaben

- Notieren Sie bezüglich Planung einer eigenen Trainingseinheit Stichpunkte zu den Voraussetzungen (äußere Bedingungen, Gruppe, Niveau).
- Notieren Sie Stichpunkte über Stoff, Bewegungsanalyse, zu erwartende Probleme sowie Schwerpunkte in einer von Ihnen geplanten Trainingseinheit.
- Entwickeln Sie schriftlich mehrere Stundenmodelle. Wechseln Sie dabei bei der Auswahl des Hauptteiles zwischen den einzelnen Typen.
- Planen Sie eine komplette Trainingseinheit in Ihrer Sportart schriftlich voraus. Vergleichen Sie den Plan mit dem tatsächlichen Ablauf und werten Sie das Ergebnis aus, nachdem Sie die Trainingseinheit durchgeführt haben.
- Beauftragen Sie einen Co- oder Hilfstrainer, Ihr Training zu hospitieren. Zwei Schwerpunkte sollen beobachtet werden: inhaltliche Gestaltung sowie Trainerverhalten. Werten Sie die Beobachtungen anschließend gemeinsam aus.

Staffellauf

9 Methodik im Sport

Eine wichtige methodische Aufgabe des Trainers besteht darin, Sportlern Techniken bzw. Bewegungsabläufe oder taktisches Verhalten beizubringen. Wie aufwändig und intensiv dies ist, ist von Sportart zu Sportart unterschiedlich. Generell sind die Anforderungen an den Trainer bei Sportarten/Disziplinen mit hohem technischem und taktischem Anspruch wesentlich höher als bei Sportarten/ Disziplinen, in denen die Bewegungstechnik/Taktik nur eine untergeordnete Rolle spielt. In Sportarten, in denen das taktische Verhalten sehr wichtig ist – wie z. B. im Fußball, Handball oder Volleyball –, müssen die Trainer entsprechend mehr Wert auf die Taktikvermittlung legen. Tischtennistrainer oder Leichtathletiktrainer bestimmter Disziplinen haben ihren Arbeitsschwerpunkt mehr auf der Technikvermittlungsseite. Im Zentrum der Methodik steht die Optimierung des Lehrens von Bewegungen/Techniken/Taktiken unter Nutzung aller verfügbaren systematisch-methodischen Möglichkeiten.

> **! Definition**
> Die Methodik ist das Abschätzen der Möglichkeiten, im geplanten Lernen von sportlichen Fertigkeiten, Fähigkeiten und Handlungen den nächstmöglichen Lernschritt richtig, schnell und sicher zu vollziehen (*Rieder, Schmidt*, 1980).

Die Beziehung der Methoden zu dem, was gelernt werden soll, kann gestört werden, wenn nämlich methodische Wege sich zu dogmatischen Verfahrensweisen verfestigen und anstelle von Flexibilität, Innovationen und Ideen Sterilität, verfestigtes Verhalten oder nur gelernte methodische Wege praktiziert werden. *Eine Methodik ist umso erfolgreicher, je mehr sie die Lernbedingungen des einzelnen Sportlers und der Trainingsgruppe berücksichtigt.* Für den Trainer, der in diesem Augenblick in die Rolle des Lehrenden/Lehrers »schlüpft«, bedeutet dies:

> - Er muss eine Reihe von bewährten Wegen zum gleichen Bewegungsziel kennen, diese situationsgemäß variieren und neue Wege erfinden können.
> - Er muss durch Einfühlungsvermögen oder auch durch Tests die physischen und psychischen Kräfte seiner Trainingsteilnehmer kennen und ihre Möglichkeiten abschätzen können.
> - Er muss sowohl anregender Initiator als auch im Hintergrund Lenkender sein können und Motivationen freilegen oder schaffen.

Verhalten des Trainers 93

Basketball

- Er muss je nach Maßgabe des Stoffes aus der Rolle des Vermittlers und Organisators in eine Beraterrolle wechseln und Erlebnisse sowie eigene Erfahrung des Übenden provozieren können (vgl. *Rieder, Schmidt*, 1980).

Vor allem aus der Praxis der Trainer kommen stets neue Rückwirkungen auf die Methodik. Dem *Verhalten des Trainers* während des Lernprozesses kommt eine besondere Bedeutung zu. Trainer mit einem mittleren und wohldosierten Ausmaß an Kontrolle, Lenkung und Planung sind bei den Trainierenden nicht nur beliebter, sie scheinen auch einen größeren Lernerfolg/Trainingserfolg zu haben. Mit anderen Worten: Ist der Trainer in der Methodenauswahl und den Lehrtechniken variabel, kann er mit erhöhtem Lernerfolg bei den Trainierenden rechnen. Auf der anderen Seite darf der Verlauf der motorischen, psychischen, kognitiven oder sozialen Beanspruchung aber auch nicht zu einer totalen *Verplanung des Trainings* führen.

9.1 Lehrwege

Die Ausgangsfrage lautet: »Mit Hilfe welcher Aktionsformen können Fertigkeiten im Sport gelehrt werden?« Grundsätzlich kann dies durch Zeigen und/oder Sagen erfolgen (Abb. 54).

Abb. 54: Möglichkeiten der Vermittlung von sportlichen Techniken.

Bei der *Bewegungsbeschreibung* ist zu beachten, dass die Formulierung
- dem Alter des Sportlers angemessen ist,
- dem sportlichen Entwicklungsstand des Sportlers angemessen ist,
- die Aufmerksamkeit auf bedeutsame Aspekte einer Fertigkeit konzentriert,
- nicht zu lang ist (Gefahr der Informationsüberflutung),
- möglichst mit der Bewegungsdemonstration verbunden wird.

Bei der *Bewegungserklärung* ist zu beachten, dass diese
- den Sportlern kausale Zusammenhänge klar machen,
- an der Wissensbasis der Sportler anknüpfen,
- so konkret wie möglich sind,
- sich auf Wesentliches beschränken,
- zum Nachdenken und Mitdenken anregen,
- die Interessen und Bewertungen der Schüler aufgreifen.

Die *Bewegungsdemonstration* wird im Training durch den Trainer, Teilnehmer sowie mit Hilfe von Medien (Bilder, Filme) umgesetzt. Dabei ist zu beachten, dass diese
- sich an den Fähigkeiten der Sportler orientiert,
- der technisch richtigen Fertigkeitsausführung entspricht durch Vorsagen unterstützt wird, indem situativ Wichtiges verbal herausgestellt bzw. angesagt wird (Betonung),
- bei sehr schnellen Bewegungen entzerrt wird; dies geschieht dadurch, dass man die Bewegung quasi in Zeitlupe demonstriert,
- für die Sportler deutlich wahrnehmbar ist,
- möglichst auch die Wahrnehmungsperspektive der Sportler berücksichtigt,
- engagiert ausgeführt wird.

9.2 Allgemeine methodische Grundsätze

Die im Folgenden dargestellte allgemeine Methodik ist der kleinste gemeinsame Nenner aller Sportarten:

> Vom Leichten zum Schweren
> Vom Bekannten zum Unbekannten
> Vom Einfachen zum Komplexen
> Vom Groben zum Feinen

Mit den hier formulierten Grundsätzen des Lehrens soll im Training das Lernen provoziert werden. Diese Provokation des Lernens oder anders formuliert des »Lernen-Machens« ist Aufgabe der Methodik. *Sehr viel hängt vom persönlichen Engagement des Trainers ab!*
Das Ziel des Vermittlungsprozesses besteht darin, dass der (lernende) Sportler durch das Einwirken des (lehrenden) Trainers etwas besser kann als beim Anfangsverhalten. Dieses Einwirken geschieht über Lehrmethoden, welche dazu dienen, den Lernvorgang planmäßig zu gestalten. Sie werden auch Methoden genannt. Die Lehrwege – also auf welche Art und Weise der Trainer schließlich die Bewegung/Technik/Taktik einem Sportler beibringt – hängen von mehreren Faktoren ab. Die Auswahl eines bestimmten Verfahrens wird durch die Sachstruktur des Inhaltes und durch die Zielsetzung bestimmt. Je nach Könnensniveau entscheidet sich der Trainer für eine Methode. Denn was für einen Könner die ideale Methode ist, kann für einen Anfänger eine hoffnungslose Überforderung darstellen. Abbildung 55 verdeutlicht die Zusammenhänge bei der Methodenwahl.

Abb. 55: Einflussfaktoren bei der Methodenwahl (nach *Rieder, Fischer*, 1986).

Die zentralen Lehrwege im Sport sind induktives und deduktives Lehrverfahren sowie Ganzheits- und Teillernmethode (Tab. 3). Ein methodisches Vorgehen nach der deduktiven Methode bedeutet, dass man die gewünschte Zielbewegung bzw. das gewünschte Endverhalten den Sportlern direkt zeigt. Der Sportler sieht sofort, was er tun soll und welches Verhalten von ihm gewünscht wird. Er kann sofort mit dem Üben/ Nachvollziehen beginnen. Diese Methode hat sich als Standardmethode vor allem beim Vermitteln von Techniken und Fertigkeiten sowie spieltaktischem Verhalten bewährt.

	Darbietendes (deduktives) Lehrverfahren	Erarbeitendes (induktives) Lehrverfahren
Ziel	Produktorientiert	Prozessorientiert
Lehrweg	Rationell/ökonomisch	Umwege
Inhalt	Fertigkeiten/Techniken/ taktisches Verhalten	Modifikation, Variation und Erweiterung von Fertigkeiten und Fähigkeiten, taktisches Verhalten
Lehrerverhalten	Lehrerzentriert (z. B. Frontalunterricht)	Schülerzentriert (z. B. Gruppenlernen)
Schülerverhalten	Rezeptiv: • Erarbeiten • Üben • Trainieren	Selbsttätig: • Ausprobieren • Finden und verwerfen • Lösen und erweitern

Tab. 3: Charakteristika des induktiven und deduktiven Lehrverfahrens (vgl. *Rieder, Fischer*, 1986).

B *Beispiel:* Der Sportler soll den Fallwurf im Handball lernen; der Trainer macht den Fallwurf vor.

Beim induktiven Vorgehen stellt der Trainer den Lernenden eine Aufgabe oder er beschreibt eine Problemsituation. Die Lösung der Aufgabe bzw. der Problemsituation überlässt er den Sportlern selbst. Unter Umständen kann er beratend zur Seite stehen. Diese Methode hat sich vor allem bei der Vermittlung spieltaktischer Handlungen bewährt. Sie stellt an den Trainer höhere Anforderungen als die deduktive Methode.

B *Beispiel:* Im Handball/Fußball soll die Ballübergabe geschult werden. Der Trainer lässt mehrere Gruppen bilden und gibt die Aufgabe, sich Möglichkeiten der Ballübergabe auszudenken und auszuprobieren. Danach zeigen die einzelnen Gruppen ihre Lösungsmöglichkeiten. Die Lösungsmöglichkeiten werden besprochen und bewertet. Anschließend üben die Spieler die vom Trainer ausgewählte Ballübergabe.

Die Entscheidung über die Anwendung des induktiven oder deduktiven Lehrverfahrens wird durch Sachlogik, Sachstruktur sowie alters- und lernstufenbedingte Kriterien beeinflusst. In der Praxis verschmelzen die Verfahren oft zu Mischformen.

9.3 Ganzheitsmethode

Unter lernpsychologischen Aspekten erscheint es vorteilhaft, in allen vertretbaren Fällen die Ganzheitsmethode anzuwenden, damit der Lernende die Bewegung/taktische Spielhandlung in ihrem gesamten Sinnzusammenhang erfährt. Bei hoher Aufgabenkomplexität kann dieses Vorgehen jedoch eine Überforderung bedeuten.
- Üben des Endverhaltens, der Zieltechnik, eventuell unter erleichterten Bedingungen.

B *Beispiel:* Der Sportler soll den Speerwurf in der Leichtathletik lernen; der Trainer zeigt den Speerwurf, einschließlich Anlauf.

9.4 Teillernmethode

Sind Bewegungen komplexer Natur, so kann es sinnvoll sein, Teile daraus separat zu üben, bevor man sie in einem Ganzen probiert.
- Teilweise Annäherung an das Endverhalten (Zieltechnik) in Teillernschritten.

B *Beispiel:* Der Sportler soll den Speerwurf lernen; der Übende beginnt zunächst nur mit der Wurfbewegung des Speers ohne Anlaufbewegung.

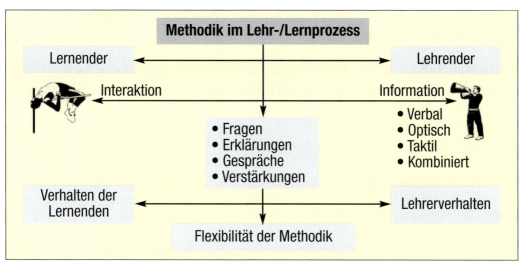

Abb. 56: Normalbedingungen im Lehr-Lern-Prozess (nach *Rieder, Schmidt*, 1980).

Der Ablauf des geplanten Lernens im Sport kann auch als Interaktionsvorgang (Kommunikation) beschrieben werden. In der Beziehung Trainer – Methodik – Sportler kann jede dieser drei Variablen der Vermittlung vielfältige Bedingungen aufweisen, jede Veränderung einer Variablen wirkt auf das Gesamtgefüge zurück. Abbildung 56 zeigt die Normalbedingungen des Lehr-Lern-Prozesses.

Die Flexibilität der Methodik ergibt sich als Folge der Interaktion zwischen dem Trainer (Lehrender) und dem Lernenden (Sportler). Das Verhalten des Lernenden ist der wichtigste Indikator für methodische Reaktionen des Trainers. Der Trainer muss daher sowohl die Leistungen als auch das Gesamtverhalten des Lernenden beobachten, um die günstigsten Antworten zu finden. Das Verhalten des Trainers muss flexibel und zielkonstant zugleich sein. Er muss die Fülle an methodischen Variationen kennen und sein Verhalten so verändern, dass es erwünschte Verhaltensweisen der Lernenden ermöglicht (vgl. *Rieder, Schmidt*, 1980). Die Methodik des Lehrens/Unterrichtens lebt von ihrer Vielfalt. *Rieder* und *Schmidt* haben sie mit einer Klaviatur verglichen, auf der man nur durch Übung und konstante Selbstkontrolle eine hohe Fertigkeit gewinnen kann.

 Aufgaben

- Bereiten Sie sich bei der Planung Ihrer nächsten Trainingseinheit in Ihrem Verein auf die Bewegungserklärung und Bewegungsdemonstration gezielt vor. Tun Sie dies schriftlich und werten Sie anschließend den Verlauf aus.

- Bereiten Sie sich bei der Planung Ihrer nächsten Trainingseinheit in Ihrem Verein gezielt auf den Einsatz des induktiven bzw. deduktiven Lehrverfahrens vor. Tun Sie dies schriftlich und werten Sie anschließend den Verlauf aus.

- Planen Sie eine Trainingseinheit nach den Vorgaben von Tabelle 3 »Lehrverfahren«.

- Finden Sie Beispiele des methodischen Vorgehens in Ihrer Sportart nach der Teillernmethode. Welche Vor-Nachteile hat diese Methode in diesem Beispiel gegenüber der Ganzheitsmethode?

- Finden Sie Beispiele des methodischen Vorgehens in Ihrer Sportart nach der Ganzheitsmethode. Welche Vor- Nachteile hat diese Methode in diesem Beispiel gegenüber der Teillernmethode?

10 Struktur und Funktion von Bewegungsabläufen

Wenn man eine sportliche Technik oberflächlich betrachtet, fällt vor allem die Vielzahl von einzelnen Elementen auf, aus denen sich die gesamte Bewegung zusammensetzt. Die Bewegungen führen die Sportler aus, um damit ein bestimmtes Ziel *(Bewegungsziel)* zu erreichen, um eine bestimmte *Bewegungsaufgabe* damit zu lösen. Diese Bewegungsziele können von Sportart zu Sportart, von Disziplin zu Disziplin unterschiedlich sein. In den Ballspielen wie Fußball, Handball, Volleyball oder Basketball sowie in den Rückschlagspielen Tennis, Tischtennis, Badminton und Squash sollen Punkte oder Tore bzw. Treffer erzielt werden. Nach *Göhner* (1979) sind dies sog. *trefferorientierte Sportarten*. Im Weitsprung oder Kugelstoßen geht es um *Distanzmaximierung* und im 100-m-Sprint um *Zeitminimierung*. Es gibt aber auch Sportarten, bei denen es um einen möglichst perfekten Verlauf der Bewegungen geht, wie zum Beispiel im Eiskunstlauf. Man spricht dann von einer *verlaufsorientierten Sportart*.

Wenn im Tennis oder Tischtennis eine Schlagtechnik gelernt wird, so ist das Ziel der Bewegung aber nicht mehr die Trefferorientierung, sondern die Verlaufsorientierung. Es kommt also zu einer Verschiebung des Bewegungszieles. Dies ist methodisch für den Lernprozess bedeutsam. Wenn man einem Kind im Fußball den Spannstoß beibringen möchte, so achtet man als Trainer in erster Linie auf den Bewegungsablauf und vernachlässigt die Trefferorientierung, obwohl das Bewegungsziel trefferorientiert ist. Eine weitere nach *Göhner* wichtige Bezugsgrundlage, nach der sich eine sportliche Technik richtet, ist das die Sportart bedingende *Regelwerk*. Im Tischtennis darf der Ball nicht volley aus der Luft geschlagen werden wie im Tennis, im Handball der Ball nicht bewusst mit dem Fuß gespielt werden. Regeln ändern sich immer wieder, aber auch Materialien (z. B. Carving-Ski) erlauben und ermöglichen technische Weiterentwicklungen bzw. Veränderungen. Im Tischtennis beispielsweise beeinflusst das sog. »Frischkleben« der Beläge die Spieleigenschaften des Schlägers in der Art, dass die Schlagtechniken in ihrer Ausführung für künftige Lehrbücher verändert werden müssen. Eine sportliche Technik ist keine beliebige Aneinanderreihung von einzelnen Elementen. Im Gegenteil, denn jedes Element erfüllt im Hinblick auf die zu lösende Bewegungsaufgabe bestimmte Aufgaben bzw. Funktionen.

10.1 Phasenanalyse von sportlichen Bewegungen

Wenn man eine sportliche Bewegung in einzelne Teile zergliedert, spricht man von einer Phasenanalyse. Das Ergebnis einer solchen Phasenanalyse ist die Bewegungsstruktur. Im Folgenden werden zwei so genannten Strukturmodelle vorgestellt.

10.2 Strukturmodell von *Meinel* und *Schnabel*

Meinel und *Schnabel* (1977) gliedern die Bewegung nach ihrem räumlich-zeitlichen Ablauf. Aus Abbildung 57 wird ersichtlich, dass die Grundstruktur *dreiphasig* ist.

Abb. 57: Modell der Strukturanalyse nach *Meinel* und *Schnabel*.

Diese Reihenfolge ist nicht umkehrbar. Zudem stehen die Phasen in gegenseitigen Beziehungen zueinander. Diese Analyse gilt primär für sog. *»azyklische«* Bewegungen. Darunter versteht man Bewegungen, mit deren einmaliger Ausführung das Bewegungsziel erreicht wird. Als Beispiele seien Schüsse, Sprünge, Würfe oder Schläge genannt.

»Zyklische« Bewegungen sind Bewegungen, deren Ablauf sich mehrfach wiederholt. Beispiele sind Radfahren, Laufen, Schwimmen oder Rudern. Die Grundstruktur von zyklischen Bewegungen ist *zweiphasig*, nämlich Haupt- und Zwischenphase.

 Aufgaben

- Überlegen Sie sich sportliche Bewegungen aus Ihrer Sportart und zergliedern Sie diese nach dem oben aufgeführten System (Dreiphasigkeit). Aus welchen Elementen setzt sich jeweils eine Phase zusammen?
- Betrachten Sie Lehrbuchtechniken unter diesem Gesichtspunkt und vergleichen Sie.
- Versuchen Sie dies ebenfalls mit Bewegungen, die Ihnen zunächst nicht vertraut sind. Vergleichen Sie Ihre Ergebnisse mit denen Ihrer Kollegen. Wo gibt es Gemeinsamkeiten bzw. Unterschiede?
- Analysieren Sie die oben genannten zyklischen Bewegungen. Vergleichen Sie die Ergebnisse mit denen Ihrer Kollegen. Wo gibt es Gemeinsamkeiten bzw. Unterschiede?

10.3 Strukturierung nach Funktionsphasen nach *Göhner*

Eine genaue Analyse der Aufgaben der einzelnen Bewegungsphasen lässt den Bedeutungszusammenhang untereinander und im Zusammenhang mit dem Bewegungsziel erkennen. Jeder *Aktion* in einer sportlichen Bewegung kommt im Hinblick auf die zu lösende Bewegungsaufgabe eine bestimmte *Funktion* zu. Man spricht von einem funktionalen Zusammenhang und von einzelnen *Funktionsphasen*. Eine Funktionsphase wird ausgeführt, da sie eine bestimmte Funktion hat im Hinblick auf das Bewegungsziel und die dabei einzuhaltenden Bedingungen.

Göhner (1979) unterscheidet zwei Typen von Funktionsphasen: Dabei sind die Hauptfunktionsphasen funktional unabhängig, da zu ihrer Beschreibung auf keine andere Phase Bezug genommen werden muss (Beispiel: Schläger-Ball-Treffpunkt im Tennis oder Tischtennis). Hingegen sind Hilfsfunktionsphasen abhängig, da zu ihrer Funktionsbeschreibung andere Phasen hinzugezogen werden müssen (Beispiel: Ausholen beim Tischtennisschlag oder Ausschwingen nach dem Balltreffpunkt). Tabelle 4 zeigt, wie eine Funktionsphasenanalyse eines Tischtennisschlages (hier: Vorhand-Toppspin) aussehen könnte.

Ausholphase (= Hilfsfunktionsphase)	Schlagphase (= Hilfsfunktionsphase)	Schläger-Ball-Treffpunkt (= Hauptfunktionsphase)	Ausschwungphase (= Hilfsfunktionsphase)
• Aus der Neutralposition wird Arm nach hinten geführt • Der Schlagarm wird dabei fast gestreckt • Schlägerblatt wird leicht geschlossen • Schlagschulter wird leicht abgesenkt • Schlagarmschulter wird zurückgedreht • Gewichtsverlagerung auf hinteres Bein • Hinteres Bein wird im Knie leicht gebeugt	• Leichte Dreh-Hub-Bewegung aus den Knien • Schlagschulter wird explosiv nach vorne gedreht • Schlagarm wird explosiv nach vorne oben gezogen • Gewichtsverlagerung nach vorne	• Ball wird vor dem Körper mit mehr oder weniger stark geschlossenem Schlägerblatt getroffen	• Schläger schwingt nach vorne oben an der Stirn aus • Körpergewicht wird vom vorderen Bein abgefangen • Schläger wird wieder in die Neutralposition zurückgeführt

Tab. 4: Exemplarische Funktionsphasenanalyse eines Tischtennisschlages (DTTB-Lehrplan 2000).

Aufgaben

- Führen Sie bei Ihnen bekannten sportlichen Bewegungen eine Funktionsphasenanalyse durch.

- Vergleichen Sie Lehrbuchtechniken miteinander im Hinblick auf die Funktionsphasen. Wo gibt es Gemeinsamkeiten bzw. Unterschiede?

- Spitzensportler führen Bewegungen auf den ersten Blick zum Teil sehr unterschiedlich aus. Wo gibt es hier Gemeinsamkeiten bzw. Unterschiede?

Timo Boll (Foto: M. Schillings)

10.4 Einsatzmöglichkeiten der Strukturmodelle

Der Vorteil von *Göhners* Funktionsphasenanalyse liegt darin, dass funktionale Zusammenhänge deutlich werden und die Bedeutung der einzelnen Phasen im Hinblick auf das Bewegungsziel erkennbar wird. Hauptanwendungsgebiet ist die Fehlerkorrektur beim Techniktraining und hier insbesondere im Hochleistungssport. Aber auch beim Bewegungslernen kann man nach diesem Modell vorgehen. Dabei wird methodisch sofort die Hauptfunktionsphase bzw. die gesamte Bewegung in einem Stück geübt. Mit der Meinel'schen Analyse erhält man einen einfachen Überblick über den Gesamtablauf einer Bewegung. Anwendungsgebiete finden sich bei der Qualitätsbeurteilung von Bewegungen bzw. bei Technikkorrekturen tendenziell eher auf unteren Ebenen (vgl. *Grosser, Herrmann, Tusker* und *Zintl*, 1987).

10.5 Biomechanische Prinzipien im Sport

Die biomechanischen Prinzipien nach *Hochmuth* (1981) sind übergreifende allgemeine Kriterien, mit denen das rationale Ausnutzen mechanischer Gesetze bei sportlichen Bewegungen erklärt werden kann. Mechanische Gesetze können helfen, wenn es darum geht, möglichst hoch oder weit zu springen oder einen Ball möglichst schnell zu werfen oder zu schießen. Man kann Bewegungen damit optimieren. Je nach Sportart/Disziplin kommt ihnen eine mehr oder weniger große Bedeutung zu. Folgende 6 Prinzipien sind bekannt:
- Prinzip der zeitlichen Koordination von Teilimpulsen
- Prinzip des optimalen Beschleunigungsweges
- Prinzip der Anfangskraft
- Prinzip der Gegenwirkung
- Prinzip der Impulserhaltung
- Prinzip der optimalen Tendenz im Beschleunigungsverlauf

Am Beispiel des oben aufgeführten Tischtennisschlages wird das *Prinzip der zeitlichen Koordination* von *Teilimpulsen* verdeutlicht. Es geht dabei um die zeitlich optimale Aneinanderreihung von Teilimpulsen, wie z. B. Bein-Rumpf-Schulter-Arme, aber auch um die räumlich gerichtete Aneinanderreihung der Teilimpulse. Eine Verbesserung erreicht man durch eine verbesserte Bewegungskopplung, indem also die einzelnen Bewegungsteile fließend und sich unterstützend ineinander übergehen. Es kommt demnach zeitlich gesehen zunächst zu einer Dreh-Hub-Bewegung der Beine und des Rumpfes, die Schlagschulter wird nach vorne gebracht, und der Schlagarm läuft der Bewegung quasi hinterher. Falsch wäre es, all diese Aktionen einzeln nacheinander auszuführen. Dann würden sich die jeweiligen Impulse nicht gegenseitig positiv addieren, sondern ungenutzt verpuffen.

Das *Prinzip des optimalen Beschleunigungsweges* besagt, dass der Beschleunigungsweg einer Masse (Ball, Kugel, Speer, Diskus) möglichst geradlinig oder stetig gekrümmt, aber nicht wellenförmig sein soll.

Wenn für eine zu beschleunigende Masse (Ball, Diskus, Schläger) eine hohe Endgeschwindigkeit in einer vorgegebenen Richtung erreicht werden soll, ist es günstig, wenn die Bewegung in die Zielrichtung mit einer bestimmten Kraft begonnen wird. Ihre Größe ist nach dem *Prinzip der Anfangskraft* entscheidend für die Höhe der Endgeschwindigkeit.

Das 3. Newton'sche Axiom (»actio = reactio«) besagt im *Prinzip der Gegenwirkung*, dass jede auf einen festen Untergrund einwirkende Kraft eine Reaktionskraft nach sich zieht und dass jede Drehbewegung eines Körperteils in eine Richtung eine Drehbewegung eines anderen Körperteils in eine andere Richtung bewirkt. Ein Beispiel ist die Oberkörperverwringung eines Kugelstoßers.

Bei einer Pirouette im Eiskunstlauf werden die Arme immer näher zum Körper gezogen, wodurch sich die Tänzerin immer schneller dreht. Nach dem *Prinzip der Impulserhaltung* kann man durch Heranbringen von Körperteilen an die Drehachse die Winkelgeschwindigkeit vergrößern. Umgekehrt verringert sie sich durch Wegführen der drehachsennahen Körperteile auf drehachsenferne Bahnen. In unserem Beispiel beendet die Tänzerin so ihre Pirouette, sie führt die Arme wieder vom Körper weg.

In der *optimalen Tendenz des Beschleunigungsverlaufs* gibt es zwei Möglichkeiten:
- Wenn ein bestimmter Beschleunigungsweg in kürzester Zeit zurückgelegt werden soll, müssen zu Beginn der Beschleunigungsphase die größten Beschleunigungskräfte wirksam sein. Ein Tennisspieler unter Zeitdruck zieht in diesem Augenblick den Schlag von Beginn an »voll« durch.
- Soll jedoch die größtmögliche Endgeschwindigkeit erreicht werden, müssen die größten Kräfte erst gegen Ende der Beschleunigungsphase wirken. Hat der Tennisspieler bei einem Grundlinienduell genügend Zeit, so sollte er diesen Beschleunigungsverlauf wählen, also langsam beginnend und zum Schläger-Ball-Treffpunkt hin maximierend.

 Aufgaben

- Verdeutlichen Sie sich die oben genannten Prinzipien an einer Technik/Disziplin aus Ihrer Sportart. Besprechen Sie die Ergebnisse mit Ihren Kollegen.

- Betrachten Sie auch sportliche Techniken von Spitzensportlern unter diesen Gesichtspunkten. Was können Sie dabei erkennen? Wo liegen Gemeinsamkeiten bzw. Unterschiede?

- Analysieren Sie auch Ihnen nicht vertraute Bewegungen anhand dieser Prinzipien.

11 Fehlerkorrektur im Sport

Ein zentrales Thema für den Trainer in der Praxis ist die Korrektur von Bewegungsfehlern. Durch frühzeitiges Erkennen und Erahnen soll er diesen Fehlern möglichst erfolgreich entgegenwirken. Dazu ist die Fachkompetenz eine zwingend notwendige Voraussetzung. Bei technikdominanten Sportarten ist sie z. B. unabdingbare Voraussetzung für den Ist-/Sollwert-Vergleich. Erfahrene Trainer wissen, dass es dabei auch um die individuelle Lösung des Problems und den richtigen methodischen Weg geht. Häufig scheitern Trainer in der Praxis an ihrer mangelhaften *Sozialkompetenz* – fachlich in Ordnung, aber menschlich, pädagogisch und psychologisch völlig un-(aus-)gebildet. Dabei ist bekannt, dass das Lernklima – und es handelt sich beim Feedback/bei der Fehlerkorrektur um Lernen – das Ergebnis wesentlich mitbeeinflusst. Wer bei der Fehlerkorrektur notorisch an Sportlern herumnörgelt und sich als Besserwisser aufspielt, muss sich nicht wundern, wenn die angestrebten Ergebnisse nicht zur vollständigen Zufriedenheit ausfallen.

> Gute, weil erfolgreiche Trainer zeichnen sich auch und gerade in der Fehlerkorrektur durch ein kommunikatives Können aus (vgl. *Hotz*, 1996).

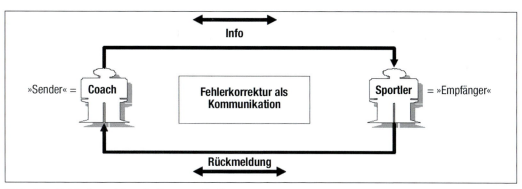

Abb. 58: Fehlerkorrektur als Kommunikation.

Abbildung 58 veranschaulicht, dass *Fehlerkorrektur keine Einbahnstraße* sein darf, sondern dass sie als Rückkopplung (»Feedback«) verstanden und anwendet werden sollte, wenn der Coach damit langfristig erfolgreich sein will. Die Ausgangsposition ist überall im Sport gleich: Ein Sportler hat eine Bewegung ausgeführt und erwartet nun Rückmeldung von seinem Coach. Der Trainer hat hierzu mehrere Möglichkeiten. Er kann dem Sportler etwas zeigen oder etwas sagen bzw. beides gleichzeitig tun. Die entscheidende Frage lautet jedoch: »*Wie* sage bzw. zeige ich es meinem Kinde?« Aus Sportlersicht hat die Information, welche er erhält, grundsätzlich eine Orientierungsfunktion. Sie umfasst

- aufbauend-motivierende,
- rückmeldend-bekräftigende und/oder
- korrigierende Aspekte.

Fehlerkorrektur bedeutet nach dieser Sinngabe, nicht immer nur negative Kritik an der Bewegungsausführung – und damit auch am Sportler – zu üben. Auch die positiven Aspekte, wie zum Beispiel das Lob und die Bestärkung bzw. Aufmunterung, gehören zur Korrektur dazu. Die folgenden 5 Punkte beziehen sich auf das sog. »Ergänzungsfeedback« nach *Gabler* und *Singer* (1996).

11.1 Inhalt der Information

Die Rückmeldung enthält in der Regel einen *informatorischen* und einen *motivationalen* *Aspekt*. Neben der Sachinformation, was der Sportler bei der Bewegung »gut«, »richtig«, »schlecht« oder »falsch« gemacht hat, wird gleichzeitig immer auch eine psychologische Botschaft übermittelt. Was nützt dem Trainer die beste Sachinformation, wenn sie gleichzeitig durch eine ungeschickte oder unbedachte Gestik und/oder Mimik des Trainers karikiert wird? Sog. *nonverbale Botschaften* (vgl. *Baumann*, 1993) werden schneller gesendet und empfangen als verbale Botschaften. Der Gesichtsausdruck spielt zusammen mit dem Blickkontakt sowie der Körpersprache, Gestik und Körperhaltung bei der Fehlerkorrektur eine nicht zu unterschätzende Rolle. Sie übermitteln Bewertungen wesentlich effektiver und sind ein wirksames Instrument, um sprachliche Informationen zu ergänzen oder zu unterstützen und die Sportler entsprechend zu motivieren.

> Die psychologischen, menschlichen und pädagogischen Aspekte der Korrektur sind genauso wichtig wie die sachlich/fachlichen Aspekte.

Von Bedeutung ist in diesem Zusammenhang auch die pädagogische Aufgabe der Trainers, dem Sportler immer mehr Gelegenheit zu geben, seine Bewegungsausführung selbst einzuschätzen und zu beurteilen, bevor dies der Trainer tut. *Der Trainer sollte immer zuerst den Sportler zu Wort kommen lassen.* Dadurch wird der Sportler dafür sensibel gemacht, worauf er während der Bewegungsausführung achten muss. Der Trainer wiederum erfährt etwas darüber, wo der Sportler selbst seine Schwierigkeiten sieht und Hilfe benötigt. Auf diese Weise kann der Sportler im Laufe der Zeit seinen eigenen *Fehlererkennungsmechanismus* entwickeln.

Weit verbreitet in der Fehlerkorrektur im Sport ist das Phänomen des *»rosa Elefanten«* bzw. der *»Nicht-Anweisungen«*. Dies liegt vor, wenn man seine Korrekturen folgendermaßen formuliert: »*Nicht* den Fuß nach hinten ziehen!« oder »*Nicht* den Schläger so weit nach vorne schwingen!« Wenn man einen Menschen auffordert, *nicht* an einen rosa Elefant zu denken, wird er genau dieser Aufforderung nicht nachkommen können. Er wird an einen rosa Elefanten denken, obwohl er das nicht soll. Auf die Fehlerkorrektur übertragen kann dies bedeuten, dass der Sportler nach der Korrektur genau das tut, was der Trainer durch seine Korrekturanweisung verhindern wollte. Wichtig ist es, dem Sportler zu sagen, was er machen soll, und nicht, was er nicht machen soll. Der »rosa Elefant« spielt auch in der Wettkampfbetreuung eine wichtige Rolle (vgl. *Baumann*, 1993).

> Geben Sie positive Bewegungsanweisungen und vermeiden Sie – wenn möglich – »Nicht-Anweisungen«.

11.2 Menge und Genauigkeit der Information

Grundsätzlich sind diese beiden Gesichtspunkte der Fehlerkorrektur vom Niveau der Sportler abhängig. Je niedriger das Niveau, desto geringer sollte die Informationsmenge sein und desto ungenauer darf eine Rückmeldung sein. Mit steigendem Niveau können bzw. müssen Menge und Genauigkeit des Feedbacks zunehmen (Abb. 59). Zudem verfügt der unerfahrene Anfänger noch über ein wenig entwickeltes Körperbild, was Abbildung 60 veranschaulicht. Zusätzliche individuelle Besonderheiten der Sportler gilt es zu berücksichtigen. Selbst Spitzensportler reagieren manchmal empfindlich, wenn man sie in der Fehlerkorrektur »zutextet«. Man muss als Trainer ein Gefühl dafür entwickeln, wie viel jeder einzelne Sportler an Informationen verträgt. Generell gilt: *»Weniger ist mehr!«* Schon *Paracelsus* (1493–1541) sagte: *»Allein die Dosis macht's!«*

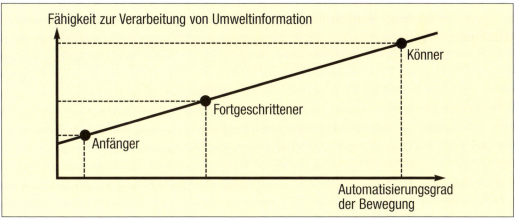

Abb. 59: Informationsverarbeitungsfähigkeit und Automatisierungsgrad (*Grosser* und *Neumaier*, 1982).

11.3 Modalität der Information

Dem Trainer stehen die *verbale* und die *visuelle* Rückmeldung zur Verfügung. Bei der verbalen (mündlichen) Korrektur ist es neben der Wortwahl (Stichwort: rosa Elefant) wichtig, auf den *Tonfall* des Gesagten zu achten. Auch die Entscheidung, ob man erklärt oder zeigt oder beides zusammen anwendet, ist nicht immer einfach. Zudem müssen Übungsleiter und Trainer berücksichtigen, ob sie ein Kind oder einen Erwachsenen korrigieren. Stichwort: *adressatenangepasste Sprache*. Wie Abbildung 58 zeigt, fungiert der Coach in der Fehlerkorrektur primär als »Sender«, während dem Sportler die Rolle des Empfängers zukommt. Ein kommunikativ gut geschulter Coach zeichnet sich vor allem dadurch aus, dass er die Stimmung und Einstellung des Sportlers genau einschätzen kann und sein eigenes Verhalten und seine Sprache daran orientieren kann. Beide müssen quasi auf einer Frequenz senden und empfangen. Der Coach muss sein Verhalten und seine Sprache anpassen, nicht der Sportler!

> Weitere methodische Tipps nach *Hotz* (1996):
> - Frage viel!
> - Urteile wenig!
> - Erkenne das Wesentliche!

Frage viel: »Worauf willst du dich beim nächsten Wurf/Schuss/Schlag konzentrieren?« »Wie hast du deinen Sprungbeineinsatz im Vergleich zum Vorversuch gespürt?« »Warum denkst du, ist dir dieser Wurf/Schlag/Schuss so gut gelungen?« (→ Fehlererkennungsmechanismus).

Urteile wenig: »Urteile sollten nur dann »expressis verbis« formuliert werden, wenn der Sportler es wünscht. Nur dann wird er diese Korrekturhinweise lernbereit aufnehmen (vgl. *Hotz*, 1996).

Erkenne das Wesentliche: Hauptfehler vor Nebenfehlern verbessern. Für eine Verbesserung entscheidende Aspekte hervorheben. Sich nicht in Details »verrennen«.

> Korrigiere stets so, dass sich die Anweisungen auch in Bewegungen umsetzen lassen.

Zusätzlich können objektiv ergänzende Informationen, die mittels technischer Hilfsmittel gewonnen wurden (Video, Film, Foto, statistische Auswertung) miteinbezogen werden. Wichtig ist in diesem Zusammenhang der Hinweis, dass Videokorrektur vor allem bei Anfängern nicht immer zu der gewünschten Leistungsverbesserung führt. Das Bewegungsempfinden, die Bewegungsvorstellung sowie das Erfühlen und Spüren der eigenen Bewegung ist dafür meist noch zu schwach ausgeprägt. Beim technischen Feinschliff von Könnern ist sie dagegen fast unverzichtbar. Vor allem bei extrem schnellen Sportarten (z. B. Tischtennis, Ten-

Modalität, Frequenz, Zeitpunkt der Information

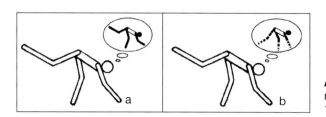

Abb. 60: Erfahrener (a) und unerfahrener Sportler (b) (*Grosser, Neumaier*, 1982).

nis, leichtathletische Wurfdisziplinen oder auch Karate) ist das menschliche Auge in der Regel überfordert.

11.4 Frequenz der Information

Hierbei lassen sich gesammelte oder einzelnen Rückmeldungen zu jedem einzelnen Versuch unterscheiden. Vorsicht ist diesbezüglich mit der Regel »Viel hilft viel!« geboten. Untersuchungen von *Wulf* (1994) haben gezeigt, dass ein zu hartnäckiges und zu häufiges Korrigieren auch lernhinderlich sein kann. Beim Bewegungslernen von Anfängern scheint eine gemittelte und reduzierte Korrektur gute Ergebnisse zu erbringen. Gemittelt heißt, dass der Übungsleiter/Trainer den Mittelwert der Fehler anspricht. Reduziert bedeutet, dass man mehrere Versuche in der Korrektur zusammenfasst. Hierbei muss der Übungsleiter/Trainer natürlich von Sportart zu Sportart unterscheiden. Gerätturner oder Skispringer benötigen die Korrektur nach jedem Versuch, sie machen insgesamt nur wenige Versuche. Tischtennis-, Tennis- oder auch Badminton- und Squashspieler, die beim Trainieren den Ball zum Teil 100- bis 200-mal oder mehr hin- und herspielen, können gemittelt korrigiert werden. Zu häufige Informationen können vor allem bei Anfängern einer Stabilisation entgegenwirken. Da aber gerade in den Rückschlagspielen die Möglichkeit der Einzelkorrektur eines Schlages besteht, muss der Trainer entsprechend seiner Zielsetzung variieren.

11.5 Zeitpunkt der Information

Man kann 3 Zeitpunkte der Korrektur unterscheiden:
- Vorkorrektur (bevor die Bewegung ausgeführt wird)
- Synchronkorrektur (während der Bewegungsausführung)
- Spätkorrektur (nach der Bewegungsausführung)

In einer Untersuchung haben sich *Rockmann* und *Rüger* (1996) mit den *Zeitintervallen der Fehlerkorrektur* beschäftigt (Abb. 61). Im ersten Teil der Studie ging es darum, optimale Zeitabstände für die Korrektur unmittelbar nach der Bewegungsausführung zu finden. Zeiträume zwischen 5 und 10 Sekunden erwiesen sich als unproblematisch. Wird länger gewartet, verschlechtert sich das Korrekturergebnis zunehmend. Daher: *unmittelbar ohne Zögern korrigieren!*

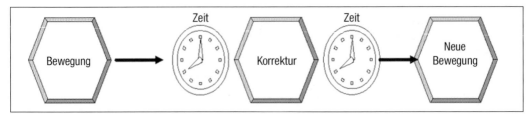

Abb. 61: Faktor Zeit: bedeutende Stellen im Lern- und Korrekturprozess.

Im zweiten Teil der Studie wurde untersucht, wie viel Zeit vergehen darf, bis nach der Korrektur eine erneute Bewegung durchgeführt werden sollte. Für optimale Ergebnisse waren Zeiträume bis zu 2 Minuten unproblematisch. Wurde länger gewartet, wurden die Korrekturergebnisse zunehmend schlechter. Daher: *sofort wieder ausprobieren lassen!* Diese Erkenntnisse müssen bei der Videokorrektur immer mitbedacht werden. Der Erfolg einer Videokorrektur ist somit von seinem Timing abhängig.

11.6 Externer und interner Fokus

Wenn man sich als Trainer bei den verbalen Anweisungen der Fehlerkorrektur auf den Körper des Athleten/Sportlers konzentriert (z. B. Arme, Beine, Hand), so spricht man vom *internen Fokus*. Lenkt man die Aufmerksamkeit auf den Effekt, den man mit der Bewegung erzielen möchte, spricht man vom *externen Fokus*. Wulf (1998) führte mehrere Versuche zu dieser Problematik durch. Beim ersten Versuch sollten Anfänger lernen, sich auf Rollen eines Skisimulators zu bewegen. Eine Gruppe erhielt den Hinweis, den jeweils äußeren Fuß zu belasten (= interner Focus). Die zweite Gruppe sollte anstelle des Fußes die Rollen (= externer Focus) belasten, welche sich direkt unter den Füßen befanden. Die Aufmerksamkeit der einen Gruppe wurde auf die eigene Körperbewegung (Füße), die der anderen auf den Effekt der Bewegung (nämlich den Druck auf die Räder) gelenkt. Bereits während der Übungsphase ergab sich ein zunehmender Leistungsvorsprung der Gruppe, die sich auf die Räder konzentrierte. Im Behaltenstest zeigten sich deutliche Lernvorteile für die Gruppe mit externem Aufmerksamkeitsfokus.

Bei einem anderen Versuch sollten zwei Versuchsgruppen lernen, einen Golfball auf ein 15 Meter entferntes Ziel zu schlagen. Bei der einen Gruppe wurde die Aufmerksamkeit auf die Armbewegung (= interner Fokus) gelenkt, bei der anderen auf den Schwung des Golfschlägers (= externer Fokus). Auch hier traf die Gruppe mit dem externen Focus sowohl während der Übungsphase als auch beim Behaltenstest am Ende das Ziel wesentlich genauer als die Gruppe mit dem internen Fokus.

Bewegungsausführungen sollten demzufolge vor allem Anfängern besser gelingen, wenn sie *im Sinne ihrer beabsichtigten Effekte in der Umwelt* und nicht nur als körperliche Bewegungsmuster geplant werden. Der externe Fokus in der Fehlerkorrektur ist hauptsächlich bei Anfängern anzuwenden.

Externer und interner Fokus 111

Weitere Praxistipps zur Fehlerkorrektur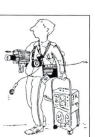
- Möglichst viele Sinne ansprechen (optisch/akustisch/taktil)
- Motivierende Korrekturen geben
- Zwischen Fehlern, Mängeln und Abweichungen unterscheiden
- Sich um ein noch differenzierteres Traineraugen bemühen
- Nicht nur fehlerzentriert, sondern auch aufgabenorientiert korrigieren
- Altersgemäß, individuell und lernstandsbezogen korrigieren
- Konzentration auf einen Fehler (Informationsüberflutung)
- Den Sportler bewusst in die Korrektur miteinbeziehen
- Aufzeigen der Ursachenkette erhöht die Einsicht des Sportlers
- Sich mit Kollegen austauschen
- Nach der Korrektur beobachten, ob und wie die Korrektur umgesetzt werden konnte; Stichwort: »dranbleiben« (vgl. *Hotz*, 1996)

 Aufgaben

- Konzentrieren Sie sich im nächsten Training bei der Fehlerkorrektur darauf, »Nicht-Anweisungen« zu vermeiden. Lassen Sie sich dabei von einem Kollegen beobachten, der Ihnen später Rückmeldung zu Ihrem Korrekturverhalten gibt.

- Konzentrieren Sie sich im nächsten Training auf die Anwendung des internen bzw. externen Fokus bei der Korrektur. Beobachten Sie, wie der Korrigierte reagiert.

- Konzentrieren Sie sich im nächsten Training bei der Fehlerkorrektur darauf, dass Sie die optimalen Zeiträume der Fehlerkorrektur genau beachten.

- Wenn Sie einen Cotrainer haben: Beobachten Sie sich gegenseitig bei der Fehlerkorrektur und besprechen Sie danach Ihre Eindrücke.

- Überlassen Sie bei der Korrektur dem Sportler/Athleten zuerst das Wort. Wie viel spüren/wissen Ihre Trainingsteilnehmer über Ihre Fehler?

12 Sportbiologie

Für Sportlehrer, Trainer und Übungsleiter, welche körperliche Aktivitäten organisieren bzw. in ihrer Wirkung analysieren, liegt es nahe, dass sie sich mit den biologischen Grundlagen des menschlichen Organismus beschäftigen müssen. Der Sportmedizin kommt dabei die Aufgabe des Wissenstransfers aus der Medizin in die Sportpraxis zu (vgl. *Dickhut*, 2000).

Definition
Die Sportbiologie ist ganz allgemein die Lehre vom Leben des Menschen in Bezug auf den Sport (*Weineck*, 2002).

12.1 Aktiver Bewegungsapparat, Muskulatur und Energiebereitstellung

Beim Sporttreiben spielt die menschliche Muskulatur durch die Bewegungsmöglichkeiten die sie dem Sportler erschließt und ihre spezifischen Anpassungserscheinungen eine zentrale Rolle. Die Muskulatur erlaubt einem Ringeturner den sog. »Kreuzhang«, lässt einen Weltklassesprinter auf 100 m unter 10 Sekunden sprinten oder ermöglicht es dem Menschen, Triathlonbelastungen auf sich zu nehmen. Der Volleyballspieler setzt bei einem gelungenen Lob gezielt seine Muskulatur ein, genau wie der Handballer beim präzisen Sprungwurf aufs Tor, der Basketballer beim Korbwurf oder ein Tischtennisspieler bzw. Tennisspieler beim gefühlvollen Vorhand-Toppspin.

12.1.1 Arten des Muskelgewebes und Aufbau des Skelettmuskelgewebes

Man unterscheidet drei Arten des Muskelgewebes: glattes Muskelgewebe, Herzmuskelgewebe sowie Skelettmuskelgewebe.
Der Skelettmuskel setzt sich zu 70–80 % aus Wasser, zu 15–20 % aus Eiweiß sowie zu 3–4 % aus Elektrolyten zusammen, wobei sich diese Relationen während des Wachstums verändern können und von der jeweiligen Ernährungsform, vor allem aber von der regelmäßigen körperlichen Belastung (Sport) und vom Trainingszustand, mitbeeinflusst werden.
Beim hochausdauertrainierten Sportler spielen sich unter Belastung ca. 90–95 % des gesamten Stoffwechsels in der Muskulatur ab.
Wie Röhren dicht aneinandergelegt bilden viele Muskelfasern den Skelettmuskel. Muskelfasern können bis zu 18 m lang und etwa 1/10 mm stark sein. Eine Muskelfaser wiederum besteht aus mehreren hundert bis tausend parallel verlaufenden Fibrillen, den sog. *Myofibril-*

len. Die Myofibrillen schließlich setzen sich aus Tausenden von sogenannten *Muskelfilamenten* zusammen. Dabei handelt es sich um Eiweißstrukturen, die man nach ihren Proteinbestandteilen in zwei Gruppen einteilt: dünne *Aktinfilamente* und dicke *Myosinfilamente*.
Die Muskelkontraktion läuft nach dem sog. »Greif-loslass-Zyklus« ab, bei dem sich die Myosinköpfe an die Aktinfilamente binden und diese durch eine Kippbewegung zusammenziehen. Ausgelöst wird die Muskelkontraktion durch einen elektrischen Impuls, der die Muskelfaser über den dazugehörigen Nerv an der sog. motorischen Endplatte erreicht (vgl. *Weineck*, 2002).

12.2 Energiebereitstellung im Muskel

Für den oben beschriebenen Greif-Loslass-Zyklus ist das Myosinfilament auf Energie in Form des *ATP* (Adenosintriphosphat) angewiesen. Es besteht aus einer Base Adenin, einem Zuckermolekül Ribose und drei energiereichen Phosphatgruppen. Organismen sind auf die kontinuierliche Nachlieferung der Energie angewiesen. Zur Energieproduktion stehen dem menschlichen Organismus drei Formen zur Verfügung.

12.2.1 Anaerobe Energiegewinnung
Anaerob-alaktazide Energiegewinnung
Die in der Muskulatur enthaltene Konzentration von ca. 5 mmol ATP pro 1g Muskelfeuchtgewicht reicht nur für etwa 2–3 Sekunden maximaler Muskelkontraktionen aus. Bei hochintensiven Belastungen und hoher Energieanforderung in der Muskulatur dominiert die Resynthetisierung von ATP aus dem energiereichen Phosphatpool, dem Kreatinphosphat (CrP). Man bezeichnet ATP und CrP auch als die sog. »*energiereichen Phosphate*«:

$$CrP + ADP = ATP + Cr$$

Die Speichermenge an Kreatinphosphat liegt bei etwa 15–19 mmol pro 1g Muskelfeuchtgewicht. Mit dieser vorhandenen Energiemenge kann man bei maximaler Muskelkontraktion lediglich einen Zeitraum von etwa 5–8 Sekunden abdecken. Das die Spaltung von CrP katalysierende Enzym ist die Kreatinkinase (CK).
Eine weitere Möglichkeit der anaerob-alaktaziden Energiebereitstellung mit sehr geringer Kapazität stellt der weitere Abbau von AMP (Adenosinmonophosphat) zu IMP (Inosin-5-Monophosphat) unter Abspaltung von NH3 dar (Purinnukleotidzyklus). Es entsteht vermehrt AMP.

$$ADP + ADP = ATP + AMP$$

AMP kann durch das Enzym AMP-Desaminase irreversibel desaminiert und damit aus dieser Reaktion entfernt werden und es entsteht durch Hydrolysierung IMP und NH3 (Ammoniak):

$$AMP + H_2O = IMP + NH_3$$

Dadurch kann die Reaktion weiter in Richtung AMP unter Bildung von ATP laufen. NH3 und Hypoxanthin, das Abbauprodukt von IMP, können vom Muskel an das Blut abgegeben werden. Bei einer Dauerbelastung können Hypoxanthin und NH3 im Laufe der Belastung ansteigen und ein Maß für metabolische Überforderung sein (vgl. *Dickhut*, 2000).

Insgesamt gesehen sind über die energiereichen Phosphate ATP und CrP maximale Muskelkontraktionen von etwa 10–12 Sekunden durchführbar, wobei es noch eine geringe individuelle Streubreite von wenigen Sekunden gibt.

Dieses Energielieferungssystem arbeitet z.B. bei Starts von Sprintern, bei Gewichthebern, Volleyballern, Tennis- und Tischtennisspielern, Fußball- und Handballtorwarten, bei Hochspringern, Diskus- und Speerwerfern, quasi bei allen explosiven, kurzen, schnellen und kraftvollen Bewegungen.

Der Wiederaufbau der energiereichen Phosphate läuft sehr schnell ab. Der Wiederauffüllungsprozess ist i.d.R. innerhalb von 30 Sekunden zu ungefähr 70% und nach 3 bis 5 Minuten zu fast 100% vollendet. Für die Trainingspraxis ist Folgendes entscheidend: *bei einer völligen Ruhepause nach der Belastung findet eine schnellere Resynthese des ATP-CrP-Vorrates statt als bei einer aktiven Pause* (vgl. *Janssen*, 2003).

Anaerob-laktazide Energiegewinnung

Wird eine hochintensive Belastung länger als 10–15 Sekunden mit maximaler Muskelkontraktion aufrechterhalten, »schaltet« der Organismus auf den Abbau von Kohlenhydraten (Glukose, Glykogen, Fructose) um. Hierbei werden die Kohlenhydrate über zahlreiche Zwischenschritte bis zum Pyruvat (Brenztraubensäure) und schließlich bis zu dem Charakteristikum dieser Energiebereitstellungsform, dem Laktat ohne Verwendung von Sauerstoff, abgebaut. Dieser als *Glykolyse* bezeichnete Vorgang der Energiebereitstellung läuft nur im Cytoplasma der Zelle ab, wegen der phosphorylisierten Zwischenprodukte und weil nur dort die entsprechenden Enzyme vorhanden sind. Dabei katalysieren elf nacheinander wirksam werdende Enzyme den schrittweisen Abbau der Glukose zur Brenztraubensäure. Bis zum Pyruvat ist der Abbauweg der Glukose identisch mit dem Abbauweg der aeroben Energiebereitstellung (siehe Abb. 62).

Bei der anaerob-laktaziden Energiebereitstellung wird kein Sauerstoff verwendet oder die Pyruvatbildung ist so hoch, dass Pyruvat nicht oder nicht ausreichend in das Mitochondrium aufgenommen werden kann und die Glykolyse nur durch Reduktion von Pyruvat zu Laktat weiterlaufen kann.

Das in der Muskelzelle gebildete energiereiche Laktat kann dort nicht weiterverarbeitet werden. Es wird mit einer gewissen Verzögerung in seiner undissoziierten Form ins Blut abgegeben und kann im Herzmuskel, dem ruhenden Skelettmuskel sowie in der Leber als Energiedonator dienen (vgl. *Dickhut*, 2000). In den roten Skelettmuskeln sowie im Herzmuskel wird Laktat über Pyruvat in den Zitronensäurezyklus eingeschleust. In der Leber kann Laktat wieder zu Glykogen resynthetisiert werden. Die Leber ist neben der Skelettmuskulatur das größte Einzelorgan, in dem Zucker gespeichert werden kann. Da die Atmungskette nicht alles anfallende NADH+H$^+$ oxidieren kann, reagiert die Zelle, indem sie in einem weiteren Reaktionsschritt Wasserstoff des NADH+H$^+$ auf Pyruvat überträgt, wobei Laktat und NAD$^+$ entstehen.

Pyruvat + NADH + H$^+$ = Laktat + NAD$^+$

Aktiver Bewegungsapparat, Energiebereitstellung im Muskel

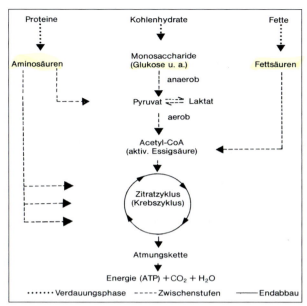

Abb. 62: Stoffwechselwege der energieliefernden Nahrungsstoffe.

Die anaerobe Oxidation von Glukose zu Laktat liefert freie Energie

$$2\ ADP + 2 P_i = 2\ ATP + 2\ H_2O$$

Pro Mol Glukose entstehen auf anaerobem Weg nur 2 mol ATP.
Die Energiebereitstellung über das Milchsäuresystem wird bei kurzdauernden Belastungen wie dem 100-, 200-, 400- und 800-m-Lauf und anderen hochintensiven Aktivitäten, die zwischen zwei und drei Minuten dauern, benötigt. Zu Beginn einer Belastung ist die Energielieferung unabhängig von der Intensität immer anaerob. Die Laktatbildung spielt in der Belastungssteuerung und Leistungsdiagnostik eine entscheidende Rolle. Vor allem im Ausdauertraining ist die Leistung des Sportlers an der anaeroben Schwelle von wichtiger Bedeutung. Die anaerobe Schwelle liegt bei 4 mmol/l und gibt Auskunft über die Auswirkungen des Trainings auf den nutzbaren Anteil der maximalen Sauerstoffaufnahme für Ausdauerbelastungen. Abbildung 63 zeigt die Leistungsunterschiede unterschiedlich gut trainierter Sportler bei ansteigender Belastung auf dem Fahrradergometer an der anaeroben Schwelle.

12.2.2 Aerobe Energiegewinnung
Die aerobe Energiegewinnung aus Kohlenhydraten

Wenn Belastungen länger als zwei bis drei Minuten aufrechterhalten werden sollen, wird die Energie über die oxidative Energiegewinnung im Organismus bereitgestellt. Wenn nun eine ausreichende ADP-Bereitstellung vorliegt und wenn gleichzeitig eine ausreichende Sauerstoffversorgung der Mitochondrien gewährleistet ist, kann das Pyruvat in das Mitochondrium eingeschleust werden. Durch die Abspaltung von CO_2 und Bildung von $NADH(+)H^+$ aus NAD^+ entsteht in einem komplexen Reaktionsablauf die aktivierte Essigsäure (Acetyl-CoA), ein C_2-Körper.

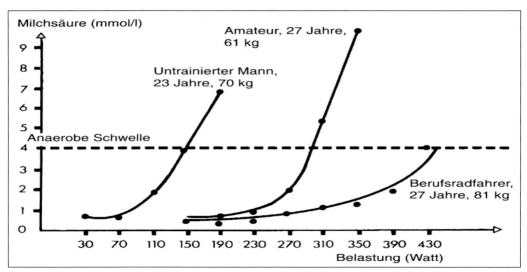

Abb. 63: Unterschiede in der Leistungsfähigkeit bei zunehmender Belastung auf dem Fahrradergometer, festgestellt über die Höhe der anaeroben Schwelle (nach *W. Hollmann* et al., Spektrum der Wissenschaft 1968 [8], 48–50).

Der weitere Abbau des Acetyl-CoA erfolgt in zwei Serien von Reaktionen, die man als *Zitronensäurezyklus* und *Atmungskette* bezeichnet. Beide Schritte laufen in den Mitochondrien, welche man auch als *Kraftwerke der Zelle* bezeichnet, ab.

Der Zitronensäurezyklus beginnt mit der Bildung von Citrat, welches aus der Acetylgruppe des Acetyl-CoA und Oxalacetat entsteht. Beim Durchlaufen des Zyklus werden die Acetylgruppen des Acetyl-CoA enzymatisch abgebaut, wobei zwei Moleküle CO_2 und acht Wasserstoffatome entstehen, welche wiederum auf Coenzyme wie das NAD^+ übertragen werden. Am Ende der Reaktion liegt wieder ein Oxalacetat vor, welches erneut eine Reaktion mit einem Acetyl-CoA starten kann.

Danach kommt es in der Atmungskette zu einer Übertragung der Elektronen der reduzierten Coenzyme aus dem Zitronensäurezyklus und der anaeroben Glykolyse auf Sauerstoff, sodass H_2O entsteht. Dieser Reaktionsablauf, der einer Knallgasreaktion entspricht, setzt Energie frei, die in der Atmungskette zur Phosphorylierung von ADP zu ATP genutzt wird.

In der Atmungskette werden bei den Reaktionsabläufen pro Molekül Glukose insgesamt 32 ATP-Moleküle resynthetisiert. Hinzu kommen zwei ATP aus der Glykolyse und zwei ATP aus dem Zitronensäurezyklus, sodass die Gesamtenergiebilanz für ein Molekül Glukose sich folgendermaßen darstellt:

Glukose ($C_6H_{12}O_6$) + 36 ADP + 36 P + 6O_2 = 6CO_2 + 6H_2O + 36 ATP

Bei der Oxidation aus Glykolyseeinheiten werden 37 ATP produziert, da die Phosphorylierung zu Glukose-6-Phosphat entfällt. Das Verhältnis von aufgenommenem O_2 zu abgegebenem CO_2 wird als respiratorischer Quotient bezeichnet.

Für die Praxis ist wichtig: Wenn man dem Organismus im Übermaß Kohlenhydrate zuführt, so füllen diese zunächst den Glykogenspeicher in der Muskulatur und in der Leber auf. Auf

Energiebereitstellung im Muskel

lange Sicht führt aber ein zu hoher Kohlenhydratkonsum vor allem in der Leber dazu, dass diese in Fette umgewandelt werden. Grund dafür ist, dass der überschüssige Anfall von aktivierter Essigsäure (Acetyl-Co-A) zu einer verstärkten Fettsäuresynthese führt. Diese Fette werden dann als Energiedepot im Fettgewebe abgespeichert, was mit einer Gewichtszunahme verbunden ist.

Die aerobe Energiegewinnung aus Fetten
Die Fette sind die zweitwichtigste Energiequelle des Organismus. Die Fettvorräte im menschlichen Organismus stellen dabei eine nahezu unerschöpfliche Energiereserve dar. In der Muskulatur ist die Speicherfähigkeit begrenzt, denn nur ca. 50% der in der Muskulatur verbrannten Fette entstammen den muskulären Trialcylglyceriddepots. Die Gesamtenergieausbeute aus Palmitinsäure (Fettsäure mit 16 C-Atomen), liegt mit 129 Molekülen ATP wesentlich höher als bei den Kohlenhydraten. Die Verwendbarkeit der Fette wird einerseits durch den langsamen Abbauprozess der freien Fettsäuren eingeschränkt, zum anderen wird pro bereitgestelltes ATP ca. 16% mehr Sauerstoff benötigt. Das ist darauf zurückzuführen, dass die freien Fettsäuren im Vergleich zu den Kohlenhydraten weniger Sauerstoffmoleküle pro C-Atom enthalten. Folgende Summenformel ergibt sich für die Palmitinsäure:
$C_{51}H_{98}O_6 + 72{,}5\ O_2 + 8\ H_2O + 129\ ADP + 129\ (P) = 51\ CO_2 + 49\ H_2O + 129\ ATP$

Die aerobe Energiegewinnung aus Proteinen
In der Energiebereitstellung spielen die Proteine eine eher untergeordnete Rolle. Nur in bestimmten Situationen, wie beispielsweise einem Marathon oder Triathlon mit sehr langem und hohem Energieumsatz werden Proteine zur Energiebereitstellung herangezogen. Der Eiweißanteil an der Gesamtenergiebereitstellung kann dann zwischen 10 und 15% betragen. Chemisch gesehen wird zunächst der Stickstoff abgespalten. Danach kann der Metabolit je nach Anzahl der C-Atome in verschiedene Bereiche des Kohlenhydratstoffwechsels eintreten und je nach Bedarf zum Abbau zu Acetyl-Co-A oder zum Aufbau von Glukose verwandt werden. Das dabei entstandene Ammoniak wird in der Leber in den ungiftigen Harnstoff überführt und über die Niere ausgeschieden (vgl. *Dickhut* 2000).

Bedeutung in der Praxis
Jede einzelne Sportart/Disziplin weist ein eigenes Energieanforderungsprofil auf. Durch sportmedizinische Untersuchungen und Tests kann man dieses Profil für jede Sportart/Disziplin relativ genau bestimmen bzw. analysieren. Es dient im Training u.a. als Anhaltspunkt und Orientierung für die Gestaltung des Konditionstrainings. Abbildung 65 (Seite 119) zeigt, wie man eine Milchsäure-Herzfrequenzkurve in verschiedene Trainingsformen transferieren kann. In vielen Sportarten/Disziplinen sind die Anforderungen nicht nur auf eine Energiebereitstellungsform beschränkt, sondern es kommen Mischformen vor, was Abbildung 64 veranschaulicht.

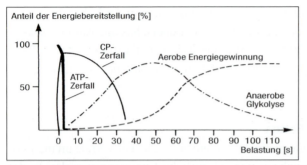

Abb. 64: Anteil der Energie liefernden Prozesse an der Energiebereitstellung bei maximaler körperlicher Belastung von unterschiedlicher Dauer (*Weineck*, 2002).

Charakteristika der aeroben und anaeroben Energiebereitstellung

Aerobe Oxidation	Anaerobe Oxidation
• mit Sauerstoff	• ohne Sauerstoff
• 36 mol ATP/mol Glukose	• 2 molATP/mol Glukose
• keine Laktatbildung	• mit Laktatbildung (s.u.)
• findet in den Mitochondrien statt	• findet im Cytoplasma statt
• Energiebereitstellung erfolgt relativ langsam	• Energiebereitstellung erfolgt relativ schnell
• die Energieflussrate ist relativ klein	• die Energieflussrate ist relativ groß
• die im Organismus gespeicherte Gesamtenergiemenge ist relativ groß	• die im Organismus gespeicherte Gesamtenergiemenge ist relativ klein
	• **anaerob-alaktazid:** über die energiereichen Phosphate ATP und CrP. Resynthese von ATP erfolgt sehr schnell, jedoch ist der Speicher nach wenigen Sekunden leer.
	• **anaerob-laktazid:** Schnelle ATP-Resynthese, nach 40-60 Sek. wird der Prozess durch zuviel Laktat gehemmt
• Speicher: Glykogenspeicher des Muskels/der Leber, Fettspeicher des Muskels/der Leber	• Speicher: anaerob-alaktazid: ATP u. CrP-Speicher in der Muskelzelle • anaerob-laktazid: Muskelglykogen

Tab. 5: Charakteristika der aeroben und anaeroben Energiebereitstellung.

 Aufgaben

- Überlegen Sie sich, welche Art der Energiebereitstellung für Ihre Sportart zutrifft. Machen Sie sich dies an verschiedenen Situationen klar.
- Begründen Sie für hier nicht aufgeführte Sportarten, welche Form der Energiebereitstellung dort benötigt wird.

12.3 Muskelkater

Der in seiner Symptomatik jedem Sportler bekannte Muskelkater wird in den letzten Jahren als Mikrotrauma, also Miniaturverletzung der Muskulatur, definiert. Er hat nichts mit der Übersäuerung in der Muskulatur zu tun. Diese Mikrotraumen sind kleinste, nur unter dem Mikroskop zu erkennende Schädigungen der Muskelzelle und des Muskelbindegewebes durch *ungewohnte* oder *abbremsende* mechanische Beanspruchung der Muskulatur. Dabei kommt es zu Zerstörungen der Aktin- und Myosinfilamente. Vorbeugend ist nach gründ-

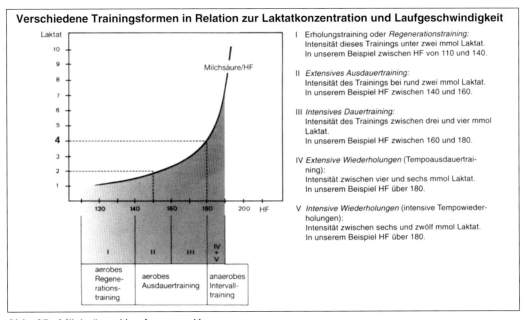

Abb. 65: Milchsäure-Herzfrequenz-Kurve

licher Aufwärmarbeit eine abgestufte Belastungssteigerung mit Anpassung an die individuelle Leistungsfähigkeit des Sportlers zweckmäßig. Bei Muskelkater sind weitere intensive Belastungen und Massagen zu meiden! Der »verkaterte« Sportler soll eine aktive Pause mit stark reduzierter körperlicher Aktivität (maximal 30 % seiner Leistungsfähigkeit) und vorsichtigen Dehnungsübungen der betroffenen Muskeln durchführen. Unterstützend kann bei Leistungs- oder Profisportlern die Einnahme von Vitamin E empfohlen werden.

12.4 Herz-Kreislauf-System und sportliches Training

Das Herz-Kreislauf-System verbindet alle Körpersysteme zu einer funktionellen Einheit. Seine Hauptaufgaben liegen in der Versorgung der vielen Zellen der verschiedenen Körpergewebe mit Nähr- und Wirkstoffen bzw. mit Sauerstoff sowie im Abtransport von Stoffwechselendprodukten. In diesem Kreislaufsystem bildet das Herz die treibende Kraft für die Blutzirkulation. Das Blut stellt das Transportmittel dar, das Blutgefäßsystem die Transportwege. Gefäße, in denen das Blut vom Herzen wegtransportiert wird, nennt man *Arterien*. Gefäße, in denen das Blut zum Herzen hintransportiert wird, heißen *Venen*. Das Kreislaufsystem lässt sich in den großen oder *Körperkreislauf* und den kleinen oder *Lungenkreislauf* unterteilen (Abb. 66).

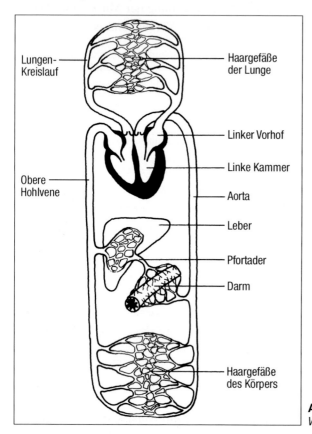

Abb. 66: Herz-Kreislauf-Schema (aus: *Weineck*, 2002).

Der Körperkreislauf beginnt in der linken Herzkammer und endet im rechten Vorhof des Herzens. Der Lungenkreislauf beginnt in der rechten Herzkammer und endet im linken Vorhof. Er dient dem Gasaustausch. Kohlendioxidreiches Blut wird über die Lungenarterien zu den Lungen geführt und dort über Diffusionsvorgänge in sauerstoffreiches Blut umgewandelt.

12.4.1 Anatomisch-physiologische Grundlagen zu Aufbau und Funktion des Herzens

Das Herz ist ein kegelförmiger Hohlmuskel und liegt eingebettet zwischen den beiden Lungenflügeln. Gut 2 Drittel des Herzens liegen in der linken Brustkorbhälfte, 1 Drittel in der rechten. Die Herzgröße hängt von verschiedenen Faktoren wie Alter, Geschlecht, Körpergröße und Grad der Ausdauertrainiertheit ab. Beim Untrainierten beträgt das Herzgewicht 250–300 g (Frau) bzw. 300–350 g (Mann). Durch Ausdauertraining werden diese Funktionsgrößen in erheblichem Maße beeinflusst. Der ehemalige spanische Radprofi und mehrfache Tour-de-France-Sieger *Miguel Indurain* hatte ein Herzvolumen von ca. 1800 cm³. Es handelt sich hierbei um ein sog. *Sportherz* (Abb. 67).

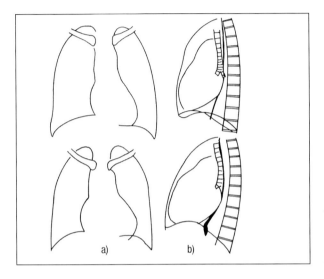

Abb. 67: Größenunterschied zwischen untrainiertem Herz und ausgeprägtem Sportherz. Frontale Ansicht (a), seitliche Ansicht (b); *oben:* Normalherz, *unten:* Sportherz (aus: *Weineck*, 2002).

Das Herz untergliedert sich in 4 *Hohlräume*: linke Herzkammer, rechte Herzkammer, linker Vorhof und rechter Vorhof. Zwischen den Vorhöfen und den Kammern sowie den Kammern und den aus ihnen entspringenden Gefäßen liegen Herzklappen, die eine Ventilfunktion haben und den Blutstrom in nur eine Richtung zulassen. Der eigentliche Herzmuskel wird als Myokard bezeichnet. Um vor Verletzungen durch Reibung geschützt zu sein, befindet sich das Herz im Herzbeutel (Perikard). Rechte und linke Herzhälfte sind durch die Herzscheidewand (Septum) voneinander getrennt.

Die Herzmuskelzellen weisen einen wesentlich höheren Anteil an Mitochondrien auf als die Skelettmuskelzellen. In den Mitochondrien findet der aerobe Stoffwechsel statt. Die Muskelschicht der linken Kammer ist fast dreimal so dick wie die der rechten, da sie mehr Kraft aufbringen muss, um das Blut in den großen Körperkreislauf zu pumpen.

Die Blut- und damit auch die Sauerstoffversorgung des Herzmuskels selbst wird durch die Herzkranzgefäße gesichert. Die Herztätigkeit ist durch das Phänomen der *Automatie* gekennzeichnet. Die Herzkontraktion wird durch Erregungen ausgelöst, die im Herzen selbst entstehen. Das oberste Reizbildungszentrum ist der *Sinusknoten*, der eine Ruhepulsfrequenz von 60–80 Schlägen pro Minute vorgibt. Die Herzfrequenz kann bei Bedarf – wie z. B. im Sport – verändert werden. Die Anpassung der Herztätigkeit erfolgt über die Einflussnahme der vegetativen Herznerven (vgl. *Weineck*, 2002).

In der Herztätigkeit unterscheidet man:
Systole
und
Diastole.

Die Systole ist die Kontraktion des Herzens, während die Diastole die Erschlaffung bedeutet. Die Erregungs- und Kontraktionsvorgänge lassen sich qualitativ und quantitativ durch die Aufzeichnung der Herzstromkurve (Elektrokardiogramm, EKG) beurteilen.

12.4.2 Kenngrößen der Herzfunktion

Je nach Intensität der sportlichen Belastung muss das Herz mehr oder weniger große Auswurfleistungen vollbringen. Wenn der Mensch intensiv Sport treibt, benötigen die Muskeln z. B. mehr Sauerstoff zur Energieproduktion, und den muss der Herzmuskel entsprechend »herbeipumpen«. Die *Herzfrequenz* (HF) beziffert die Anzahl der Herzschläge pro Minute. Sie beträgt beim Untrainierten in Ruhe etwa 60–80 Schläge pro Minute. Bei Belastungen im Sport kann die Herzfrequenz beim Untrainierten etwa um das Dreifache ansteigen und Werte über 200 Schläge pro Minute erreichen. Bei Kindern und Jugendlichen sind Belastungsherzfrequenzen bis zu 220 Schlägen pro Minute möglich.

Das *Schlagvolumen* (SV) entspricht derjenigen Menge Blut, die bei jeder Systole (Kontraktionsphase des Herzens) aus der linken Herzkammer in die Blutbahn ausgeworfen wird. Es beträgt in Ruhe beim Untrainierten etwa 70 Milliliter (ml) und erhöht sich bei Belastung.

Das *Herzminutenvolumen* (HMV) gibt diejenige Menge an Blut an, die pro Minute vom Herzen in die Blutbahn befördert wird. Folgende Gleichung lässt sich aufstellen:

⟶ SV x HF = Herzminutenvolumen (HMV)

Das Herzminutenvolumen entspricht also der Menge an Blut, die dem Organismus insgesamt in einer Minute zur Verfügung steht.

Für einen *Untrainierten in Ruhe* gilt also:
70 ml (SV) x 80 (HF) = 5,6 l (HMV)

Unter *Belastung* kann die Gleichung für einen *Untrainierten* folgendermaßen lauten:
75 ml (SV) x 200 (HF) = 15 l (HMV)

Unter Belastung pumpt das Herz eines Untrainierten also 15 l Blut pro Minute durch den Organismus (HMV = Herzminutenvolumen).

Ein *hoch ausdauertrainierter Sportler* kann im Vergleich dazu folgende Werte haben (hier: *Miguel Indurain*, ehemaliger Radprofi und Tour-de-France-Sieger):
In Ruhe:
250 ml (SV) x 34 (HF) = 8,5 l (HMV)
Unter Belastung:
250 ml (SV) x 200 (HF) = 50 l (HMV)

Diese Veränderungen gehören zu den wichtigsten körperlichen Anpassungserscheinungen des Herz-Kreislauf-Systems an regelmäßiges Ausdauertraining.

12.4.3 Anpassungserscheinungen des Herz-Kreislauf-Systems an Ausdauerbelastungen

Der Sauerstoff und Nährstoffbedarf der Muskulatur steigt unter sportlicher Belastung stark an. Ausdauertraining führt sowohl zu einer *Vergrößerung des Herzens*, mit damit verbundener Gewichtszunahme, als auch zu einer *harmonischen Erweiterung aller 4 Herzhohlräume*. Maximalwerte für die Herzgröße betragen für die Frau 16,8 ml pro kg Körpergewicht, beim Mann 20 ml pro kg Körpergewicht. Parallel dazu kommt es durch Ausdauertraining zu einer Erweiterung der Koronareingänge und zu einer Querschnittzunahme der Herzkranzgefäße. *Schlagvolumen* und *Herzminutenvolumen* nehmen zu. Die *Abnahme der Herzfrequenz in Ruhe* (Trainingsbradykardie) ist ebenfalls ein Kennzeichen der Anpassung an Ausdauerbelastungen. Die Ausbildung eines Sportherzens ist weder alters- noch geschlechtsspezifisch. Auch Kinder, Jugendliche und Senioren können ein solches Sportherz entwickeln. Auch die kleinsten Blut führenden Gefäße (Kapillaren) erweitern ihr Netz. Es kommt demnach zu Kapillarneubildungen. Im Blut kommt es ebenfalls zu Anpassungserscheinungen. Das *Blutvolumen* kann sich um 1–2 l erhöhen. Durch die damit verbundene *Zunahme des Hämoglobins* (Sauerstofftransport) erhöht sich die Sauerstofftransportkapazität des Blutes. Das Blut wird dünnflüssiger (Viskosität sinkt) und erleichtert somit dem Herzen die Pumparbeit.
Ausdauertrainierte Sportler bewältigen die gleiche Leistung wie untrainierte Menschen mit einer wesentlich geringeren Herzfrequenz. Nach Belastungen erholen sich ausdauertrainierte Sportler schneller als nichtausdauertrainierte. Außerdem sind ausdauertrainierte Sportler im Training besser belastbar.

12.4.4 Bedeutung der Pulsfrequenzkontrolle

Ein unverzichtbares Instrumentarium für den Übungsleiter/Trainer stellt die Pulsfrequenzkontrolle dar. Dadurch kann der Trainer die individuelle Belastung des Sportlers überprüfen. Man tastet den Puls an der Handschlagader oder an der Halsschlagader und zählt die Schläge 15 Sekunden lang. Diesen Wert multipliziert man mit 4 und erhält als Produkt die Herzfrequenz pro Minute. *Wichtig dabei ist, dass man den Puls unmittelbar nach der Belastung misst.* Jede zeitliche Verzögerung verfälscht das Ergebnis. Das hängt damit zusammen, dass die Pulsfrequenz sofort nach Belastungsende sehr stark abfällt und sich danach eher langsam dem Ruhewert annähert. Das Messen der Pulsfrequenz im Training muss mit den Trainingsteilnehmern geübt werden, damit sie auch zuverlässig eingesetzt werden kann.
Die Pulsfrequenzkontrolle dient dazu:
- Die Höhe der individuelle Belastung festzustellen,
- den Erholungsgrad der Sportler zu überprüfen und

- die exakte Einhaltung von Belastungs- und Pausengestaltung bei der Wiederholungsmethode und der Intervallmethode (z. B. bei einem Circuit-Training zu gewährleisten).

 Aufgaben

- Welche Anpassungserscheinungen ergeben sich durch Ausdauertraining im Herz-Kreislauf-System? Durch welche Sportarten lässt sich dies erreichen?
- Früher galt es als Regel unter den Trainern, bei einem Muskelkater genauso hart weiterzutrainieren wie zuvor. Nehmen Sie dazu Stellung.
- Messen Sie bei Ihren Trainingsteilnehmern bei unterschiedlichen Abschnitten des Trainings (Aufwärmen, Hauptteil und Schluss) die Pulsfrequenz, um einen Überblick über die Herz-Kreislauf-Belastung während des gesamten Trainings zu erhalten.

12.5 Passiver Bewegungsapparat und sportliches Training

Im Spitzensport stellt der passive Bewegungsapparat (vor allem Gelenke, Knorpel, Bandapparat) oft die leistungsbegrenzende Größe sportlicher Höchstleistung dar. Dies wird klar, wenn man sich vor Augen führt, welch enorme Belastungen auf die einzelnen Teile des passiven Bewegungsapparates beim Sporttreiben wirken. Sinnvollerweise reagiert aber auch der passive Bewegungsapparat mit entsprechenden Anpassungserscheinungen an sportliche Belastung.

Der *Knochen* zum Beispiel ändert seine Architektonik, was zu einer erhöhten Widerstandskraft in Richtung der Hauptbeanspruchung führt. Im Bereich der langen Röhrenknochen kommt es bei Trainierten zu einer erheblichen Dickenzunahme der Knochenrinde. Mechanische Belastung führt zu einer Verstärkung der Knochenbälkchenstruktur der Schwammsubstanz.

Bei kurzzeitigen Belastungen kommt es akut zu einer Dickenzunahme des Knorpels der Gelenkflächen durch eine zeitlich begrenzte Flüssigkeitsaufnahme. Der *Knorpel* saugt sich quasi mit Gelenkflüssigkeit voll. Dadurch wird der Knorpel resistenter gegen hohe Druck- und Scherkräfte. *Wichtig dafür ist das Warmlaufen vor dem eigentlichen Aufwärmen.*

Bei längeren Belastungen (durch regelmäßiges Training) kommt es zu einem Dickenwachstum des Knorpels, wodurch dieser erhöhte mechanische Belastungen – wie sie im Sport vorkommen – ohne Gelenkbeschädigungen bewältigen kann. Durch Training werden der *Sehnenquerschnitt* sowie Zug- und Rissfestigkeit der Sehnen erhöht. Vergleichbare Anpassungserscheinungen ergeben sich für den *Bandapparat*. Auch hier führt Training zu einer entsprechenden qualitativen und quantitativen Strukturverbesserung.

○ Zusammenfassend kann man feststellen: Mehrbelastung im Sinne von Sporttreiben in vernünftigem Rahmen führt zu einer Kräftigung, Minderbelastung hingegen zu einer Schwächung von Knochen, Knorpel, Sehnen und Bändern (vgl. *Weineck*, 2002).

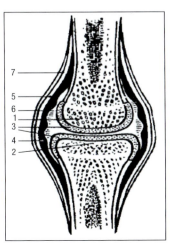

Abb. 68: Schematischer Aufbau eines Gelenkes: 1: (konvexer) Gelenkkopf; 2: (konkave) Gelenkpfanne; 3: hyaliner Gelenkknorpel; 4: innere Gelenkkapselschicht (Synovia); 5: äußere Gelenkkapsel; 6: Gelenkschmiereansammlung; 7: Verstärkungsbänder der Gelenkkapsel (aus: *Tittel,* 1985).

12.5.1 Gelenke und ihre Bedeutung für den Sport treibenden Menschen

Um den Körper im Sport entsprechend bewegen zu können, ist der Sportler auf die optimale Funktion der Gelenke angewiesen. Gelenke sind prinzipiell gleich aufgebaut, zeigen aber bestimmte gelenkspezifische Eigenheiten. Abbildung 68 zeigt den Abbau eines Gelenkes.

12.5.1.1 Kniegelenk

Das Kniegelenk ist das größte, komplizierteste und gleichzeitig empfindlichste Gelenk des menschlichen Körpers. Sein Aufbau verdeutlicht, dass Gelenke für ganz bestimmte Bewegungen konstruiert sind. Das Kniegelenk besteht aus folgenden Bestandteilen (Abb. 69):

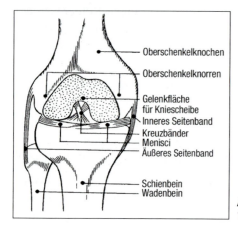

Abb. 69: Kniegelenk von vorne (aus: *De Marees*, 1981).

- Konvexe Gelenkflächen der beiden Oberschenkelknorren
- Fast ebene Gelenkflächen der Schienbeinknochen
- Rückfläche der Kniescheibe
- Innerer und äußerer Meniskus
- Inneres Seitenband
- Äußeres Seitenband (zieht zum Wadenbeinköpfchen)
- Vorderes Kreuzband
- Hinteres Kreuzband

Das Kniegelenk zeichnet sich durch zwei funktionell voneinander unabhängige Bewegungsmöglichkeiten aus:
- Eine Beugung und Streckung um eine Achse, die quer durch die Oberschenkelknochen verläuft.
- Eine Drehung, die in senkrechter Richtung durch das Schienbein läuft; sie kann vor allem im gebeugten Knie (30–40 Grad) ausgeführt werden.

Sämtliche Bewegungen, die der Funktionalität des Gelenkes zuwiderlaufen, können das Kniegelenk grundsätzlich schädigen.

12.5.1.2 Fußgelenke

Die beiden Gelenke des Fußes sind im Sport ebenfalls sehr hohen Belastungen ausgesetzt. Einem funktionellen Schuhwerk sollte daher besondere Beachtung geschenkt werden. Man unterteilt den Fuß in *Fußwurzel, Mittelfuß und Zehen.*

Das *obere Sprunggelenk* wird vom Schienbein und Wadenbein und den Gelenkflächen des Sprungbeins gebildet. Man kann damit die Fußspitze heben und senken (Dorsalflexion und Plantarflexion).

Das *untere Sprunggelenk* liegt zwischen dem Sprung-, Fersen- und Kahnbein (Abb. 70). Dieses Gelenk ermöglicht Auswärts- und Einwärtsdrehung (Pronation und Supination).

Die Führung der Bewegungen in den Sprunggelenken erfordert einen kräftigen Bandapparat. Im Bereich des oberen Sprunggelenks findet man starke Seitenbänder, die sich fächerförmig ausbreiten und das Gelenk entsprechend stabilisieren (vgl. *Tittel*, 1985).

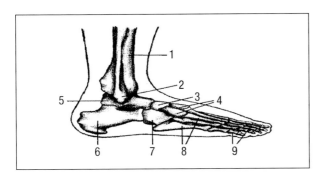

Abb. 70: Fußskelett: 1: Schienbein; 2: Wadenbein (Außenknöchel); 3: Kahnbein; 4: Keilbeine; 5: Sprungbein; 6: Fersenbein; 7: Würfelbein; 8: Mittelfußknochen; 9: Zehen (aus: *Spiecker*, 1983).

12.5.1.3 Wirbelsäule

Eine zentrale Stellung im passiven Bewegungsapparat nimmt die Wirbelsäule ein (Abb. 71). Sie besteht aus 7 Hals-, 12 Brust-, 5 Lenden-, 5 Kreuz-(Kreuzbein) und 4–5 Steißwirbeln (Steißbein). Die Wirbelsäule wird demnach von 33–34 Wirbeln und 23 Zwischenwirbelscheiben *(Bandscheiben)* gebildet. Sie weist eine doppelte S-Form auf. Diese dient vor allem dem Abfedern von Stößen *(Stoßdämpferfunktion)*.

Die Beweglichkeit der Wirbelsäule nimmt von oben nach unten ab. Der beweglichste Teil der Wirbelsäule ist die Halswirbelsäule, gefolgt von der Brustwirbel- und Lendenwirbelsäule. Die 12 Brustwirbel bilden mit den Rippen Gelenke. *Im Bereich der Lendenwirbelsäule ist keine Drehung zur Seite hin möglich.*

Die Wirbelkörper sind durch ein hinteres und vorderes Längsband miteinander verbunden. Die Wirbel des Steißbeins und Kreuzbeins sind nicht beweglich. Nur die Wirbel von Hals-, Brust- und Lendenwirbelsäule sind beweglich. Die Bandscheiben verbinden jeweils 2 Wirbelkörper miteinander. Ihnen kommt eine sog. *Wasserkissenfunktion* zu. Sie dämpfen und ermöglichen erst die Beweglichkeit der Wirbel gegeneinander.

Durch häufige, asymmetrische und hohe Belastungen können Einrisse im Faserring der Bandscheibe entstehen. Im Sport und im täglichen Leben sollte man stets darauf achten, die Wirbelsäule bei körperlichen Belastungen möglichst gerade zu halten.

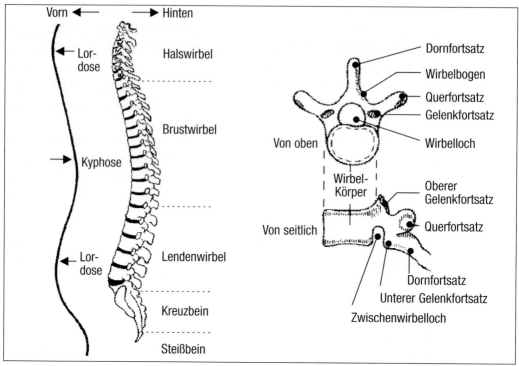

Abb. 71: Seitenansicht der Wirbelsäule und Aufbau eines Wirbels am Beispiel eines Brustwirbels (aus: *De Marees*, 1981).

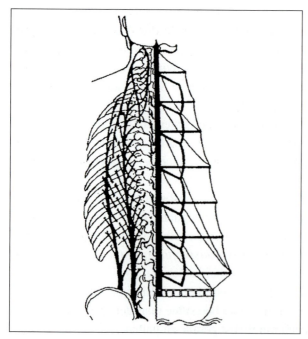

Abb. 72: Prinzip der muskulären Wirbelsäulenverspannung (*Haidn, Weineck*, 2000).

Wirbelsäule

Kräftigende Gymnastik für die Wirbelsäule, zum Aufbau einer schützenden und stützenden Muskulatur, ist die beste Prophylaxe (Fehlhaltungen wie z. B. Hohlkreuz berücksichtigen!). Vom Prinzip her ist die Wirbelsäule muskulär wie ein Bootsmast verspannt (Abb. 72). Bei der Gymnastik (Kräftigung oder Dehnung) müssen die anatomischen Gegebenheiten der Wirbelsäule stets berücksichtigt werden. Ruckartige Bewegungen sind zu vermeiden (Gefahr Bandscheibenschädigung). *Sprünge* im Sport sollten durch entsprechende Beugung im Fußgelenk, Knie- und Hüftgelenk kompensiert werden.

Mollier und *Benninghoff* (1938/1980) verglichen die Sicherung der aufrechten Haltung beim Mensch durch Muskelzugsysteme mit der Verspannung eines Schiffsmastes. In der schematischen Darstellung sind die Rahen des Mastes die Querfortsätze der Wirbelkörper, die durch kurze Muskelzüge miteinander verbunden sind. Sie lassen aber auch vom Rahenende schräg zum Mast hinlaufende Verspannungen erkennen, wobei sie hin und wieder einige Segmente überspringen. Außer diesen kurzen Seilzügen, denen noch grazile, paarige Muskeln angehören, welche die Dornfortsätze untereinander verbinden, sind am Schiffsmastschema noch lange »Haltetaue« eingezeichnet, die vom Schiffsdeck – dem Beckengürtel – zu den Rahen laufen (vgl. *Tittel*, 1985).

 Aufgaben

- Beschreiben Sie, welche Folgen sportliche Aktivität für den passiven Bewegungsapparat hat.

- Welchen Belastungen ist der passive Bewegungsapparat in Ihrer Sportart ausgesetzt? Vergleichen Sie diese mit der anderer Sportarten. Was können Sie als Trainer tun, um solche Belastungen zu vermeiden oder zu verringern?

- Welche Bewegungen sollte man beim Kniegelenk bzw. bei der Wirbelsäule unbedingt meiden? Begründen Sie Ihre Argumente mithilfe der Anatomie.

- Wie ist ein Gelenk generell aufgebaut? Zeichnen und beschriften Sie ein Gelenk.

- Welche Gelenke sind in Ihrer Sportart einer besonders hohen Belastung ausgesetzt? Weshalb ist das so? Begründen Sie dies anhand von Praxisbeispielen. Was können Sie vorbeugend gegen Verletzungen bzw. Schädigungen an diesen Gelenken tun?

13 Sportverletzungen

Jeder Sportler – ob Breiten-, Freizeit- oder Leistungssportler – betreibt seine Sportart mit dem Risiko, sich dabei zu verletzen oder unter Umständen Schäden davonzutragen. Die Statistiken zeigen, dass die verschiedenen Sportarten sich bezüglich Häufigkeit, Schwere und Art der Verletzungen zum Teil erheblich voneinander unterscheiden. Jede Sportart hat ein eigenes Verletzungsprofil. Dieses muss der Übungsleiter/Trainer kennen, wenn er vorbeugend sinnvoll etwas gegen häufig zu erwartende Sportverletzungen unternehmen will. Im Vordergrund des Kapitels steht deshalb die Verletzungsvorbeugung, nicht deren Erstversorgung oder gar »Reparatur«.

»Vorbeugen ist besser als heilen«, besagt ein altes Sprichwort. Dies gilt besonders im Sport. Die beste Vorbeugung gegen Sportverletzungen beginnt für den Trainer mit der richtigen Vorbereitung auf den Sport. Für den Trainer/Übungsleiter hat die Thematik folgende Bedeutung:
- Er trägt im Training/Wettkampf die Verantwortung.
- Er soll Fehl- und Überbelastungen erkennen.
- Er soll Training gefahrlos gestalten.
- Er soll verletzte Sportler richtig trainieren.
- Er soll bei Sportunfällen richtig handeln.

13.1 Hauptursachen von Sportverletzungen und Sportschäden

Die Ursachen von Sportverletzungen lassen sich in personenabhängige (Bandapparat, Psyche) und personenunabhängige (Bodenbeschaffenheit, Geräte) unterteilen. Für den Trainer/Übungsleiter ist es wichtig, dass er die Verletzungsursachen und die dazugehörigen vorbeugenden Maßnahmen kennt (Tab. 5).

Entscheidend ist für den Trainer/Übungsleiter, dass er die Ursachen kennt und auch *aktiv* etwas für die Vorbeugung tut. Dies beginnt in der Regel mit der Auswahl der Sportbekleidung und der Sportgeräte. Funktionalität ist wichtiger als der jeweilige aktuelle Modetrend. Durch geeignete Schuhwahl lassen sich hohe Belastungsreduzierungen erzielen. Generell sollten Sportgeräte, welche für Erwachsene konzipiert worden sind, nicht von Kindern benützt werden. Schutzkleidung muss man nicht nur in bestimmten Mannschaftsspielen, sondern z. B. auch beim Inline-Skaten tragen. Während des Sporttreibens gilt das konsequente Berücksichtigen allgemeiner Trainingsprinzipien als zusätzlicher Faktor der Verletzungsprophylaxe. Die Sportler benötigen entsprechende konditionelle Voraussetzungen, um die auf den Körper einwirkenden Belastungen zu reduzieren.

Verletzungsursachen	Vorbeugende Maßnahmen
Hohe Risikobereitschaft	»Fair Play«, Achtung der Person und der Gesundheit aller Beteiligten
Verletzungsrückstände	Ausheilen (leichte Belastung/Beanspruchung)
Schwacher Bandapparat	Kräftigung, geeignetes Schuhwerk
Fehlende Schutzmaßnahmen	Knieschützer, Helme, Ellbogenschützer
Fehlende Regeneration	Bewusster Einbau in langfristigen Trainingsaufbau
Muskuläre Dysbalancen	Kräftigung der Rumpf- und Stützmuskulatur
Sportgeräte	Von Zeit zu Zeit kontrollieren
Bodenbeschaffenheit/Witterungsbedingungen	Kontrollieren
Ermüdung	Training der konditionellen Fähigkeiten, Trainingsplanung
Mangelnde Konzentration	Konzentrationstraining, evtl. Ausdauerschulung
Gegner	Auf Psyche einwirken, Fairnesserziehung
Fehlendes, mangelhaftes Aufwärmen	»Richtiges Aufwärmen«, z. B. alters- und niveauangepasstes Aufwärmen

Tab. 6: Verletzungsursachen und vorbeugende Maßnahmen.

Einen besonderen Stellenwert nimmt in der Verletzungsvorbeugung das Krafttraining/ kräftigende Übungen ein.

Der Hauptgrund ist darin zu sehen, dass kräftige Muskeln die Gelenke besser stabilisieren und schützen können. Bei der Beseitigung muskulärer Dysbalancen sind kräftigende Übungen ein zentraler Faktor. Gleichzeitig sind angepasste konditionelle Voraussetzungen die Basis für das Beherrschen richtiger Bewegungstechniken. Fehlerhafte oder falsche (unter Umständen falsch gelernte) Techniken beinhalten ein hohes Verletzungspotenzial.

Das Erlernen korrekter Bewegungstechniken ist aktive Verletzungsvorbeugung.

Gesunde Lebensführung, zu der unter anderem auch die richtige/vernünftige und angepasste Ernährung zählt, ist ein weiterer häufig unbeachteter Faktor der Verletzungsvorbeugung. Alkoholmissbrauch sowie Rauchen verlangsamen und behindern die Regeneration zusätzlich.

Regeneration ist Prävention.

Verletzungen können minimiert werden,
- wenn sowohl der Aufbau der einzelnen Trainingseinheit (keine anspruchsvollen Übungen im ermüdeten Zustand) als auch der langfristige Trainingsaufbau (z. B. Regeneration) beachtet werden;
- wenn man den Gesundheitszustand der Sportler beachtet;
- wenn man bei fieberhaften oder infektiösen Krankheiten nicht trainiert;
- durch Vorsicht bei Entzündungen;
- durch Vorsicht bei alten Verletzungen;
- durch Vorsicht bei orthopädischen Vorschädigungen;
- durch anforderungsgerechtes Schuhwerk;
- wenn Uhren, Schmuck etc. abgelegt bzw. abgeklebt werden;
- wenn man auch auf herumliegende Gegenstände achtet;
- wenn man keine unfunktionellen Gymnastikübungen macht (z. B. Kopfkreisen);
- wenn aerobe Ausdauer für das Hinauszögern von Ermüdung und längerem Erhalt der Konzentrationsfähigkeit trainiert wird;
- wenn man Koordinationstraining macht (z. B. um Stürze vermeiden bzw. besser abfangen zu können).

Hohe Verletzungsgefahr: Rugby

Hauptursachen von Sportverletzungen

Akute Sportverletzungen treten plötzlich auf. Erkennbare Ursachen wie äußere gegnerische Einwirkungen oder Stürze können vielfältige unmittelbare Anzeichen wie Schmerzen und/oder Schwellungen hervorrufen. In der Regel sind Sportverletzungen wiederherstellbar.
Überlastungsschäden entwickeln sich schleichend und können die Folge von wiederholten Mikroverletzungen sein oder verschleißbedingt auftreten. Vor allem bei Neueinsteigern und Wiederbeginnern ist Vorsicht geboten. In der Saisonvorbereitung sollte nicht blind »Kondition gebolzt« werden. Die Einplanung aktiver und bewusster Regenerationsphasen ist in diesem Trainingsabschnitt besonders wichtig.

13.2 Sportverletzung – Pech gehabt?

Die im Sport am häufigsten auftretende Verletzungsart ist die stumpfe Sportverletzung, z. B. die Prellung oder Stauchung. Um die Beschwerden zu lindern und einer Verschlimmerung vorzubeugen, muss man sofort mit der Erstversorgung beginnen. Dabei soll die Gedankenbrücke »PECH« dem Trainer/Übungsleiter helfen, in der richtigen Reihenfolge schnell und gezielt zu handeln.

Pause machen: Durch eine schnelle Ruhigstellung kann meist eine Verschlimmerung verhindert werden. Gleichzeitig wird verhindert, dass zu viel Blut in das verletzte Gebiet fließt.

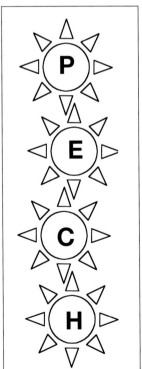

In dieser Phase muss auch entschieden werden, ob ein Gang zum Arzt erforderlich ist oder ein Krankenwagen gerufen werden muss. Fatal wäre es, bei Verletzungssymptomen einfach weiterzumachen.

Eis, um die verletzte Stelle zu kühlen: Durch den Kältereiz wird bewirkt, dass sich die Einblutung im Muskel minimiert. Der Kältereiz hat zudem Schmerz stillende Wirkung. Die Eisanwendung mit Unterbrechungen sollte bis zu einer Gewebetemperatur von ca. 10–15 °C führen. Dies kann man mit Eiswürfeln in einem Plastikbeutel erreichen.

Compressionverband anlegen: Man kombiniert den Kompressionverband mit der Eiskühlung. Es ist darauf zu achten, dass man den Muskel nicht abschnürt und den Schmerz dadurch verstärkt.

Hochlagerung des verletzten Körperteils: Der Muskel/das Gelenk wird hochgelagert und ruhig gestellt. Dadurch wird verhindert, dass zu viel Blut in das verletzte Gewebe fließt (vgl. *Anrich*, 2002).

Kälteanwendung kann auf verschiedene Arten erfolgen. Generell spricht man bei stumpfen Sportverletzungen von einer »warmen Eisbehandlung«, d. h., man kühlt die Stelle für eine gewisse Zeit, entfernt das »Eis« für kurze Zeit, um danach wieder zu kühlen. Die Kälteapplikation beeinflusst das neuromuskuläre System in der Art, dass der Schmerz vollkommen verschwinden kann. Dadurch kann der Sportler dazu verleitet werden, dass er weitermachen möchte. Tabelle 6 zeigt Vor- und Nachteile verschiedener Kühlmethoden auf.

Kühlmittel/ Methode	Vorteile	Nachteile
Eis	• Erreicht tiefer gelegenes Gewebe • Sehr gute Tiefenwirkung • Umweltfreundlich	• Nicht überall verfügbar (Eisschrank/Kühlbox)) • Gefahr der Eisfixierung direkt auf der Haut
Eisspray	• Kann überall mitgenommen werden	• Wirkung u. U. nur oberflächlich • Verbrennungsgefahr der Haut • Umwelt belastend durch Müll
Eis-Gel-Pack	• Erreicht tiefer gelegenes Gewebe • Wiederverwendbar	• Nicht überall verfügbar • Evtl. Eisschrank/Kühlbox notwendig
Kältekissen	• Erreicht tiefer gelegenes Gewebe	• Kühldauer begrenzt (ca. 45 min)
Wasser	• Fast überall vorhanden • Erreicht bei längerer Anwendung auch tiefer gelegenes Gewebe • Umweltfreundlich	• Kühlung der verletzten Körperstelle u. U. sehr umständlich • Längere Kühlung schwierig

Tab. 7: Vor- und Nachteile unterschiedlicher Kühlmittel/Methoden der Kühlung.

Aufgaben

- Welches sind die häufigsten Verletzungsarten in Ihrer Sportart? Was können Sie vorbeugend dagegen unternehmen?
- Wie verhalten Sie sich bei einer stumpfen Sportverletzung (Prellung)? Begründen Sie Ihre Entscheidung.
- Welche Verletzungsursachen gibt es in Ihrer Sportart zu berücksichtigen? Zu welchen vorbeugenden Maßnahmen muss das bei Ihnen als Trainer/Übungsleiter führen?
- Welche Maßnahmen der Kühlung kennen Sie? Welche Vor- und/oder Nachteile haben diese Kühlungsmethoden?

14 Sport und Ernährung

Vor, während oder nach dem Sporttreiben isst oder trinkt der Sportler das, was ihm schmeckt bzw. was ihm »gute Freunde« oder Trainer geraten haben. Wenn man kein gesichertes Wissen darüber hat, was der Athlet zu sich nehmen soll, ist es fraglich, ob man auch das Richtige ausgewählt hat. Essen und Trinken sollen die Leistungsfähigkeit unterstützen und tun dies auch bei sportartgerechter Anwendung. Verhindert werden soll zumindest, dass falsche Ernährung die Leistungsfähigkeit behindert. Es gibt in der Sportwissenschaft sehr viele fundierte Untersuchungen, welche sich mit der Problematik der Sporternährung befasst haben. Dieses Wissen bzw. diese Erkenntnisse müssen von den Trainern und Spielern in ihrer Trainingsgestaltung bzw. der Wettkampfbetreuung berücksichtigt werden. Besonders zu beachten sind dabei die besonderen Gegebenheiten jeder einzelnen Sportart. Die Ernährungssituation eines jugendlichen Tischtennisspielers hat wenig mit der eines erwachsenen Judokas oder Leichtathleten zu tun. Für jeden Sportler sollte eine Lösung gefunden werden.

Es gibt Sportarten, in denen die Ernährung *leistungsbestimmend* ist, z. B. im Radsport, Marathonlauf, 10000-m-Lauf oder im Triathlon (Abb. 73). Im Tischtennis, Tennis, Handball, Fußball oder Volleyball kann man den Einfluss der Ernährung als *leistungsunterstützend* bezeichnen. Bei groben Fehlern in der Ernährung kann auch in diesen Sportarten die Leistung negativ beeinflusst werden.

Nachfolgend werden Empfehlungen gegeben, die sportmedizinisch und rational begründbar erscheinen. Zuvor werden einige physiologische Hintergründe aufgezeigt.

Abb. 73: Bedeutung der Ernährung zwischen zwei Polen.

14.1 Besondere Bedingungen des Sports

Wenn man von der Ernährung im Sport spricht, muss man feststellen, dass es unterschiedliche Situationen gibt, welche die Sportarten kennzeichnen (Abb. 74).

Die Ernährung spielt im Freizeit- und Breitensport eine andere Rolle wie im Leistungs- bzw. Hochleistungssport. Sie soll im Freizeit- und Breitensport vor allem die Gesundheit der Spieler unterstützen sowie zum Wohlbefinden beitragen. Im Leistungs- bzw. Hochleistungssport hat sie dieselben Aufgaben, kann jedoch die Leistung unter Umständen entscheidend mitbeeinflussen. Vor allem bei leistungsorientierten Spielern kann man feststellen, dass sie

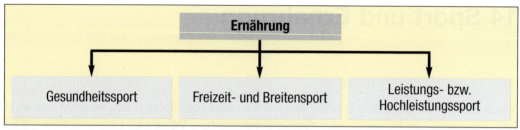

Abb. 74: Ernährung in verschiedenen Bereichen des Sports.

zwar wie die Weltmeister trainieren (wollen), sich aber wie Kreisligisten ernähren. Das passt nicht zusammen. Ein Problem besteht unter anderem darin, dass viele Trainer über das Thema Sporternährung nicht informiert sind. Wenn der Trainer sich nicht auskennt, bleibt vieles in diesem Bereich dem Zufall überlassen.
Weiterhin muss man zwischen der Ernährung von Erwachsenen und Kindern/Heranwachsenden unterscheiden (Abb. 75).

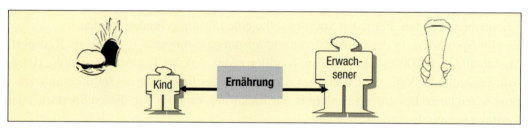

Abb. 75: Ernährung von Erwachsenen und Kindern.

Kinder und Jugendliche befinden sich noch im Wachstum und unterscheiden sich im Stoffwechselgeschehen deutlich von Erwachsenen. Die Nahrungsmittel werden vor allem zum Aufbau der Körperstrukturen benötigt. Wird intensiv Sport getrieben (z. B. mehr als 3-mal 2 Stunden pro Woche), bedarf es einer gezielten Ernährung, um Problemen in der Entwicklung und im Wachstum vorzubeugen.
In der Praxis des Sports zeigt sich, dass sich die Sporternährung nicht als einheitliches Gebiet mit allgemein gültigen Empfehlungen darstellt. In der Praxis muss man folgendes berücksichtigen:
- Training
- Liga- bzw. Rundenspiele
- Ranglisten bzw. Turniere
- Tageswettkämpfe (v. a. Leichtathletik, Radsport, Triathlon)
- Trainingslager
- Saisonale Bedingungen (Vorbereitungs-, Wettkampf- und Übergangsperiode)
- Individuelles Ess- und Trinkverhalten der Sportler

Training stellt je nach Durchführung und Dauer spezifische Anforderungen an die Ernährung. Wer 2-mal pro Woche ca. 1,5 Stunden trainiert, hat andere Bedingungen als ein Sportler, der 2-mal pro Tag ca. 120 Minuten je Trainingseinheit trainiert. Im Liga- bzw. Rundenspiel werden im Handball z. B. 2-mal 30 Minuten absolviert, im Fußball 2-mal 45 Minuten. Hingegen ist eine Dauer im Tennis, Tischtennis oder Volleyball nicht klar vorherzusagen. Bei Ranglisten oder Turnieren oder hochintensiven Spielen bei hoher Umgebungstemperatur werden nicht selten von 3–5 kg Gewichtsverlust berichtet. Im Trainingslager, welches mehrere Wochen dauern kann, wird in der Regel sehr intensiv trainiert, was wiederum besondere Bedingungen für die Ernährung mit sich bringt. *Bei heißer Witterung muss der Trainer die Sportler – vor allem Kinder und Jugendliche – zum Trinken auffordern.* Ansonsten kann im Training keine optimale Leistung gefordert werden. In der Vorbereitungsphase rechtfertigt der hohe Belastungsumfang, oft in Kombination mit hohen Umgebungstemperaturen, ebenfalls eine besondere Berücksichtigung der Ernährung. In diesem Beitrag kann zwar nicht auf alle hier dargestellten Faktoren eingegangen werden, nachfolgend werden jedoch einige wichtige Hinweise und Praxistipps gegeben.

14.2 Flüssigkeits- und Elektrolythaushalt

14.2.1 Thermoregulation

Durch Muskelarbeit, auch bei einer sportlichen Belastung wie Handball, Tischtennis, Tennis oder Fußball, entsteht Wärme als Nebenprodukt der Energiebereitstellung. Diese Wärme muss vom Organismus nach außen abgeführt werden, da es sonst zu einer Erhöhung der Körperkerntemperatur kommt, was eine Leistungsminderung mit sich bringen würde (vgl. *Moeller, Niess,* 1997). Folgende Möglichkeiten der Wärmeabgabe stehen dem Organismus zur Verfügung:

- *Abstrahlung:* Diese ist umso effektiver, je tiefer die Umgebungstemperatur unter der Hauttemperatur liegt. Bei ca. 28– 30 °C gibt es keine Abstrahlung mehr.
- *Leitung:* Die Effektivität wird durch die Wärmeleitfähigkeit und -kapazität des Außenmediums bestimmt. Beide sind bei sportlicher Betätigung im Wasser besonders hoch, bei Sport an der Luft dagegen niedrig.
- *Konvektion:* Wegwehen (Wind) oder Wegspülen (Wasser) von Wärme aus der Grenzschicht der Haut. Je höher die Geschwindigkeit, desto stärker die Kühlung.
- *Verdampfung von Wasser:* Die Verdampfung von 1 l Schweiß entzieht dem Körper 540 kcal Energie. Das reicht aus, um die Körpertemperatur eines 70 kg schweren Menschen um 7–8 °C zu senken, sofern keine Wärme nachproduziert wird (vgl. *Moeller, Nies,* 1997).

Das Verdunsten von Schweiß ist eine besonders effektive Art der Wärmeabgabe des Organismus. Besonders ab 30 °C Außentemperatur ist es die Form der Wärmeabgabe. Wirksam ist aber nur derjenige Schweiß, der verdampft, und nicht derjenige, der abtropft. In Tabelle 7 sind die Stoffe aufgeführt, welche im menschlichen Schweiß enthalten sind.

Anorganische Bestandteile [mg/l]		Organische Bestandteile [mg/l]	
Natrium	1200	Laktat	1500
Chlorid	1000	Harnstoff	700
Kalium	300	Ammoniak	80
Kalzium	160	Vitamin C	50
Magnesium	36	Brenztraubensäure	40
Sulfat	25	Kohlenhydrate	ohne Angabe
Phosphat	15		
Zink	1,2		
Eisen	1,2		
Mangan	0,06		
Kupfer	0,06		

Tab. 8: Organische und anorganische Bestandteile des menschlichen Schweißes (*Konopka*, 1985).

Die Wärmeabgabe durch das Schwitzen kann durch 2 Faktoren behindert werden:
- *Luftfeuchtigkeit:* Trockene Hitze wird als weniger belastend empfunden als Hitze in Verbindung mit hoher Luftfeuchtigkeit, da man sich dabei stärker überwärmt. Der Schweiß tropft ab ohne zu kühlen.
- *Dehydratation* (Flüssigkeitsverlust): Aufgrund der Kreislaufzentralisierung werden die Hautdurchblutung und in der Folge die Hauttemperatur gesenkt sowie die Schweißsekretion behindert (*Moeller, Niess,* 1997).

Kinder entwickeln etwa ab dem 10./11. Lebensjahr die Fähigkeit, über das Schwitzen ihren Körper so zu kühlen wie Erwachsene. Erwachsenenwerte erreichen sie mit ca. 15 Jahren. Kinder schwitzen sowohl absolut und als auch relativ weniger als Erwachsene. Häufig wird daraus die irreführende Schlussfolgerung gezogen, dass die Belastung die Kinder deshalb auch nicht so sehr anstrengt.

> Kinder müssen bei heißer Witterung dazu aufgefordert werden zu trinken – vor allem bei den Hallensportarten.
>
> ↓
>
> Eine gute Rehydratation (Wiederauffüllen der Wasserspeicher) während sportlicher Belastung ist die Voraussetzung für eine gute Temperaturregulation.

Flüssigkeits- und Elektrolythaushalt

14.2.2 Zusammenhang von Dehydratation und Leistungsfähigkeit

Bei einer Gewichtsabnahme von 3 % durch Schwitzen ist die maximale aerobe Kapazität wesentlich beeinträchtigt. Für einen 70 kg schweren Mann sind dies 2,1 l Wasserverlust. Bei einer hohen Umgebungstemperatur tritt dieselbe Leistungseinschränkung bereits bei 2 % Gewichtsverlust ein. Der Grund dafür liegt in der Einschränkung der Temperaturregulation, denn sie führt zu einer stärkeren Erhöhung der Körpertemperatur, die zusätzlich leistungsmindernd wirkt. Weiterhin verstärkt die Dehydratation den Sympathikotonus, wodurch kognitive, emotionale und koordinative Leistungen beeinträchtigt werden können. Bei Frauen liegen die kritischen Gewichtsverluste niedriger, sofern ihr Körperfettgehalt höher ist als jener der Männer (*Moeller, Niess*, 1997). Sie können demnach einen etwas erhöhten Flüssigkeitsbedarf haben.

> Während sportlicher Belastung sollte die Dehydratation minimiert werden, um die Leistungsfähigkeit zu erhalten.

14.2.3 Trinken während sportlicher Belastung

Erbrechen und Oberbauchkrämpfe werden durch hypertone Getränke (> 325 mosm/kg, z. B. colahaltige Getränke, »Powerdrinks«) sowie durch feste Nahrung innerhalb von 30 Minuten vor dem Spiel/Training begünstigt. Ebenso begünstigen sehr kalte Getränke (um 4 °C) gastrointestinale Beschwerden. Das Risiko von Magen-Darm-Beschwerden steigt mit dem Grad der Dehydratation. Hingegen sind große Trinkmengen isoliert kein Risikofaktor für die Beschwerden. Es kommt darauf an, was (welche Inhaltsstoffe) getrunken wird.

> Für den Ausgleich des Wasserverlustes durch hypotone oder isotone Getränke mit hohem Anteil an Maltodextrinen vor und während der Belastung sorgen. Auf sehr kalte Getränke verzichten.
> *Isoton:* gleich viel gelöste Partikel wie in einer Referenzflüssigkeit (in diesem Fall: Blut)
> *Hypoton:* weniger gelöste Partikel als in einer Referenzflüssigkeit (in diesem Fall: Blut)
> *Hyperton:* mehr gelöste Partikel als in einer Referenzflüssigkeit (in diesem Fall: Blut)

Eine entscheidende Frage ist, wie viel Flüssigkeit getrunken werden sollte. Ideal wäre ein vollständiger Ersatz der verloren gegangenen Flüssigkeit. In der Praxis ist dies jedoch oft nicht der Fall. Während der Belastung sollte alle 15 Minuten – sofern dies möglich ist – ca. 100–250 ml getrunken werden. Nach einem Spiel wäre eine Flüssigkeitsaufnahme von ca. 500 ml sinnvoll. Ab einer Einzelportion von ca. 600 ml lässt der Magen keine Flüssigkeit mehr in den Darm durch. Man bekommt einen »Wasserbauch«. Diesen Effekt gilt es besonders im Fußball oder Handball in der Halbzeitpause zu berücksichtigen.

> Der Durst ist ein schlechter Ratgeber für eine optimale Rehydratation.

Abb. 76: Flüssigkeitsaufnahme und Flüssigkeitsverlust im (Un-)Gleichgewicht.

Wenn man sich ausschließlich von ihm leiten lässt, gerät man bei längeren Belastungen (Turniere, Ranglisten, Tageswettkämpfe, Trainingslager) in eine ungewollte und unbemerkte Dehydratation. Die Praxis zeigt, dass viele Sportler auch dann noch relativ gute Leistungen erzielen können, wenn sie sich nicht optimal rehydratisieren. Allem Anschein nach toleriert der Organismus von Sportlern ein gewisses Defizit, ohne mit einem starken Leistungseinbruch einherzugehen. Eine vollständige Wiederauffüllung des Wasserhaushaltes ist offensichtlich nicht erforderlich.

> Der Sportler soll trinken, auch wenn er keinen Durst hat.

Damit kann man eine zu starke, die Leistung eventuell negativ beeinflussende Dehydratisierung verhindern. Während der sportlichen Belastung werden die Getränke langsamer vom Körper aufgenommen als in Ruhe. Man kann unmittelbar vor einem Spiel/Training Portionen zwischen 300 und 500 ml zu sich nehmen, um sich einen »Vorrat anzulegen«. Je höher der Grad der Dehydratisierung ist, desto geringer ist die Magenentleerung. Diese Tatsache spricht auch noch dafür, regelmäßig Flüssigkeit nachzutrinken.

Aus wissenschaftlichen Untersuchungen weiß man, dass die Glykogenreserven, von denen z. B. die meisten Sportler bei den Ballspielen besonders leben, abhängig von der Belastungsintensität nach 3–4 Stunden verbraucht sind. Weitere Glukose muss über das Blut in die Muskelzelle zur Energieproduktion herangebracht werden. Deshalb müssen bei längeren Belastungen wie Turnieren, Ranglisten oder Trainingslagern Kohlenhydrate zugeführt werden. Bei einer Untersuchung konnte gezeigt werden, dass diejenigen Fußballspieler, welche in der Pause ein kohlenhydrathaltiges Getränk bekamen, durchschnittlich weitere Strecken zurücklegten als Spieler, die nur Wasser tranken.

> Bei Belastungen bis zu einer Stunde Dauer sind Kohlenhydrate (Zuckerformen) im Getränk nicht erforderlich, bei Belastungen bis zu 2 Stunden können sie nützlich sein, bei längeren Belastungen sind sie nötig und sollten von Anfang an im Getränk enthalten sein (*Moeller, Niess*, 1997).

> Kinder oder Jugendliche sowie breitensportlich/freizeitsportlich orientierte Sportler benötigen im Training keine zuckerhaltigen Getränke zum Flüssigkeitsausgleich.

Hier genügt Mineralwasser. Auch der Einsatz von sog. »Sportgetränken« ist für diese Zielgruppe nicht ratsam. Leistungssportler, welche 1- bis 2-mal pro Tag trainieren, sollten darauf achten, dass ihr Getränk neben den notwendigen Elektrolyten auch Kohlenhydrate beinhaltet. Auf Ranglisten oder Turnieren bzw. auf Tageswettkämpfen genügt es nicht, nur Mineralwasser zu trinken. Auch bei mehrtägigen Lehrgängen ist dies nicht optimal. Die Getränke müssen neben dem Flüssigkeitsausgleich ebenfalls die Mineralstoffe ersetzen sowie Kohlenhydrate enthalten.

14.2.4 Ausgewählte Getränke im Kurzüberblick

Colaartige Getränke enthalten pro Liter ca. 100–110 g Zucker. Diese Getränke sind quasi mineralstofffrei, können also verloren gegangene Elektrolyte nicht ersetzen. Das in diesen Getränken enthaltene Koffein wirkt diuretisch, d. h., es schwemmt Mineralstoffe aus dem Körper hinaus. Untersuchungen haben zudem gezeigt, dass colaartige Getränke mit dem Urin übermäßig viel Magnesium und Kalzium aus dem Körper spülen. Beides sind wichtige Elektrolyte für den Muskelstoffwechsel. Studien aus den USA weisen darauf hin, dass colaartige Getränke durch ihren hohen Phosphatgehalt die Kalziumaufnahme im Darm behindern. Kalzium benötigt der heranwachsende Mensch für den Knochenaufbau. Kinder/Jugendliche, welche viel colahaltige Getränke konsumierten, zogen sich leichter und häufiger Knochenfrakturen zu. Das übermäßige Trinken von colaartigen Getränken reduzierte die Knochendichte (Stabilität), und es wurde ein dreifach (!) erhöhtes Risiko für Knochenfrakturen in der Versuchgruppe gefunden, welche in erster Linie zum Durstlöschen colaartige Getränke konsumierte. Aus physiologischer Sicht sind diese Getränke als Sportgetränk nicht geeignet. Bei koffeinempfindlichen Personen können diese Getränke Schlaflosigkeit (Regeneration!), Kopfschmerzen und Nervosität hervorrufen.

Mineralwasser ist nicht gleich Mineralwasser. Bei der Zusammensetzung gibt es zum Teil erhebliche Unterschiede. Wünschenswert ist folgende Zusammensetzung an Elektrolyten:

Radsport, Trinken (Foto: Gerolsteiner)

- Natriumgehalt: 400–1100 mg/l
- Chloridgehalt: 200–1500 mg/l
- Kaliumgehalt: bis 225 mg/l
- Kalziumgehalt: 50–225 mg/l
- Magnesiumgehalt: 50–100 mg/l
- Hydrogencarbonatgehalt: mehr als 600 mg/l

Magnesium ist wichtig für den Muskelstoffwechsel, ebenso Hydrogencarbonat, welches einer Übersäuerung der Muskulatur entgegenwirken kann. Viel Sportler nehmen Magnesiumtabletten zu sich. Dazu muss man wissen, dass die Resorptionsrate von Magnesium bei rund 30 % liegt. Bei einer Brausetablette, welche 150 mg enthält, können vom Körper nur etwa 50 mg aufgenommen werden. Es empfiehlt sich, diese Tabletten zu teilen, um die Bruttoaufnahme zu steigern. Damit Kalzium und Magnesium sich nicht gegenseitig in der Aufnahme behindern, sollte immer doppelt soviel Kalzium wie Magnesium in einem Mineralwasser vorhanden sein. Ein hoher Kohlensäuregehalt kann die maximale Sauerstoffaufnahme im Blut behindern und ist somit nicht ratsam. Die bessere Wahl für den Sportler ist kohlensäurearmes Mineralwasser, also eher stilles Wasser. Bei manchen französischen Wässern handelt es sich lediglich um überteuertes Leitungswasser. Ein zu hoher Konsum an diesen Wässern kann ebenfalls problematisch sein, da sie ähnlich wie colaartige Getränke übermäßig viel Natriumchlorid, Kalium, Kalzium und Magnesium mit dem Urin aus dem Körper ausspülen.

Für die meisten Sportler ist Mineralwasser im und nach dem Training sowie während des Wettkampfes das Getränk der Wahl (Abb. 77).

»Apfelschorle« ist ein unter Sportlern beliebtes Getränk, das gerne als Geheimtipp gehandelt wird. Ob sich ein Apfelsaftschorle jedoch als Sportgetränk eignet, hängt von dem Mischungsverhältnis sowie dem zum Mischen verwendeten Mineralwasser ab. Ideal ist ein Mischungsverhältnis von einem Teil Apfelsaft und 3 Teilen Mineralwasser, also eine »dünne« Mischung. Generell gilt: Je dünner die Mischung, desto schneller erfolgt die Aufnahme. In dieser Form ist das Getränk annähernd isotonisch und kann relativ schnell vom Organismus aufgenommen werden. Aber nicht jeder Sportler verträgt Apfelsaftschorle gleich gut. Der Apfelsaft führt zur Wassersekretion in den Darm, was eventuell zu Darmproblemen führen kann. Für das Wiederauffüllen der Elektrolytspeicher sowie der Glykogenvorräte ist Apfelsaftschorle wegen seines hohen Kaliumgehalts ein *sehr empfehlenswertes Getränk*.

Unverdünnte Fruchtsäfte eignen sich grundsätzlich nicht zum Flüssigkeitsersatz im Training/Wettkampf.

Bier ist als Durststiller *nach dem Sporttreiben* (vor allem bei Übungsleitern/Trainern) üblich. Aus physiologischer Sicht gibt es jedoch kaum etwas Unsinnigeres. Bier ist zwar reich an Kohlenhydraten, dafür aber eher mineralstoffarm. Der Alkohol wirkt zudem diuretisch, schwemmt also Mineralstoffe mit dem Urin aus dem Körper aus. Man verschlechtert demnach seinen Mineralstoffhaushalt durch Biertrinken nach dem Sporttreiben weiter, nachdem dieser bereits durch die im Training/Wettkampf erlittenen Schweißverluste mehr oder weniger stark beeinträchtigt wurde. Dadurch wird die Regeneration behindert und verlangsamt. Es empfiehlt sich daher, mindestens eine Woche vor entscheidenden größeren Belastungen (Turniere/Ranglisten/Tageswettkämpfe) auf Alkohol völlig zu verzichten. In der Regeneration sollte nach einem harten Wettkampf etwa 2–3 Tage kein Alkohol getrunken werden. Versuche haben gezeigt, dass die körperliche Leistungsfähigkeit am Tag nach einem Alkoholspiegel von 0,8–1 $^0/_{00}$ um etwa 10 % reduziert ist. Höhere Alkoholpegel wirken sich noch drastischer aus. Auch alkoholfreies Bier ist nicht ratsam, da es ungenügend Elektrolyte enthält.

»Powerdrinks«, die seit kurzer Zeit auf dem Markt sind, sind als Sportgetränke ebenfalls ungeeignet. Sie sind stark hypertonisch (ca. 800 mosm/l) und enthalten im Durchschnitt etwa 100–120 g Zucker pro Liter. Das in den Getränken reichlich enthaltene Koffein spült Mineralstoffe mit dem Urin aus dem Körper und wirkt entsprechend auf den Sympathikus, wodurch Koordination und Konzentration beeinträchtigt werden können. Dies gilt vor allem für koffeinempfindliche Personen.

Malzbier enthält eine günstige Mischung aus verschiedenen Kohlenhydraten (Glukose, Maltose, Fruktose, Saccharose), ist aber nahezu mineralstofffrei. Deshalb empfiehlt es sich nach dem Sporttreiben eher als Regenerationsgetränk.

Sportgetränke sollten/können in erster Linie von jugendlichen oder erwachsenen Leistungs- bzw. Hochleistungssportlern getrunken werden. Sie können im Training und Wettkampf für eine optimal schnelle Rehydratation sorgen. Entscheidend sind die Osmolarität sowie die Zusammensetzung des Getränks. Dazu muss der Kohlenhydratgehalt zwischen 6 und 8 % liegen (= 60–80 g). Der Natriumgehalt sollte zwischen 500 und 1100 mg/l, der Kalziumgehalt unter 225 mg/l, der Magnesiumgehalt um 100 mg/l, der Kaliumgehalt unter 225 mg/l, der Chloridgehalt unter 1500 mg/l liegen (*Brouns*, 1995). Das Sportgetränk darf keine Kohlensäure beinhalten, da dadurch die Sauerstoffaufnahme beeinträchtigt werden kann. Nicht alle Sportgetränke sind isoton, zudem muss das Preis-Leistungs-Verhältnis abgewogen werden. Abbildung 77 zeigt den Leistungsunterschied zwischen einem kohlenhydrathaltigen Sportgetränk (PERFORM® – isotonischer Drink) und Leitungswasser. Das Trinken größerer Mengen sollte wegen der Magenverträglichkeit zuvor im Training ausprobiert werden.

Richtlinien für die Ernährung während einer Belastung:
- Dauert die Belastung länger als 45 Minuten, sollte eine Kohlenhydratlösung getrunken werden. Dadurch kann die Leistung durch Verzögerung/Verminderung verbessert werden.
- Kohlenhydratreiche Flüssigkeiten vor der Belastung sind besser als Wasser.

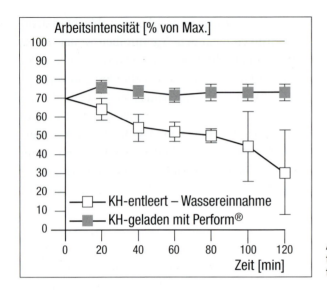

Abb. 77: Veränderung der Arbeitsintensität bei unterschiedlicher Substitution (Brouns, Insider 12,1997).

- Keine Getränke mit mehr als 500 mosmol/l Osmolarität (z. B. colaartige Getränke, Malzbier, unverdünnte Fruchtsäfte) trinken, da diese Magen-Darm-Beschwerden hervorrufen können.
- Nach reichlichem Trinken kann sich der Magen manchmal »leer und hungrig« anfühlen. Deshalb empfiehlt es sich, leicht verdauliche, feste Nahrung aufzunehmen.
- Heranwachsende haben einen erhöhten Flüssigkeitsbedarf. Kinder/Jugendliche müssen – nicht nur im Sport – viel trinken.

Kein Sportgetränk kann das Leistungspotenzial eines Sportlers über das Niveau seines Trainingszustandes anheben.

14.3 Feste Nahrung

Neben der Regulierung des Flüssigkeitshaushalts spielt die Wiederauffüllung der Energiespeicher für die Leistungsfähigkeit eine wichtige Rolle. Entsprechende Ernährungsmaßnahmen gelten nicht nur für Spitzensportler, sondern auch für weniger trainierte Sportler. Diese verbrauchen mehr Kohlenhydrate als Energiestoff für die Muskelarbeit, schwitzen bei gleicher Belastungsintensität mehr und erholen sich langsamer von ihrer Belastung. Jeder Sportler, der seine persönliche Bestleistung erzielen möchte, beansprucht seinen Stoffwechsel maximal, egal ob Freizeitsportler oder Spitzensportler (*Brouns*, 1993).

14.3.1 Kohlenhydrate

Die Kohlenhydrate (Zuckerformen) gelten generell als der wichtigste Energiestoff für den Hochleistungssportler (Abb. 78). Dies gilt vor allem für die Spielsportler, deren Belastungen primär über die Verstoffwechselung von Kohlenhydraten abläuft. Kohlenhydrate kön-

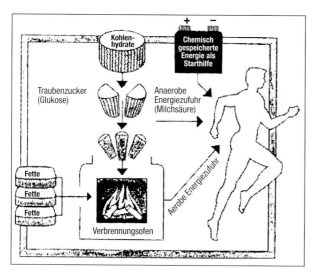

Abb. 78 Nährstoffe in der Energiebereitstellung (*Rost*, 1994).

nen jedoch im Körper nur in relativ geringem Maße gespeichert werden. In der Leber werden etwa 100 g Glykogen, in der Muskulatur rund 300 g gespeichert. Bei gezielter kohlenhydratreicher Ernährung (»carboloading«) lässt sich der Wert nahezu verdoppeln.

Kohlenhydrate können sowohl aerob als auch anaerob Energie liefern. Bei mäßiger Belastung (im Freizeit- und Breitensport) wird in den ersten 20 Minuten die Energie von Kohlenhydraten geliefert. Gleichzeitig nimmt die Mobilisierung der Fettreserven zu, so dass nach dieser Zeit das Verhältnis von Kohlenhydraten zu Fetten 50 zu 50 % betragen kann. Danach werden immer mehr Fette zur Energieproduktion herangezogen. Bei leistungssportlicher Belastung beginnt der Organismus – bedingt durch die höhere Belastungsintensität – immer mehr Kohlenhydrate zu verwerten. In dieser Situation kann das Verhältnis der Energiezufuhr von Kohlenhydraten zu Fetten 90 zu 10 % betragen. Bei sehr intensivem Sporttreiben bis zu einer Stunde Dauer werden also die Kohlenhydrate zum wichtigsten Energiespender (*Brouns*, 1993).

Studien haben gezeigt, dass Sportler, die ihr Training mit einer kohlenhydratarmen Ernährung kombinieren, nur etwa 50 % ihrer maximalen Arbeitskapazität erbringen können. In der Praxis bedeutet dies, dass man sich z. B. freitags – wenn samstags oder sonntags ein Wettkampf ist – nie bis zur Erschöpfung im Training verausgaben darf, da man am Tag darauf seine Kohlenhydratspeicher noch nicht wiederaufgefüllt hat. Hartes, erschöpfendes Training sollte daher in einem zeitlichen Abstand von 4–5 Tagen vor einer solchen Belastung stattfinden. Die Belastungsintensität muss nach neueren Erkenntnissen hoch bleiben, der Umfang des Trainings sollte jedoch reduziert werden (*»Tapering-Methode«*). Dies ist vor allem bei bevorstehenden Ranglisten, Turnieren oder länger andauernden Tageswettkämpfen zu berücksichtigen.

Die Geschwindigkeit, mit der die im Organismus gespeicherten Kohlenhydrate entleert werden, lässt sich reduzieren, indem man ständig Kohlenhydrate in flüssiger oder fester Form zu sich nimmt. Vor allem die für die Regulierung des Blutzuckerspiegels in der Leber gespeicherten Kohlenhydrate können damit geschont werden. Dadurch werden die leistungsmindernde Ermüdung hinausgeschoben und die Leistung verbessert. Die eingenommenen Kohlenhydrate müssen leicht verdaulich sein und schnell vom Organismus aufgenommen werden. Am wirksamsten sind lösliche Kohlenhydrate, die in flüssiger Form vorliegen. Im Gegensatz zur alltäglichen Normalkost, mit langsam verdaulichen und faserreichen Kohlenhydraten, sollten die kurz vor und während des Wettkampfes einzunehmenden Kohlenhy-

Nahrungsmittel mit hohem glykämischem Index

- Weizenbrötchen
- Weizenkekse
- Haferkekse
- Rosinen
- Roggenbrot
- Biskuitkuchen
- Bananen
- Cornflakes
- Energieriegel (Fettgehalt < 20 %)
- Honig
- Müsli

Nahrungsmittel mit mittlerem glykämischem Index

- Spaghetti
- Makkaroni
- Weintrauben
- Nudeln
- Orangen
- Haferflocken

Nahrungsmittel mit niedrigem glykämischem Index

- Äpfel
- Grüne Bohnen
- Naturjoghurt (mager)
- Kirschen
- Rote Linsen
- Tomatensalat
- Pflaumen
- Vollmilch
- Pfirsiche
- Magermilch

Tab. 9: Nahrungsmittel mit hohem, mittlerem und niedrigem glykämischem Index (*Jeukendrup, Brouns*, 1997).

drate wenig faserreich sein und einen hohen bzw. mittleren glykämischen Index aufweisen. In Tabelle 8 sind Nahrungsmittel mit *hohem, mittlerem und niedrigem glykämischem Index* aufgeführt. (*Glykämischer Index:* Die Geschwindigkeit der Absorption bestimmter Kohlenhydrate wird durch ihren glykämischen Index reflektiert. Produkte mit mittlerem bis hohem glykämischem Index treten relativ schnell ins Blut, woraus eine entsprechend rasche Glykogenspeicherung resultiert [vgl. *Jeukendrup, Brouns,* 1997]).

Bei häufigen Wettkämpfen sowie bei hohem Trainingsumfang ist die schnelle Regeneration ein extrem wichtiger Aspekt. Ernährungsmaßnahmen können die Erholung nachgewiesenermaßen signifikant beeinflussen. Vor allem innerhalb der ersten Stunde nach der Belastung erfolgt eine etwas schnellere Glykogenwiederauffüllung. Es kann je nach Grad der Glykogenentleerung bzw. Art der zugeführten Mahlzeiten 10–36 Stunden dauern, bis die Resynthese vollkommen abgeschlossen ist. Daraus geht eindeutig hervor, dass bei zweimaligem Training pro Tag der Ausgangsglykogengehalt der beanspruchten Muskeln beeinträchtigt wird (*Jeukendrup, Brouns,* 1997). Häufig ist der Appetit unmittelbar nach der Belastung unterdrückt, und Trinken wird dem Essen vorgezogen. Ungefähr 2 Drittel der zugeführten Menge sollten aus Lebensmitteln mit hohem bis mittlerem glykämischen Index bestehen. Getränke sollten sowohl den Elektrolythaushalt als auch den Kohlenhydratspeicher wiederauffüllen. Außerdem können Nahrungsmittel mit niedrigem glykämischem Index aufgenommen werden.

14.3.2 Fette

Neben den Kohlenhydraten sind die Fette die wichtigste Energiequelle für sportlich aktive Personen. Die Bedeutung der Fette für die Energiegewinnung hängt von der Belastungsintensität sowie von der Verfügbarkeit der Kohlenhydrate ab. Die Fettreserven im menschlichen Organismus sind viel größer als die Kohlenhydratreserven. Bei untrainierten Frauen liegen sie bei etwa 20–35 %, bei Männern zwischen 10 und 20 %. Je nach Ernährungsbedingung kann der Speicher sehr klein werden (z. B. bei negativer Energiebilanz über einen längeren Zeitraum), im Falle einer positiven Energiebilanz (z. B. Überernährung) stark anwachsen.

Fettmobilisierung, -transport und -verwertung sind relativ langsame Prozesse. In der Startphase einer körperlichen Belastung wird ein Großteil der Energie aus dem Kohlenhydratstoffwechsel gewonnen. Erst nach ungefähr 20 Minuten ist der Fettstoffwechsel vollständig aktiviert, während die Kohlenhydratverwertung vermindert wird. Die Kohlenhydratverwertung ist schneller und benötigt rund 10–15 % weniger Sauerstoff zur Energieproduktion. Regelmäßiges Ausdauertraining erhöht die Fähigkeit der Skelettmuskulatur, Fette als Energiequelle zu nutzen und damit die für sehr hohe Belastungsintensitäten wichtigen Kohlenhydrate zu schonen. Dies kann den Zeitpunkt der Leistungsminderung hinausschieben. Untersuchungen haben gezeigt, dass der Fettkonsum in Industrieländern bei etwa 35–45 % liegt. Für Sportler wird empfohlen, nur ca. 20–30 % der Gesamtnahrungsmenge in Form von Fetten aufzunehmen. Kohlenhydrate sollten bei rund 50–70 % liegen (*Brouns*, 1993).

> Sich sportgerecht ernähren bedeutet: Möglichst fettarm, aber kohlenhydratreich essen.

14.3.3 Proteine

Proteine sind eine wichtige Grundlage für das Wachstum und die Entwicklung von Organen und Gewebe. Die Hauptfunktion der Proteine liegt eher im Anabolismus (Aufbaustoffwechsel) als im Katabolismus (Abbaustoffwechsel). Insgesamt liegt die Proteinaufnahme in den westlichen Ländern bei etwa 10–15 Energieprozentd, d.h., dass 10–15 % der aufgenommenen Nahrung aus Proteinen bestehen. Der tägliche Bedarf beträgt ca. 1–1,5 g Protein pro kg Körpergewicht. Diese Werte werden bei einer ausgewogenen Ernährung erreicht. Sie sind an der Energieproduktion nur minimal beteiligt. Selbst »Kraftsportler« benötigen keine größeren Mengen an Proteinen. Die Aufnahme von zu viel tierischem Eiweiß macht zudem die Muskulatur härter und somit verletzungsanfälliger. Eine ausgewogene Ernährung sollte demnach beinhalten:

Kohlenhydrate: 60–70 %
Fett: 20–30 %
Protein: 10 %

> *Tipps für ein Ernährungstraining:*
> - Sportler sollten besonders vor größeren sportlichen Ereignissen ein Verhaltensmuster »ernährungsbezogener Periodisierung« annehmen.
> - Die kohlenhydratbetonte Ernährung hat den Zweck, den Anteil der Fette an der Energiebereitstellung zu steigern und somit die körpereigenen Kohlenhydratspeicher zu schonen.
> - Neue Ernährungsformen sollten in der wettkampffreien Zeit (Übergangsperiode) getestet werden.
> - Das regelmäßige Trinken von insgesamt größeren Mengen muss geübt werden. Dabei sollten keine Magen-Darm-Beschwerden auftreten.

14.3.4 Vitamine

Vitamine sind als lebenswichtige Coenzyme an zahlreichen Enzymreaktionen im Energie- und Proteinstoffwechsel beteiligt. Man unterscheidet wasserlösliche und fettlösliche Vitamine. Vitamine sind keine Energieträger. Es ist bekannt, dass die Gabe von Vitaminen die Leistungsfähigkeit im Falle von Defiziten wiederherstellen kann. Eine Leistungssteigerung durch Vitaminzufuhr ohne bestehendes Defizit konnte jedoch bislang nicht nachgewiesen werden.

In den letzten Jahren wurde viel im Bereich der sog. *Antioxidanzien* geforscht. Während des Sporttreibens entstehen in den Mitochondrien aggressive Abkömmlinge des Sauerstoffs, die den menschlichen Organismus schädigen können. Gegen diese Radikale helfen Antioxidanzien. Der Organismus wehrt sich gegen ein Zuviel dieser Radikalen mit dem *enzymatischen* und *nichtenzymatischen System*. Das nichtenzymatische System beinhaltet: *Vitamin C, Vitamin E, Betakarotin (Provitamin A)* und das Spurenelement *Selen*.

Man kann das nichtenzymatische System durch gezielte Ernährung beeinflussen. Häufig kann man zeitlich unmittelbar vor und nach einem großen sportlichen Ereignis beobachten, dass die Sportler verstärkt zu Erkältungskrankheiten neigen. Der psychische Stress sowie die hochintensive körperliche Belastung im Sport können das Immunsystem negativ beeinflussen. Der Sportler wird anfälliger gegen Infektionskrankheiten. Darunter leidet die körperliche Leistungsfähigkeit. In mehreren Studien konnte gezeigt werden, dass eine erhöhte Zufuhr von Antioxidanzien – vor allem Vitamin C – das Immunsystem stabilisieren und unterstützen kann. Die Sportler haben weniger Erkältungskrankheiten und gleichzeitig dauern diese weniger lange. Auch die mit einer Erkältungskrankheit einhergehenden Symptome sind weniger gravierend. Zudem liegen Anhaltspunkte aus Studien mit Vitamin E vor, nach denen die Verletzungsanfälligkeit der Muskulatur durch zusätzliche Substitution verringert werden kann.

Diesen antioxidativen Schutz erhält man durch eine obst- und gemüsereiche Ernährung. Hierzu sollte man zwischen 2 und 5 Portionen Obst und Gemüse täglich zu sich nehmen. Dies ist für Breiten- und Freizeitsportler sowie Gesundheitssportler mit zwei- bis dreimaligem Sporttreiben pro Woche zu empfehlen. Die tägliche Einnahme von antioxidativen Vitaminpräparaten oder Nährstoffpräparaten, welche die empfohlene tägliche Tageszufuhrmenge nicht überschreiten, kann nur bei täglichem Training empfohlen werden, bleibt also Leistungs- bzw. Hochleistungssportlern vorbehalten.

14.4 Gewichtsreduktion und Sport

Im Sport kann ein niedriges Körpergewicht oder eine Gewichtsabnahme aus verschiedenen Gründen wichtig sein:
- Bei Sportarten mit Gewichtsklassen (Judo, Ringen, Karate, Rudern, Boxen).
- Bei Ausdauersportlern bedeutet ein niedriges Körpergewicht indirekt eine Verbesserung der maximalen Ausdauerleistungsfähigkeit. Je geringer das Körpergewicht wird, desto höher wird die relative maximale Sauerstoffaufnahme pro Kilogramm Körpergewicht, sodass allein durch den Abbau von Fettgewebe die Ausdauerleistung ansteigt – und zwar ohne zusätzliches Training.

- In einigen Sportarten, in denen ein niedriges Körpergewicht für den Bewegungsablauf günstiger ist.
- Bei Sportlern, die zur Gewichtsreduktion Sport treiben (Breiten- und Gesundheitssport).

Viele Untersuchungen weisen darauf hin, dass die optimale Methode zur Gewichtsreduktion in der Kombination von sportlicher Betätigung und diätetischen Maßnahmen besteht. Wichtig hierbei ist, die Energiezufuhr herabzusetzen – sprich: weniger zu essen. Dadurch wird der Körper gezwungen, auf seine Fettreserven zurückzugreifen. Man muss weiterhin durch die sportliche Betätigung mehr Energie verbrennen, als man durch die Nahrung aufnimmt. Die sportliche Betätigung aktiviert zudem die Enzyme im menschlichen Körper, welche für die Verstoffwechselung von Fetten (Lipolyse) verantwortlich sind. Man kann den Fettabbau im Organismus zudem fördern, wenn man die Nährstoffrelation etwas ändert. Dies bedeutet: viel Kohlenhydrate, wenig Eiweiß und sehr wenig Fett.

Der Körper verliert sehr viel Energie beim Schwimmen, aber auch Joggen und Radfahren sowie Inline-Skating sind hervorragend für die Fettverbrennung geeignet. Für Einsteiger empfiehlt sich allgemeine Bewegung bzw. sportliches Walking bzw. Nordic-Walking (Walking mit Stöcken). Das Gewicht wird mit Hilfe des Body-Mass-Index (BMI) bestimmt. Er erlaubt größenunabhängige Aussagen und wird nach folgender Formel berechnet:

$$BMI = \frac{\text{Körpergewicht in kg}}{\text{Körpergröße in m}^2}$$

Werte zwischen 18 und 25: Normalgewicht
Werte unter 18: Untergewicht; eine Gewichtszunahme wird empfohlen
Werte zwischen 26 und 30: Leichtes Übergewicht; das Gewicht sollte reduziert werden, wenn z. B. eine Erkrankung vorliegt (Diabetes, Bluthochdruck, Fettstoffwechselstörung)
Werte über 30: Eine Gewichtsabnahme ist dringend anzuraten.

14.5 Zusammenfassung

Aktive Sportler sowie Trainer/Übungsleiter müssen sich mit dem Bereich der gesunden und sportgerechten Ernährung auseinandersetzen. Die Ausführungen haben deutlich gemacht, wie wichtig dieser Bereich sein kann. Je mehr Informationen man hat, desto bewusster kann man bestimmte Maßnahmen als Sportler selbst in die Praxis umsetzen oder als Trainer beratend vorgehen und »erziehend« einwirken. Die Ernährung soll zum Wohlbefinden des Sportlers beitragen und darüber hinaus dazu dienen, die Leistungsfähigkeit und Leistungsbereitschaft gezielt zu unterstützen.

14.6 Zusammenspiel zwischen Ernährung, Herz-Kreislauf-System und Energiebereitstellung

Wer im Sport Leistung erbringen möchte, benötigt dazu Energie. Der Sportler benötigt Energie unter anderem für die Steuerungsfunktionen des Gehirns und insbesondere zum Bewegen der Muskeln. Vom Prinzip her ist der Mensch mit einem Auto vergleichbar. Das Auto gewinnt seine Energie aus der Verbrennung von Treibstoff, dem Benzin. Der Mensch gewinnt seine Energie aus den Nährstoffen, nämlich den Kohlenhydraten und den Fetten. Beim Auto geschieht die unmittelbare Energiegewinnung durch Verbrennung des Benzingemisches im »Motor«.

Die mit dem Automotor vergleichbare Verbrennungsmaschine des Menschen befindet sich in seinen Muskelzellen. Der Körper passt sich an eine höhere, intensivere körperliche Belastung an, indem er mehr Energie produziert. In jeder Muskelzelle sind in geringer Menge die *energiereichen Phosphate* ATP und KP gespeichert. Mit dieser Direktenergie kann man sich etwa 5–6 Sekunden lang hochintensiv bewegen, dann ist dieser »Tank« leer. Dies ist die anaerob-alaktazide Energiebereitstellung.

Bewegt sich der Sportler mit der gleichen hohen Intensität weiter, schaltet der Organismus auf die anaerob-laktazide Energiebereitstellung um, bei der Milchsäure als Abfallprodukt entsteht. Bei dieser Art der Energiebereitstellung wird der Muskel »heiß«. Der Sportler spürt ein »Brennen« und muss die Belastung entweder nach spätestens 40–50 Sekunden abbrechen oder deutlich reduzieren, wenn er sich länger weiterbelasten will. Hierzu *verbrennt* die Muskelzelle Kohlenhydrate.

Die dritte Art der Energiebereitstellung, die aerobe Energiebereitstellung, verwendet als einzige Sauerstoff zur Energiegewinnung. Energie kann gleichzeitig aus Kohlenhydraten und/oder Fetten gewonnen werden. Dieser »Tank« ist im Vergleich zu den beiden anderen riesengroß, so dass man damit alle Ausdauerbelastungen bewältigen kann. Die aerobe Energiebereitstellung läuft aber auch bei den Sportspielen (z. B. Handball, Volleyball, Tischtennis, Fußball) wie ein Dieselmotor im Hintergrund und liefert ständig Energie für die Muskeln. Kurze und hochintensive Belastungen aus diesen Sportarten wie Würfe, Schläge, Schüsse oder Sprünge bestreitet der Körper nur über die beiden anaeroben Speicher, während im Hintergrund aerobe Vorgänge laufen. Für die aerobe Energiebereitstellung muss gleichzeitig die Muskelzelle – wenn dies länger als 2 Minuten dauert – mehr Sauerstoff erhalten. Dieser wird von der Lunge über das Blut in die Muskeln transportiert. Das Herz pumpt den Blutstrom zu den Millionen von Verbrennungszellen. Bei höheren Anforderungen schlägt es schneller, um den großen Sauerstoffbedarf der Mitochondrien zu decken. Nachdem der Sauerstoff in diesen *»Kraftwerken«* der Muskelzelle zur Verbrennung der Nährstoffe benutzt wurde, wird er zur Lunge zurücktransportiert und ausgeatmet.

Ein Auto kann im Normalfall nur mit Benzin oder Diesel fahren. In diesem Punkt ist der Mensch dem Auto überlegen. Er kann Fette und Kohlenhydrate umwandeln. Jede der drei Energiebereitstellungsformen ist für sich trainierbar. In welcher Relation sie jeweils für die einzelnen Sportarten relevant sind, hängt von der sportartspezifischen Belastung (Dauer, Intensität) ab und ist über sportmedizinische Untersuchungen objektivierbar.

 Aufgaben

- Überprüfen Sie, wie sich Ihre Sportler/Athleten im Wettkampf ernähren. Was essen bzw. trinken sie? Wo kann optimiert werden?

- Fordern Sie Kinder, Jugendliche und Erwachsene während der warmen Jahreszeit auf, Getränke ins Training mitzubringen. Klären Sie Ihre Sportler vorher auf, welche Getränke geeignet sind.

Triathlet (Foto: Polar®)

15 Gesundheitssport

15.1 Zugänge

Berthold Brecht stellte fest, dass der große Sport dort anfängt, wo er längst aufgehört hat, gesund zu sein. »Ich bin für den Sport, weil und solange er riskant (ungesund), unkultiviert (also nicht gesellschaftsfähig) und Selbstzweck ist.« (*Brecht*, 1967). Die Überlegungen Brechts scheinen auf den ersten Blick den Zusammenhang von Sport und Gesundheit zu konterkarieren. Existiert doch in der Gesellschaft ein Konsens darüber, dass die Verbindung von Sport und Gesundheit keiner weiteren Überprüfung bedarf. Die Gesundheit war schon immer eine der Haupttriebfedern für Sport treibende Menschen und wichtig im Selbstverständnis des Sports. Doch so einfach darf man es sich nicht machen. Immerhin stehen ca. 30 Milliarden pro Jahr als Folgekosten von Bewegungsmangel (*Jung, Ulmer,* 1983) recht gut abgesicherte 1,5 Milliarden Folgekosten durch Sportunfälle gegenüber. Die amerikanische Joggergemeinde war nach dem Tod ihres Läuferpapstes *James Fixx*, der auf tragische Weise ausgerechnet bei der Ausübung seiner Sportleidenschaft starb, extrem verunsichert (*Rost*, 1994).

Wer sich Gleitschirmfliegen, Boxen oder Skifahren auswählt, tut dies nicht um seiner Gesundheit willen, sondern mehr aus Freude an Bewegung, Natur, Entspannung oder Wettkampf. Der primäre Sinn des Sports ist nicht in seiner gesundheitlichen Wirkung zu sehen. Dies gilt vor allem für den Wettkampfsport, bei dem von vielen Sportlern für Bestleistungen, Meisterschaften oder Rekorde auch gesundheitliche Schädigungen bewusst in Kauf genommen werden. Oder wie *Wildor Hollmann* einmal meinte: »Der Leistungssport ist eine Knochenmühle.« In diesem Zusammenhang können auch Einseitigkeit, Überforderung, zu frühe Spezialisierung oder falscher Ehrgeiz erwähnt werden. Aber auch diese Bemerkungen muss man relativieren. Denn sogar der Wettkampfsport kann im Hinblick auf spezifische Gesundheitsaspekte für bestimmte Personen »gesund« sein. Kinder und Jugendliche können im Wettkampfsport die soziale Einbindung im Verein erleben, Erwachsene im Tischtennisspiel die »Spannung« als eine wichtige Quelle ihres Wohlbefindens empfinden oder sich dabei einfach nur »entspannen« (*Bös, Brehm,* 1998). Nicht jede Art von Sport hat eine gesundheitliche Wirkung, und wenn, dann kann sie von Individuum zu Individuum unterschiedlich sein. Die Frage also, ob Sport gesund ist, lässt sich pauschal und global nicht so einfach beantworten.

Etwas anders sieht es bei den körperlichen Aktivitäten aus, welche sich eher der traditionellen Gymnastik zuordnen lassen. »Als moderne Ausprägungsformen gymnastischer Übungen erfahren Fitness- und Wellness-Aktivitäten unter den vielfältigsten Bezeichnungen derzeit einen wahren Boom: vom »Jogging« und »Walking« über die »Step-Aerobic« und das »Body-Shaping« bis hin zum »Slow-Stretch« und »Vital-Training«. Aber nicht nur die Angebote, auch die Literatur zum Thema Sport und Gesundheit hat sich explosionsartig vermehrt.

Dem gleichen Trend folgen Angebote, die auf bestimmte Zielgruppen zugeschnitten sind und Hilfe bei der Bewältigung von Beschwerden und Risikofaktoren oder bei der Therapie von Erkrankungen versprechen. Als klassisches Beispiel sei hier die »Rückenschule« genannt. Nach den Sterblichkeitsstatistiken liegen die durchblutungsbedingten Herzerkrankungen mit 50 % deutlich an der Spitze in Deutschland. Die Möglichkeit, dass gesundheitliche Prävention durch konkretes Beseitigen einfacher Risikofaktoren möglich ist, zeigt sich am Beispiel der USA. Dort ist seit Beginn der 60er Jahre trotz eines hohen beruflichen und gesellschaftlichen Stresses die Todesrate an Herzinfarkt um 25–30 % gesunken. Die »Hexenjagd« auf Raucher sowie die Jogging-Bewegung werden dafür hauptsächlich verantwortlich gemacht. Die Untersuchungen von *Paffenbarger* an ehemaligen Harvard-Absolventen in den USA sowie von *Morris* an englischen Zivilangestellten zeigten, dass die statistische Wahrscheinlichkeit eines Herzinfarktes durch körperliche Aktivität um bis zu 2 Drittel gesenkt und damit die Lebenserwartung erhöht werden kann. Die oben genannten Zahlen zeigen, dass durch eine vernünftige Lebensführung, welche körperliche Aktivität einschließt, wichtige präventive Effekte erreicht werden können (*Rost*, 1992).

Aber auch für die Sportmediziner ist Gesundheit mehr als die Abwesenheit von Krankheit. Gesundheit ist nicht etwas, was man einfach hat oder nicht hat, man muss aktiv etwas dafür tun. Wie man Menschen dazu bringen kann, ein solches Gesundheitsverhalten aufzunehmen, ist Forschungsgegenstand der Gesundheitspsychologie. Mehrere Untersuchungen konnten keine generellen Zusammenhänge zwischen sportlicher Aktivität und psychophysischer Gesundheit nachweisen (*Schlicht*, 1994). »Nachweisbar sind aber spezifische Zusammenhänge zwischen einzelnen Gesundheitsvariablen und speziellen personalen sowie situativen Bedingungen, unter denen Sport betrieben wird.« (*Bös, Brehm*, 1998).

Positive Zusammenhänge sind eher dann wahrscheinlich, wenn z. B. durch entsprechende Belastungsgestaltung auf spezifische Qualitäten der Gesundheit gezielt wird. Also Lauftraining, um durch die dadurch hervorgerufenen Anpassungserscheinungen das Herz-Kreislauf-System positiv zu beeinflussen. Es kommt also neben der sportlichen Aktivität, dem *»Was«* (welche Sportart?), vor allem auf das *»Wie«* (Belastungsstruktur) der Maßnahmen und Aktivitäten an. Kurz gesagt: Welchen Sport betreibe ich auf welche Art und Weise? Nachfolgend werden sowohl die theoretische Grundlagen des Gesundheitssports als auch die für den Praktiker im Sportverein bedeutsamen inhaltlichen und methodischen Aspekte berücksichtigt.

Zugänge 155

 Aufgabe

Beantworten Sie folgende Fragen, bevor Sie weiterlesen:
- Welche konkrete Vorstellung haben Sie von Gesundheit haben und wie sieht diese aus?
- Wie sind Sie zu dieser Vorstellung gekommen?
- Welche Art von Sporttreiben verbinden Sie damit?

Der nachfolgend dargestellte Ansatz orientiert sich an den Überlegungen von *Bös* und *Brehm* (1998). Sie gehen davon aus, dass eine Koppelung besteht zwischen möglichen bedeutsamen Gesundheitswirkungen in Zusammenhang mit sportlicher Betätigung und bedeutsamen Verhaltensweisen bzw. Verhaltensbeeinflussungen.

15.2 Gesundheitskonzepte

Die Ausführungen legen es nahe, dass eine Definition von Gesundheitssport zunächst wenig zur Lösung der aufgeführten Probleme beitragen kann. Es geht vielmehr darum, das »Verständnis« für den Gesundheitssport zu schaffen, welcher sich über die Gesundheitskonzepte erschließt. Der Gesundheitssport lässt sich als ein Element in den New-Public-Health-Ansatz der Weltgesundheitsorganisation (WHO) integrieren: New Public Health zielt zum einen auf eine bewusste Stärkung der Gesundheitsressourcen (Salutogenesemodell), verbunden mit einer gezielten Vermeidung und Minderung von Risikofaktoren (Risikofaktorenmodell) sowie mit einer möglichst effektiven Bewältigung von Beschwerden und Missbefinden (Bewältigungsmodell).
Gesundheitssport zielt in diesem Sinne auf möglichst umfassende Gesundheitswirkungen (Abb. 79), insbesondere durch Stärkung von physischen, psychischen und sozialen Ressourcen, Minderung von körperlichen Risikofaktoren, Bewältigung von Beschwerden und Missbefinden.

15.2.1 Bindungsmodell

Ein wichtiges Ziel dieses Modells ist es, die Bevölkerung dazu zu befähigen, Kontrolle über ihre Gesundheit auszuüben. Der Gesundheitssport in diesem Sinne ist ausgerichtet auf Verhaltenswirkungen, insbesondere durch den Aufbau von Bindung an gesundheitswirksame sportliche Aktivitäten. Der Aufbau von Bindungen hat es darauf abgesehen, Barrieren abzubauen, die Menschen daran hindern, eine sportliche Betätigung zu beginnen. Weiteres Ziel ist die möglichst langfristige Aufrechterhaltung dieser für die Gesundheit so wichtigen Verhaltensweise.
Wenn man 2 Stunden sportliche Aktivität pro Woche als wünschenswerten Umfang für gesundheitliche Wirkungen nimmt, so sind es kaum mehr als 10 % der Erwachsenen, die die-

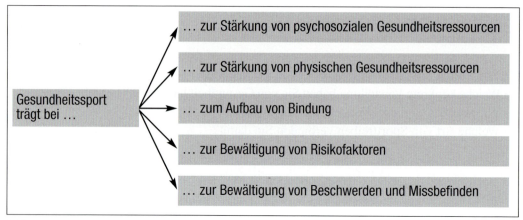

Abb. 79: Verschiedene Gesundheitssportmodelle.

ses Ausmaß erreichen. Endziel der Bindung muss es demnach sein, möglichst viele Erwachsene an eine gesundheitliche Aktivität, z. B. in einem Sportverein, heranzuführen. Untersuchungen haben gezeigt, dass im gesundheitsorientierten Einsteigerprogramm die Zahl derer, die dem Sport wieder den Rücken kehren, mit über 50 % relativ hoch liegt. Bindung an ein Sporttreiben im Verein herzustellen bedeutet, alle Anstrengungen und Bemühungen zu unternehmen, um diese »Drop-out-Quoten« zu verringern und die gesundheitssportliche Aktivität langfristig zu erhalten.

In rund 85 000 Sportvereinen sind heute fast 27 Millionen Bundesbürger organisiert. Umfragen haben gezeigt, dass die eigene Gesundheit ein wesentliches Motiv zum Sporttreiben ist. Die Bedürfnisse der Menschen haben sich verändert, was bedeutet, dass auch Freude und Gesellschaft einen Wandel im Hinblick auf die Nachfrage nach Angeboten in den Sportvereinen mit sich bringen. In Zukunft wird es z. B. immer mehr ältere Menschen (in den Sportvereinen) geben, die gesundheitsorientierte Angebote nachfragen. Insbesondere für diesen Personenkreis gilt es, gezielte Angebote in den Sportvereinen zu entwickeln.

15.2.2 Salutogenesemodell

Dieses »Modell« bezieht sich auf die physischen und psychosozialen Gesundheitsressourcen. Es geht dabei um die Fähigkeiten einer Person, auf Belastungen und Anforderungen mit einer hohen Widerstandsfähigkeit zu reagieren, mit Konflikten positiv umzugehen sowie auch physisches, psychisches und soziales Wohlbefinden selbst herzustellen (*Bös, Brehm*, 1998).

Körperliche Aktivitäten können entscheidend zur Stärkung der *physischen Gesundheitsressourcen* beitragen, was z. B. sportmedizinisch durch die Anpassungserscheinungen des Herz-Kreislauf-Systems durch Ausdauerbelastungen nachgewiesen ist. Diese körperliche Aktivierung sollte folgende Perspektiven beinhalten: Ausdauer-, Kraft-, Dehn-, Koordinations- sowie Entspannungsfähigkeit sollten systematisch trainiert bzw. gestärkt werden.

Bei den *psychosozialen Gesundheitsressourcen* besteht Einigkeit darüber, dass sie sowohl für den Gesundheitszustand als auch für das Gesundheitsverhalten und dadurch auch für die Bindung an sportliche Aktivitäten verantwortlich sind.

15.2.3 Bewältigungsmodell

Ähnlich wie beim Salutogenesemodell bestehen auch beim Bewältigungsmodell plausible Zusammenhänge zwischen der Stärkung psychosozialer Ressourcen und der Bewältigung von gesundheitlichen Problemen. Im Bewältigungsmodell geht es einerseits um problemzentrierte Bewältigung, wenn ein vorhandenes psychisches oder physisches Gesundheitsproblem tatsächlich vermindert wird. Eine Rückenschule trägt demnach dann zur Bewältigung von Rückenschmerzen bei, wenn diese Schmerzen reduziert werden können. Andererseits postuliert das Modell auch, dass sich durch eine emotionsfokussierte Bewältigung die Wahrnehmung und die Bewertung einer problembehafteten Gesundheitssituation positiv verändern lässt.

15.2.4 Risikofaktorenmodell

Beim Risikofaktorenmodell geht man davon aus, dass Beschwerden sowie Erkrankungen häufig an ungünstige Bedingungen des körperlichen Zustandes sowie der Lebenssituation einer Person gekoppelt sind und Interventionen bei diesen sog. Risikofaktoren ansetzen müssen. Der Bewegungsmangel ist in diesem Sinne ein Riskofaktor, der als Mitauslöser vielfältiger Risikofaktoren der Person anzusehen ist, wie z. B. Übergewicht, Bluthochdruck, Hypercholesterinämie, Zuckerkrankheit, Fettstoffwechselstörung oder Herz-Kreislauf-Probleme. Nachfolgend werden einige Krankheitsbilder kurz beschrieben und Hinweise zur optimalen Durchführung von Sport bzw. Bewegungshandlungen gegeben.

15.2.4.1 Arteriosklerose

Unter Arteriosklerose (»Gefäßverkalkung«) wird eine Einengung der Blutgefäße verstanden, die durch die Einlagerung von Fetten in die Gefäßwand erfolgt. Geschieht dies im Bereich der Herzkranzgefäße, so können diese durch die Fettablagerungen (Plaque) so verschlossen werden, dass dadurch Herzschädigungen bis hin zum Infarkt verursacht werden können. Wichtigste Ursachen sind Rauchen, Bluthochdruck sowie erhöhte Blutfettwerte. Auch äußere Faktoren können dazu beitragen wie Fehlernährung (zu viel Fett), Übergewicht (Bluthochdruck) oder Bewegungsmangel (gestörter Fettstoffwechsel).

Heute herrscht Einigkeit darüber, dass das Körpergewicht am besten durch sportliche Betätigung in Verbindung mit einer gesunden, eventuell mediterranen Diät (Ernährungsweise des Mittelmeerraumes) gesenkt werden kann. Vernünftige Ernährung bedeutet Umstellung von einer vorwiegend fleisch- und damit fettorientierten Ernährung auf eine überwiegend pflanzlich orientierte, kohlenhydratreiche Ernährung, mit 2–3 Fischmahlzeiten pro Woche. *Auf Rauchen sollte unbedingt verzichtet werden.* An sportlichen Aktivitäten wird vor allem der Ausdauersport empfohlen, da er Blutdruck senkend wirkt und Zuckerkrankheit sowie Fettstoffwechselstörungen positiv beeinflusst. Ebenso sollte man sich gelegentlich vom Arzt auf Risikofaktoren hin untersuchen lassen.

15.2.4.2 Bluthochdruck

Der Hochdruck (ab 140/90 mmHg) ist einer der wichtigsten Risikofaktoren für die Entstehung von den beiden Spitzenreitern in den Sterbestatistiken, nämlich Herzinfarkt und Schlaganfall. In letzter Zeit geht die Tendenz bei der Beurteilung des Hochdrucks dahin, dass er ab Werten von 140/90 mmHg erst im Zusammenhang mit anderen Risikofaktoren wie Rauchen, Übergewicht oder Fettstoffwechselstörung als bedenklich einzuschätzen ist. Sport hat bei Bluthochdruck folgende Wirkung: Er trägt zur Gewichtsabnahme bei, und es kann Kochsalz durch Schwitzen ausgeschieden werden. Vor allem der Ausdauersport hat positive Auswirkungen auf das Vegetativum. Der Ruhepuls und der Blutdruck von Ausdauertrainierten sinken. Weniger geeignet sind Sportarten, welche den Blutdruck stark ansteigen lassen wie Kraftsportarten oder Kampfsportarten. Aber auch Einzelsportarten mit hohen Belastungsspitzen sind bei Bluthochdruck bedenklich.

15.2.4.3 Fettstoffwechselstörungen

Erhöhte Blutfette sind neben Bluthochdruck und Rauchen der wichtigste Risikofaktor für die Entstehung einer Arteriosklerose. In diesem Zusammenhang sind das Cholesterin und die Triglyzeride von Bedeutung. Cholesterin ist das Baumaterial für die Zellwände. Man unterscheidet HDL- und LDL-Cholesterin. Ein hoher HDL-Wert stellt einen Schutzfaktor dar. Für LDL-Cholesterin gilt entsprechend das Umgekehrte. Entscheidend ist also das Verhältnis von HDL zu LDL. Es korrespondiert mit der Herzinfarkthäufigkeit. Ein niedriger HDL-Wert (<40 mg%) ist ein eigenständiger Risikofaktor.

Fettstoffwechselstörungen kann man durch eine cholesterinbewusste Diät, also eine Ernährungsumstellung, beeinflussen. Im Rahmen der Allgemeinmaßnahmen kommt dem Sporttreiben eine wichtige Bedeutung zu. Bei körperlicher Belastung verbrennen die Muskelzellen neben den Kohlenhydraten nämlich auch Fette. Hierdurch werden die im Blut vorhandenen Fette in ihrer Konzentration reduziert. Vor allem durch Ausdauersport kann man das Verhältnis von HDL zu LDL positiv beeinflussen. Der Organismus muss jedoch die Fettverbrennung durch die Enzyme erst wieder »erlernen«. Daher ist *regelmäßige sportliche Aktivität* ein entscheidender Faktor.

15.2.4.4 Übergewicht

Bei Übergewicht kann man nicht unbedingt von einem Krankheitsbild sprechen. Übergewicht ist aber ein Risikofaktor für zahlreiche andere Krankheiten, insbesondere für Bluthochdruck, Zuckerkrankheit und Fettstoffwechselstörungen. Größenunabhängige Aussagen zum Körpergewicht erlaubt der Body-Mass-Index (BMI, siehe Kapitel 14.4 »Gewichtsreduktion und Sport«). Bei Werten über 30 ist eine Gewichtsabnahme dringend anzuraten. Nach neueren Erkenntnissen korrespondieren vor allem diese Werte mit durchblutungsbedingten Herzerkrankungen. Grundsätzlich wird bei Übergewicht mehr Energie aufgenommen, als verbrannt werden kann. Zwei Dinge können helfen: Diät (siehe »Arteriosklerose«) in Kombination mit Ausdauerbelastungen wie Radfahren, Walking, Schwimmen und Joggen.

15.2.4.5 Zuckerkrankheit

Die Zuckerkrankheit ist eine Störung der Kohlenhydratverwertung, als Folge können aber auch Störungen im Fettstoffwechsel entstehen. Man unterscheidet Diabetes Typ 1 und Typ 2. Der Typ-2-Diabetes, auch »Altersdiabetes« genannt, kann durch verschiedene Fehler in der Lebensführung provoziert werden. Wer sich falsch ernährt und übergewichtig ist, belastet seine Zuckerregulierung. Durch Bewegungsmangel kommt es zu einer verminderten Empfindlichkeit der Muskelzellen gegenüber Insulin, da die Zellen in der Verbrennungsleistung weniger gefordert sind. Ist die Kohlenhydratverbrennung gestört, greift der Organismus verstärkt auf die Fettverbrennung zurück, und die Blutfettwerte steigen an. Dies verstärkt wiederum die Neigung zu Arteriosklerose.

Für Zuckerkranke eignen sich vor allem Ausdauerbelastungen, da sie sehr kontrolliert durchgeführt werden können und zu besonders günstigen Stoffwechsel- sowie Kreislaufwirkungen führen. Weniger geeignet sind Sportarten, bei denen man auf fremde Hilfe angewiesen ist wie Bergsteigen, Fliegen oder Tauchen.

15.3 Gesundheits-Abc der Sportarten

Wenn man davon ausgeht, dass Sport gesund sein kann, dann muss man auch sagen, welcher Sport bzw. welche Sportart damit gemeint ist. Es liegt auf der Hand, dass Boxen, Autorennfahren oder alpiner Skilauf im Gegensatz zum Skilanglauf, Joggen oder Schwimmen nicht wirklich gesundheitsfördernd sind. Man betreibt Sport jedoch nicht nur aus gesundheitlichen Gründen, sondern auch aus Freude und Spaß sowie zur Entspannung und Erholung, was sich wiederum positiv auf das Wohlbefinden auswirken kann. Die Beurteilung, welcher Sport »gesund« ist, erfolgt in Tabelle 9 vor allem aus sportmedizinischer Sicht. Beurteilt werden Auswirkungen auf den passiven Bewegungsapparat, Verletzungsgefährdung, Bluthochdruck und Blutniederdruck sowie die Anpassungsmöglichkeiten des Herz-Kreislauf-Systems. Diese Aufstellung kann Trainern/ Übungsleitern im Gesundheitssport als Hilfe und Orientierung in ihrer Betreuungs- und Beratungsfunktion im Sportverein dienen. Grundsätzlich müssen alle Teilnehmer vor der Belastungsaufnahme zu einer sportmedizinischen Untersuchung.

Vor allem die Mannschaftssportarten schneiden bei der Bewertung nicht gut ab. Bei vielen führt das hohe Verletzungsrisiko zu einer Abwertung. Spiele machen jedoch Spaß – zumindest sollte es so sein. Die Motivation ist bei Spielern im Allgemeinen sehr hoch, was als Vor- und/oder Nachteil gesehen werden kann. Als nachteilig erweist sich die Motivation bei Vorschädigungen des Herz-Kreislauf-Systems und des Stoffwechsels. Besonders bei älteren Sportlern kann es zu Überbelastungen kommen. Der Vorteil einer hohen Motivation besteht darin, dass eine Bindung (Teilnahme) auf Dauer wahrscheinlicher ist. Neben der Teilnahme an den Spielen sollte begleitend zu einem moderaten Ausdauertraining geraten werden. Bei den Rückschlagspielen (Tischtennis, Tennis, Badminton, Squash) hängt zudem vieles von der Art der Durchführung ab. Hier kann es für ältere Menschen unter Umständen zu gefährlichen Blutdruckspitzen kommen. Andererseits bieten Spiele aber die Möglichkeit, Stresshormone auf biologisch sinnvolle Weise abzubauen (*Rost*, 1994).

Sportart	Beurteilung	Hinweise/Kommentar
Aerobic	++	Umfassende Fitnessschulung, problematisch bei Hochdruck, orthopädische Probleme (Knie)
Badminton	+	Trainingseffektivität hoch, starke Belastung der unteren Extremitäten, ungeeignet bei Hochdruck
Basketball	O	Hohe Belastungsintensität; hohe Verletzungsrate, ungeeignet bei Hochdruck
Bergwandern	+	Naturerlebnis, Puls: 180 minus Lebensalter
Bodybuilding	–	Erhebliche Blutdruckanstiege, Ernährungsprobleme
Eislauf	+	Koordination, Ausdauer und Kraft werden geschult
Fußball	O	Sehr hohe Verletzungsrate, Belastungsintensität schwer kontrollierbar
Gymnastik	+++	Umfassende Fitnessschulung
Handball	O	Sehr hohe Verletzungsrate, hohe Herz-Kreislauf-Belastung, Koordinationsschulung
Indiaka	+	Hohe Kreislaufbelastung, geringe Verletzungsgefahr
Inline-Skating	++	Sehr hohe Verletzungsgefahr, sehr gutes Training des Herz-Kreislauf-Systems
Jogging	+++	Beste Schulung des Herz-Kreislauf-Systems
Judo	O	Koordinationsschulung, Konditionsschulung, Verletzungsgefahr, eher für junge Menschen
Karate	O	Koordinationsschulung, Konditionsschulung
Kanu	+	Naturerlebnis im Vordergrund, Herz-Kreislauf-Training bedingt möglich
Kegeln	O	Spaß und Wohlbefinden stehen im Vordergrund, keine Trainingseffekte möglich

Tab. 10: Sportarten/ Disziplinen im Gesundheitscheck: +++: sehr gut geeignet, ++: gut geeignet, +: geeignet, O: mäßig bis ungeeignet (modifiziert nach *Rost*,1994).

Sportart	Beurteilung	Hinweise/Kommentar
Radfahren	+++	Umfassende Schulung des Herz-Kreislauf-Systems, Naturerlebnis
Sauna	+	Stressabbau, Wohlbefinden
Schwimmen	+++	Umfassende, Gelenk schonende Schulung des Herz-Kreislauf-Systems
Skilauf (alpin)	O	Hohe Verletzungsgefahr, Naturerlebnis, Kraftbelastung, Koordinationsschulung
Skilanglauf	+++	Umfassende Schulung des Herz-Kreislauf-Systems, Naturerlebnis, Kraftausdauer
Squash	O	Hohe Herz-Kreislauf-Belastung, hohe Verletzungsrate
Tanzen/Tanzsport	+++	Umfassende Fitnessschulung, soziale Aspekte, Koordinationsschulung, Wohlbefinden
Tauchen	O	Blutdruckspitzen, Naturerlebnis im Vordergrund, Wohlbefinden, gefährliche Sportart
Tennis	+	Geringe Herz-Kreislauf-Belastung, sehr gute Koordinationsschulung
Tischtennis	+	Geringe Herz-Kreislauf-Belastung, sehr gute Koordinationsschulung, geringe Verletzungsgefahr
Triathlon	++	Vielseitige Ausdauerschulung, Gefahr der Überforderung
Volleyball	O	Sprungkraft, Schnelligkeit und Koordinationsschulung, hohes Verletzungsrisiko
Walking	+++	Gelenk schonende Belastung, günstige Schulung des Herz-Kreislauf-Systems
Wassergymnastik/ Aquatic Fitness	+++	Gelenk schonend, umfassendes Fitnesstraining

Tab. 9: Sportarten/ Disziplinen im Gesundheitscheck: +++: sehr gut geeignet, ++: gut geeignet, +: geeignet, O: mäßig bis ungeeignet (modifiziert nach *Rost*,1994).

15.4 Bluthochdruck und Sport

Etwa 20–25 % der Deutschen leiden an Bluthochdruck. Er ist einer der wichtigsten Risikofaktoren für die Entstehung von ischämischen Herzerkrankungen. Nicht alle sportlichen Belastungen sind für Hochdruckpatienten geeignet. In Tabelle 10 werden die sportlichen Belastungen auf ihre Tauglichkeit für Hochdruckpatienten beurteilt.

Sportart	Eignung
Ausdauersportarten mit geringem Krafteinsatz: Skilanglauf, Jogging, Radfahren, Inline-Skating; Einzelspiele mit geringer bis mittlerer Belastung	Gut geeignet (+++)
Mannschaftsspiele mit mittlerer Belastung: Fußball, Handball, Volleyball, Basketball Schwimmen, Wanderrudern, Sauna, Leichtathletik, Tischtennis, Tennis, Squash, Badminton	Bedingt geeignet, je nach Schwere der Erkrankung und sportlicher Vorerfahrung (+ bis 0)
Bungee-Jumping, Gewichtheben, Bodybuilding, Boxen, Fechten, Sportkegeln	Ungeeignet (–)

Tab. 10: Eignung verschiedener Sportarten bei Bluthochdruck (*Rost*, 1994).

Aufgaben

- Welches »Modell« deckt sich am meisten mit Ihrer Einstellung zum Gesundheitssport? Begründen Sie Ihre Entscheidung.

- Suchen Sie aus Tabelle 9 Ihnen vertraute Sportarten heraus und finden Sie weitere Argumente für oder gegen einen Einsatz im Gesundheitssport.

- Wie bewerten Sie die Sportarten aus Tabelle 9 im Hinblick auf das Risikofaktorenmodell? Wie sieht es mit Ihrer Sportart aus?

- Vollziehen Sie aus Tabelle 10 die Bewertung der Sportarten im Hinblick auf den Risikofaktor »Bluthochdruck« im Gespräch mit Kollegen nach. Wie sieht es mit Ihrer Sportart aus?

16 Bewegungserziehung und entwicklungsgemäßes Training im Kindes- und Jugendalter

Der Bedeutung des Themas in der Trainerausbildung entsprechend werden in diesem Kapitel einige wichtige Punkte aufgegriffen und präzisiert. Dies dient dazu, die Handlungsfähigkeit der Übungsleiter und Trainer in der Praxis zu erhöhen und ihnen gleichzeitig mehr Sicherheit im Umgang mit den Heranwachsenden zu vermitteln. Besonderes Augenmerk wird dabei auf das frühe und späte Schulkindalter gelegt, die »*mittlere Kindheit*«, also den Altersabschnitt zwischen 6/7 und 13/14 Jahren.

Die eigentliche Bewegungserziehung darf jedoch nicht erst in diesem Alter beginnen. Daher werden auch Hinweise und Tipps zum *Kleinkind- und Vorschulalter*, zwei ebenfalls sehr bedeutsamen Altersabschnitten, gegeben.

16.1 Zusammenhang zwischen Erbanlagen und soziokulturellen Einwirkungen

»Das ist der geborene Sprinter.« Dieser Satz, den man oft im Zusammenhang mit der Begabung von Kindern für Schnelligkeitsleistungen hört, ist ein »geflügeltes Wort« unter Trainern. Er besagt, dass Sprintfähigkeit nicht erlernbar ist, sondern auf einer anlagebedingten, vererbten Begabung basiert. Diese Fähigkeit ist jedoch nicht einfach nur vorhanden, sondern wird durch Lernprozesse und Training *entwickelt*. Wenn keine Lernprozesse oder kein Training stattfindet, so kann es sein, dass ein solches »*Talent*« überhaupt nicht entdeckt wird. In diesem Dilemma steckt zum Teil die Talentsichtung im Sport (*Martin*, 1988).

Die Entwicklung hat dort ihre Grenze, wo »genetische Anlagen« eine Weiterentwicklung nicht mehr gestatten oder die genetischen Anlagen nicht zur Ausprägung kommen, weil sie nicht durch Trainings- und Lernprozesse ausgeschöpft werden. Hier wird nun der Zusammenhang von Entwicklung und Umweltanforderungen angesprochen.

Jeder Mensch ist mit einem individuellen Erbgut ausgestattet. Diese Erbanlage bestimmt – bezogen auf den Sport – zum Teil ganz wesentlich, welches Niveau später erreicht werden kann. Nicht aus jedem Kind kann man einen Handballer, Volleyballer oder Tischtennisspieler der Extraklasse machen bzw. nicht jedes Kind kann sich dorthin entwickeln. In der Sportmedizin hat sich die Erkenntnis durchgesetzt, dass dazu auch die jeweiligen optimalen Erbanlagen vorhanden sein müssen. Aber auch dann kann das Ziel der höchsten Leistungsklasse verfehlt werden, wenn nicht frühzeitig, d. h. in der Regel schon im Kindesalter mit den Lern- und Trainingsprozessen begonnen wird.

Die sportliche Begabung (Talent) wäre demnach das Produkt der Wechselwirkung aus den Faktoren *Erbanlage und Umwelteinflüsse* (Abb. 80). Erblich bedingten Faktoren wird dabei zwar eine grundsätzliche Bedeutung eingeräumt, aber nur unter den Bedingungen, dass erst von außen wirkende Entwicklungsprozesse (z. B. Training) diese Anlagen entfalten können. Die Fähigkeiten, die eine Begabung (Talent) ausmachen, können sich entwickeln, brauchen es aber nicht (*Martin*, 1988).

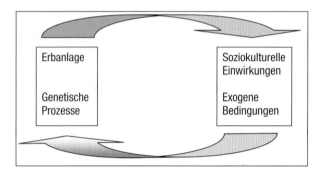

Abb. 80: Wechselwirkung von Erbanlagen und soziokulturellen Einwirkungen (*Martin*, 1988).

16.2 Kleinkindalter (1–3 Jahre)

»Training mit Embryos? Muss es denn so früh sein?« Diese Frage muss man sich im Zusammenhang mit der Bewegungserziehung nicht ernsthaft stellen. Die Bedeutung der Frage, wie früh mit Bewegungserziehung (nicht Training) begonnen werden sollte, nimmt ab dem Alter zu, in dem das sog. Kleinkindalter erreicht wird. Diese Bewegungserziehung findet im Elternhaus statt, nicht in den Sportvereinen. Somit kommt den Eltern in der Bewegungserziehung eine zentrale Funktion zu. Die grundlegenden Forderungen in diesem Altersabschnitt lauten:
- Für genügend Bewegungsraum sorgen
- sowie eine Umgebung schaffen, die den Bedürfnissen der Kinder angepasst ist.

Die Kleinen können sich vielfältige Bewegungsformen aneignen:
- Gehen
- Ziehen
- Springen
- Wälzen
- Klettern
- Schieben
- Fangen
- Tragen
- Steigen
- Hängen
- Laufen
- Schwingen
- Werfen
- Rollen
- Balancieren

Typisch für das *Bewegungsverhalten* der Kinder sind der Bewegungsdrang, das Probier- und Nachahmungsbedürfnis, der häufige Wechsel in der Spieltätigkeit sowie das kontaktarme Spiel der Kinder nebeneinander. Die Kinder erschließen sich »ihre Welt« primär durch die Bewegung. Deshalb empfehlen sich folgende Methoden der pädagogischen Führung:

- Stimulierend gestaltete Bewegungsaufgaben
- Probieren und versuchen lassen
- Bewegungsführende und sichernde Hilfe
- Verbale Ermunterung (Loben sehr wichtig!)

Methodisch gesehen sollte man den Aufforderungscharakter von Geräten nutzen, wobei man darunter nicht zwingendermaßen »Sportgeräte« versteht. Kinder können mit allen möglichen Dingen spielen. Dem altersgemäßen Bedürfnis der Kinder nach Abwechslung bzw. dem häufigen Wechsel der Spieltätigkeit sollte entsprochen werden. Es gilt stets zu berücksichtigen, dass sich Kleinkinder noch nicht längere Zeit auf etwas konzentrieren können, was auf natürliche Weise ein Trimmen oder Einüben verhindert.

Natürlich handelt es sich bei der Altersspanne von 1–3 Jahren, vom Bewegungsniveau her betrachtet, nicht um eine einheitliche Phase. Kinder im Alter von 3 Jahren unterscheiden sich deutlich von 1-Jährigen. Im Alter von etwa 3 Jahren können deshalb hinzukommen:
- Anschauen von gelungenen Bewegungen
- Verbale (mündliche) Hinweise zur Bewegungsausführung
- Verbindung von Sprache und bewegungsführender Hilfe
- Demonstration und probierendes Nachvollziehen

Weiterhin gilt es zu berücksichtigen, dass die Kinder in diesem Alter sehr viel über ihre Augen lernen. Die Beschäftigung mit den Kleinen erfordert von den Erziehern zudem viel Geduld. Im Alter von etwa 3 Jahren können die Kleinen bereits am »Eltern-Kind-Turnen« in den Sportvereinen teilnehmen.

16.3 Vorschulalter (4–7 Jahre)

Im Vorschul- bzw. Kindergartenalter befinden sich die Kinder in einer Phase der Vervollkommnung vielfältiger Bewegungsformen. Man kann bereits die Aneignung erster Bewegungskombinationen feststellen. Die Bewegungsabläufe verbessern sich in ihrer Qualität stark. Gleichzeitig nehmen die variable Verfügbarkeit sowie die quantitative Leistung (höher, schneller, weiter) zu. Im Vergleich zu den im Kleinkindalter angesprochenen Bewegungsfolgen sind zum Teil deutliche Unterschiede festzustellen. Folgende Eigenschaften erreichen bei 6- bis 7-Jährigen in der Regel ein relativ gutes Niveau:
- Gleichgewichtsfähigkeit
- Beweglichkeit
- Aerobe Ausdauer (besonders übungsabhängig)

Das Niveau der Rhythmisierungs-, Kopplungs- und Antizipationsfähigkeit ermöglicht bereits ein effektives Üben, besonders mit Grundformen der sportlichen Bewegungen. Das Bewegungsverhalten der Kinder ist gekennzeichnet durch

- ein sehr ausgeprägtes Bewegungsbedürfnis,
- eine gesteigerte Zielstrebigkeit sowie
- Beständigkeit.

Bedeutsam für die motorische Entwicklung sind außerdem
- das einsetzende Leistungsstreben im Spiel und Wettkampf,
- das Nachahmungsbedürfnis und
- eine zunehmende Denk- und Sprechfähigkeit.

Insgesamt betrachtet ist das Vorschulalter in den altersspezifischen Eigenheiten keine einheitliche Phase, denn bei 3- und 4-Jährigen sind die Merkmale der kleinkindlichen Bewegungsführung noch weitgehend feststellbar. Sichtbare Veränderungen ergeben sich jedoch bei den 5- bis 6-jährigen Kindern.

Das absolute Niveau der motorischen Fähigkeiten bleibt bis zum Ende des Vorschulalters noch niedrig, sofern den Kindern keine wirksame sportliche Ausbildung zuteil wird.

Damit wird deutlich, dass dem Elternhaus in diesem Altersabschnitt die wichtigste Rolle zukommt. Wenn der Nachwuchs zu Hause keine Möglichkeiten hat, mit Sportgeräten zu experimentieren, bleiben Anlagen brachliegen. Der äußere Anreiz fehlt. Auch aus »Musikerfamilien« ist z. B. bekannt, dass dort Musikinstrumente zum Ausprobieren für die Kinder herumliegen. Sport treibende Eltern sind normalerweise die besten Vorbilder.

Die *sportliche Bewegungsvielfalt* steht im Vordergrund:
- Ballspielen, Laufen, Klettern und Springen im Freien
- Kinderspielplatz
- Schwimmen, einfache gerätturnerische Übungen, Skilauf, Rodeln, Rollschuhlaufen und Radfahren
- Rollerfahren, Skateboardfahren
- Eltern-Kind-Turnen

 Merke
Die Grundausbildung muss unbedingt sportartgerichtet und abwechslungsreich sein. Einseitiges Training ist abzulehnen und sollte unterbleiben.

Das Stichwort für diese Altersphase lautet:

In der Kinesiologie, der Lehre von der Bewegungen oder der Bewegungsempfindung, geht man davon aus, dass sich Bewegung nicht nur auf unser seelisches und körperliches Wohlbefinden, sondern auch auf unsere Denkfähigkeit positiv auswirkt. Durch die Schulung der Motorik im Sport wird die Entwicklung des Gehirns, vor allem seine »Vernetzung«, positiv beeinflusst. Die linke und rechte Gehirnhälfte haben unterschiedliche Aufgaben. Beide Hälften sind über das Corpus callosum – den Balken des Gehirns – miteinander verbunden. Die linke Gehirnhälfte steuert die Bewegungen der rechten Körperhälfte und umgekehrt. Aus der Bewegungslehre ist bekannt, dass die Schulung einer Bewegung, z. B. der rechten Hand, gleichzeitig »Spuren« in der rechten Gehirnhälfte hinterlässt, obwohl die Steuerung von der linken Gehirnseite erfolgt.

Eine sportpädagogische Schlussfolgerung wäre, bei den Kleinen beide Körperhälften gleich zu behandeln. Also Werfen nicht nur mit einer Hand üben, sondern auch mit der anderen. Gleiches gilt für die Beine. Einfache Übungen zur Kopplungsfähigkeit wären hier angebracht.

> Der Leitsatz der pädagogischen Kinesiologie lautet: Die Bewegung ist für Kinder das Tor zum Lernen.

Davon können die Kinder vor allem in der nächsten Altersphase, dem Schulkindalter, profitieren.

16.4 Frühes Schulkindalter (7–10 Jahre)

Mit Beginn des Schulbesuches kommt mit dem Schulsport ein weiterer wichtiger Faktor in der Bewegungserziehung hinzu. *Im Zentrum dieses Altersabschnittes steht die rasche Entwicklung der motorischen Lernfähigkeit (Koordination).*

Die Gegebenheiten sind derart gestaltet, dass eine schnelle Ausprägung der koordinativen Fähigkeiten möglich ist. Voraussetzung dazu ist allerdings, dass die Kinder eine frühkindliche Bewegungserziehung wie in den zuvor beschriebenen Kapiteln erhalten haben. Da es einige Sportarten gibt, bei denen ein relativ frühes Einstiegsalter notwendig ist, kann man auch hier eine zunehmend effektive sporttechnische Ausbildung beobachten. Für den Bereich des Grundlagen- und Nachwuchstrainings handelt es sich also um eine ganz entscheidende Phase im Sportlerleben. Für technisch-kompositorische Sportarten ist es interessant, dass die Kinder auf Korrekturmaßnahmen immer aufgabegemäßer und erfolgreicher reagieren.

Im *konditionellen Bereich* können folgende Fähigkeiten (spielerisch) geschult bzw. trainiert werden:
- Schnelligkeit
- Vielseitig variabel gestaltete Schnellkraft- und Kraftausdauerübungen
- Aerobe Ausdauer
- Beweglichkeit

Aus *pädagogischer Sicht* sind zu berücksichtigen:
- Starker Bewegungsdrang
- Nachahmungsbedürfnis
- Ermutigung
- Lernen durch Anschauen, gelenktes Beobachten und Nachvollziehen
- Lernen durch bewusstes Wahrnehmen, geistiges Erfassen und Begreifen der Bewegungshandlung

Ein *leistungssportlich orientiertes Training* muss in all jenen Sportarten begonnen werden, in denen das Höchstleistungsalter sehr früh beginnt bzw. ein hochausgeprägtes und vielseitiges Bewegungskönnen erforderlich ist. In diesen Sportarten lässt sich die »Turnvater-Jahn-Prämisse« – dass das Sportart übergreifende, allgemeine Training gegenüber dem sportartspezifischen Training überwiegen sollte – nicht mehr aufrechterhalten. Hier muss ein zu etwa 70 % *sportartgerichtetes Training* zugrunde gelegt werden. Sportartgerichtet bedeutet, dass viele Spiele und Übungen Elemente des Zielspiels bzw. der Zielsportart enthalten sollten. Es schließt jedoch Sportart übergreifende Übungen nicht aus. Sie werden mit einem Schlüssel von 30 % in den Trainingseinheiten berücksichtigt. *In diesem Altersabschnitt sollte kein einseitiges Trimmen erfolgen.*

16.5 Spätes Schulkindalter (10–13/14 Jahre)

Die grundlegende Forderung dieser Altersphase lautet: Das günstige Lernalter der Kinder optimal nutzen.

Schwerpunktaufgabe und Trainingsprinzip zugleich ist die Schulung der koordinativen Fähigkeiten. Man muss das sehr günstige Lernalter für die betonte Ausbildung der sportlichen Techniken ausnutzen. Dies ist vor allem für Sportarten bedeutsam, bei denen die Technik einen hohen Stellenwert hat. Versäumnisse in der koordinativ-technischen Vervollkommnung sind zumeist mit erheblicher Langzeitwirkung verbunden und müssen deshalb unbedingt vermieden werden.
Im konditionellen Bereich sollte besonderer Wert gelegt werden auf
- die Entwicklung der Schnelligkeitsfähigkeiten,
- die vielseitige Schnellkraft und Sprungkraftentwicklung sowie
- die Entwicklung der Grundlagenausdauer.

Hierbei sollte keine einseitige Orientierung auf spezielle Trainingsmittel stattfinden. Die *abwechslungsreiche und vor allem spielerische Schulung* muss im Vordergrund stehen. Durch das Training der Ausdauer stärken die Kinder gleichzeitig ihr Immunsystem, so dass sie z. B. weniger anfällig für Erkältungskrankheiten werden. Dieser gesundheitliche Aspekt muss zusätzlich bedacht werden. Die Kinder lernen in diesem Alter sehr stark über die Bewegungsbeobachtung. Beim methodischen Vorgehen sollte dieser Aspekt stets berücksichtigt werden. Eine gelungene Bewegungsdemonstration »sagt« den Kindern mehr als die beste Bewegungsbeschreibung mit vielen Worten.

Frühes und spätes Schulkindalter werden auch als »mittlere Kindheit« bezeichnet. Dieser Altersabschnitt spielt in der sportlichen Entwicklung – breiten- und freizeitsportlich oder leistungssportlich gesehen – eine entscheidende Rolle. Dennoch steht dieser Altersabschnitt nicht alleine für sich. Eine harmonische Gesamtentwicklung der Kinder ist nur dann gegeben, wenn mit der Bewegungserziehung entsprechend früh begonnen wird.

16.6 Allgemeine sportmedizinische Grundlagen zum Kindes- und Jugendtraining

Einer der wesentlichen Gründe für die sportbiologische Unterschiedlichkeit von Kindern/Jugendlichen im Vergleich zu Erwachsenen besteht darin, dass sich Kinder/Jugendliche noch im Wachstum befinden. Auch die Unterschiede zwischen Mädchen und Jungen sind für die Belastbarkeit von großer Bedeutung. Hierbei ist es notwendig, die zeitlichen Differenzen sowie die geschlechtsspezifischen Besonderheiten zu kennen. Diese müssen für die körperliche und sportliche Aktivität bzw. Belastbarkeit stets berücksichtigt werden und zu entsprechenden Konsequenzen (Belastungsunterschiede) im Training führen.

16.6.1 Wachstum und Körpergröße bzw. Körperproportionen

Die Größenzunahme des menschlichen Körpers verläuft nicht linear, sondern in Schüben. Es gibt akzelerierte, normalentwickelte und retardierte Kinder. Akzelerierte sind durch ihre beschleunigte Entwicklung gegenüber den Normalentwickelten voraus, Retardierte sind durch ihre verzögerte Entwicklung gegenüber den Normalentwickelten noch nicht so weit entwickelt.

Das Wachstum ist im ersten Lebensjahr am größten, fällt beim Kleinkind steil ab und erreicht im Vorschulalter relativ stabile Werte. In der Pubertät kommt es über den puberalen Wachstumsschub nochmals zu einem verstärkten Längenwachstum. Aus diesem Grund wird die Pubertät als eine Phase betrachtet, in der die koordinativen Leistungen stagnieren bzw. der steile Anstieg in ihrer Entwicklung gebremst wird. Der Wachstumsstopp erfolgt mit dem Schluss der Wachstumsfugen (Epiphysenfugen) der Knochen etwa 2–3 Jahre nach Beginn der Pubertät. Der Wachstumsschub setzt im Allgemeinen bei Mädchen zwischen dem 11. und 13. Lebensjahr, bei Jungen zwischen dem 13. und 15. Lebensjahr ein.

16.6.2 Wachstum und Stoffwechsel

Beim heranwachsenden Kind/Jugendlichen spielt der Aufbaustoffwechsel eine ganz besondere Rolle. Der Grundumsatz ist bei Kindern/Jugendlichen im Vergleich zu Erwachsenen um etwa 20–30 % erhöht. Des Weiteren sind Vitamin-, Mineralstoff- und Nährstoffbedarf erhöht. Bei Heranwachsenden sollte man besonders auf eine qualitativ hochwertige Ernährung achten. Viel frisches Obst und Gemüse sind unverzichtbare Bestandteile dieser gesunden Ernährung. Die darin enthaltenen Vitamine (C, E und Betakarotin) stärken das Immunsystem und können dadurch z. B. Infektionskrankheiten abwehren.

Bei einem hochgradig umfangreichen und intensiven körperlichen Training kann es zu einem Dominieren des Abbaustoffwechsels zu Lasten des Aufbaustoffwechsels kommen. Das bedeutet, dass die Nährstoffe in Energie umgewandelt werden, die der Muskel zur Kontraktion benötigt. Die Nährstoffe werden damit dem Aufbaustoffwechsel entzogen, so dass es zu einer Beeinträchtigung der Wachstumsvorgänge des kindlichen Organismus kommen kann.

Kinder und Jugendliche benötigen darüber hinaus ausreichende Erholungs- und Wiederherstellungszeiträume. *Die Pausen nach einer entsprechenden Belastung sind demnach für Kinder länger als für Erwachsene.* Beim Training der konditionellen Fähigkeiten muss diese Tatsache unbedingt bei der Belastungsgestaltung berücksichtigt werden.

16.6.3 Wachstum und passiver Bewegungsapparat

Die Knochen weisen im Kindes- und Jugendalter Besonderheiten auf. Sie sind zwar erhöht biegsam, aber vermindert zug- und druckfest, was zu einer insgesamt verminderten Belastbarkeit des gesamten Skelettsystems führt. Das Sehnen- und Bändergewebe ist aufgrund der schwächer ausgeprägten Struktur noch nicht ausreichend zugfest. Das Knorpelgewebe bzw. die noch nicht verknöcherten Wachstumsfugen weisen eine hohe Gefährdung gegenüber allen starken Druck- und Scherkräften auf. Die Empfindlichkeit ist in der Pubertät am höchsten. Die praktische Konsequenz für das Training ist, dass einseitige, maximale oder unvorbereitete Belastungen unmittelbar oder langfristig (Sportschäden!) zur Zerstörung der genannten Gewebe führen können. Als *Negativbeispiele* seien für das Alter der »mittleren Kindheit« das *Niedersprungtraining* (auch plyometrisches Training) sowie das *Training an »freien«* (d. h. nicht maschinell geführten) *Hanteln* genannt.

Familienausflug auf Inlinern (Foto: Rollerblade®)

16.6.4 Wachstum und aktiver Bewegungsapparat (Muskulatur)

Bis zum Beginn der Pubertät unterscheiden sich Jungen und Mädchen hinsichtlich ihrer Muskelmasse bzw. Muskelkraft kaum. Der Anteil der Muskeln steigt in der Pubertät bei Jungen hormonell bedingt auf etwa 41,8 % ihres Gesamtgewichts, bei Mädchen nur auf ca. 35,8 % an. Die Milchsäurebildung (anaerobe Kapazität) ist beim Kleinkind noch sehr eingeschränkt. Daher sollten alle Belastungen, die zu einem erhöhten Laktatanfall führen würden, im Kleinkindalter keine betonte Anwendung finden. Bei 6- bis 12-Jährigen liegt die glykolytische Kapazität bei Jungen bei etwa 32–36 %, bei Mädchen bei nur 20–22 % im Vergleich zum Erwachsenenwert (100 %). Die anaerobe Kapazität kann bei Kindern nicht trainiert werden, sie zeigen dabei keinerlei Anpassungserscheinungen. Untersuchungen haben gezeigt, dass die Kinder/Jugendlichen in ihrer eigenen Sportart zum Teil höhere Laktatwerte produzieren können (*Martin* et al., 1999).

> Somit muss man das Training der anaeroben Kapazität für Kinder als bedingt unphysiologisch bezeichnen.

Demgegenüber haben Kinder eine größere Fähigkeit für die oxidativen Stoffwechselvorgänge, wofür sie auch die enzymatische Ausstattung besitzen. Kinder können freie Fettsäuren schneller verwerten und damit die Zuckerspeicher mehr schonen als Erwachsene. Besonders beim Training der Schnelligkeitsausdauer bzw. der aeroben Ausdauer muss man diese Besonderheiten bedenken.

16.6.5 Wachstum und Thermoregulation

Kinder haben eine kleinere Schweißrate als Erwachsene (Abb. 81). Kinder schwitzen sowohl relativ als auch absolut weniger als Erwachsene. Sie können ihren kleinen Körper dadurch

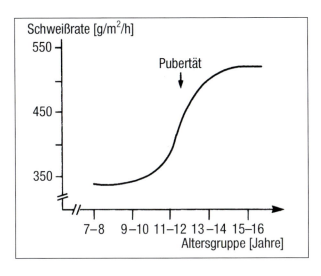

Abb. 81: Entwicklung der Schweißrate im Kindesalter (*Weineck*, 2002).

schlechter kühlen, als dies Erwachsene tun. Daher benötigen Kinder in heißer Umgebung längere Akklimatisationszeiten und weisen eine geringere Belastungsfähigkeit unter Hitzebedingungen auf als Erwachsene. Bei vergleichbarer sportlicher Belastung erhöht sich beim Kind die Körperkerntemperatur schneller als beim Erwachsenen und wirkt dadurch leistungsbegrenzend. Vor allem bei hohen Außen- oder auch Hallentemperaturen sollten die Kinder während des Trainings die Möglichkeit haben, ihren Durst zu stillen. Je mehr Flüssigkeit Kinder zu sich nehmen, desto besser können sie ihren Körper kühlen. Erst im Alter von ca.10–11 Jahren lernen Kinder das Schwitzen und erreichen mit ca. 15–16 Jahren Erwachsenenwerte. Daher sollte ein umfang- und intensitätsbetontes Ausdauertraining erst ab diesem Alter erfolgen und kann danach sukzessive an Erwachsenenbereiche herangeführt werden.

16.6.6 Wachstum und Gehirnentwicklung

Die Wachstumskurven von Kopf- und Gehirnentwicklung bzw. allgemeinem Körperwachstum verlaufen zum Teil sehr unterschiedlich. Besonders in den ersten Lebensjahren erfahren die Nervenzellen des Zentralnervensystems eine zunehmende Vernetzung, die für das spätere Funktionspotenzial von großer Bedeutung ist. Ausdrücklich sei an dieser Stelle noch einmal auf die Bedeutung der Kinesiologie hingewiesen. Man nimmt an, dass diese Vernetzung durch entsprechende Übungen insbesondere bis zum 3. Lebensjahr intensiviert werden kann. Aufgrund der schnellen Gehirnentwicklung und der damit verbundenen hohen Leistungsfähigkeit im Bereich der koordinativen Fähigkeiten stehen vor allem im Vordergrund:
- Vielfältige Ausbildung sportmotorischer Fertigkeiten und Techniken
- Erweiterung des Bewegungsschatzes
- Erweiterung der Bewegungserfahrung
- Überkreuzkoordination von Armen und Beinen

Merke
Konditionelle Fähigkeiten werden im Kindesalter nicht maximal, sondern optimal ausgebildet.

16.6.7 Wachstum und Herz-Kreislauf-System

Untersuchungen weisen bei allen Parametern des Herzens eine Größen- und Funktionszunahme in Abhängigkeit vom Alter nach (Abb. 82). Die Größenzunahme des Herzens führt zu einer Verminderung der Herzfrequenz. Am deutlichsten ist der Abfall in der Pubertät. Jüngere Kinder haben sowohl in Ruhe als auch unter Belastung zum Teil deutlich höhere Herzfrequenzen als Erwachsene (vgl. *Martin, Nicolaus, Ostrowski*, 1999).

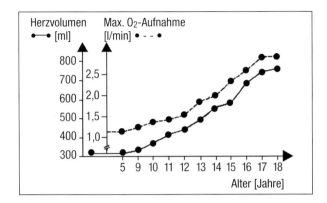

Abb. 82: Entwicklung der Ausdauerleistungsfähigkeit im Kindes- und Jugendalter (*Weineck*, 2002).

16.7 Training der konditionellen Fähigkeiten

An dieser Stelle wird nicht mehr auf die Definitionen der einzelnen konditionellen Fähigkeiten eingegangen. Im Vordergrund stehen vielmehr die jeweiligen Besonderheiten, die beim Training der einzelnen konditionellen Fähigkeiten im Kindes- und Jugendalter beachtet werden müssen.

16.7.1 Schnelligkeitstraining

Nach heutigem Verständnis ist die Schnelligkeit nur bedingt den konditionellen Fähigkeiten zuzuordnen. Sie beruht in hohem Maße auf zentralnervösen Steuerungsprozessen und ist damit auch sehr stark koordinationsabhängig. Oft sprechen Trainer von besonders flinken oder schnellen Kindern. Die Fähigkeit, sich sehr schnell zu bewegen, wird sehr früh erworben. Der erbliche Faktor bei einem »Schnelligkeitstalent« liegt bei ca. 60–70 %.

Der *höchste Entwicklungsschub* überhaupt findet in der Phase des frühen Schulkindalters statt, also im Alter *zwischen 7 und 10 Jahren*. Daher muss dem Schnelligkeitstraining in diesem Altersabschnitt eine besondere Beachtung im Training geschenkt werden. Das Schnelligkeitstraining sollte vor allem für Kinder dieses Alters *spielerisch* und *abwechslungsreich* aufgebaut sein. Es darf nicht bis zur Ermüdung oder gar völligen Erschöpfung durchgeführt werden. Es gilt: *Qualität vor Quantität*. Einfaches Sprinten genau abgemessener Strecken ist vom Aufforderungscharakter her betrachtet weniger empfehlenswert, wenngleich es von Zeit zu Zeit natürlich auch durchgeführt werden kann. Allgemeine Inhalte des Trainings sind hier vor allem Spiele, Spielformen oder Wettkampfformen.

Zwischen 10 und 13 Jahren entwickeln sich die Schnelligkeitsleistungen parallel zur Kraftentwicklung weiter. Die Phase des frühen und späten Schulkindalters ist insgesamt durch eine starke Dynamik in der Entwicklung der Schnelligkeitsleistungen gekennzeichnet. Entscheidend ist die Länge der zurückgelegten Strecke bzw. die dafür benötigte Zeit. Die Belastungsdauer sollte bei höchster Intensität maximal im 5- bis 6-Sekunden-Bereich liegen. Berücksichtigt werden muss zudem, dass Kinder eine längere Erholungszeit nach den Belastungen benötigen als Erwachsene. Diese Tatsache ist in der zeitlichen Trainingsplanung zu beachten. Die Schnelligkeit sollte vor allem zusammen mit der Reaktionsfähigkeit trainiert werden. In vielen Sportarten tritt das schnelle Reagieren in Kombination mit schnellen Bewegungsaktionen auf. Von daher ist die Kombination Reaktionsschnelligkeit/Bewegungsschnelligkeit als optimal anzusehen. Zu vermeiden sind Streckenlängen ab etwa 80–100 m mit hoher oder sogar höchster Belastungsintensität. Für diese Distanzen haben Kinder physiologisch gesehen keine guten Voraussetzungen. Außerdem ist die dort verlangte Schnelligkeitsausdauer nicht trainierbar, d. h., die Kinder in diesem Alter zeigen keinerlei Anpassungserscheinungen.

16.7.2 Ausdauertraining

In vielen Sportarten stellt die Grundlagenausdauer die Basis der Leistungsfähigkeit in konditioneller Hinsicht dar. Sie ermöglicht sporttechnische sowie taktische Präzisionshandlungen im Training und im Wettkampf. Sie wirkt einer ermüdungsbedingten Leistungsminderung entgegen und gewährleistet eine schnellere Erholung nach einer körperlichen Belastung. Kinder zeigen im Hinblick auf Ausdauertraining grundsätzlich die gleichen Anpassungserscheinungen wie Erwachsene. Dies bezieht sich insbesondere auf die Adaptationserscheinungen des Herz-Kreislauf-Systems. Kinder reagieren auf vergleichbare körperliche Belastungen mit höheren Herzfrequenzen als Erwachsene. Man kann bei Kindern eine höhere Herzfrequenz feststellen. Hierbei können sogar Werte über 200 Schläge/Minute gemessen werden. Es besteht trotz dieser hohen Herzfrequenzen bei gesunden Kindern keine Gefahr, dass das Herz-Kreislauf-System überlastet wird.

Kennzeichnend für die Ausdauer ist ein kontinuierlicher Anstieg im Kindes- und Jugendalter (Abb. 83). Ihr höchstes maximales Sauerstoff-Aufnahmevermögen haben Mädchen zwischen dem 13. und 14. Lebensjahr, Jungen zwischen dem 18. und 19. Lebensjahr. Eine sehr

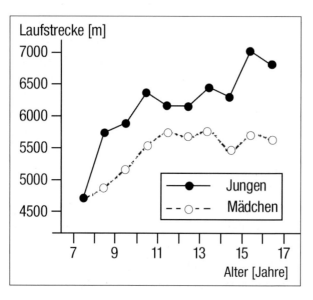

Abb. 83: Langzeitausdauerleistungen von Mädchen und Jungen bei einem 35-minütigen Lauf (*Martin, Nicolaus, Ostrowski, Rost*, 1999).

gute Trainierbarkeit erreichen die Kinder/Jugendlichen zwischen dem 11. und 14. Lebensjahr. Parallel dazu steigt auch die Fähigkeit an, den Organismus über die Schweißverdunstung an der Körperoberfläche zu kühlen. Vor dem 11. Lebensjahr sollte auf das Absolvieren längerer Laufstrecken mit hohem Tempo verzichtet werden. Kinder können sich zuvor zwar ausdauernd belasten, die Intensität darf jedoch nicht zu hoch gewählt werden. Zur Ausdauerschulung bieten sich vor allem Spielformen an. Hauptziel ist die Ausbildung der Grundlagenausdauer, nicht der speziellen Ausdauerfähigkeit. Neben dem obligatorischen Laufen sind Radfahren und unter Umständen Schwimmen zur Ausdauerschulung geeignet. Erst ab dem 11./12. Lebensjahr können längere Strecken absolviert werden. Ebenso wie beim Erwachsenen gilt der Grundsatz: *Nicht die Strecke »tötet«, sondern das Tempo.*
Weniger geeignet sind Distanzen zwischen 800 und 1000 m, die mit höchster Intensität gelaufen werden sollen. Bei diesen Distanzen kommen die Kinder/Jugendlichen in einen unphysiologischen Bereich. Eine solche Belastung empfinden Kinder daher meist als Qual. Dadurch könnte manches Kind die Lust am Laufen verlieren. Weiterhin sind psychologische Aspekte der Trainingsgestaltung zu berücksichtigen. Die Kinder sollen eher längere Strecken oder längere Zeit laufen, aber mit gemäßigtem Tempo. Neue Untersuchungen weisen darauf hin, dass die physiologischen Voraussetzungen zur Ausdauer ebenfalls genetisch bedingt sind. Es gibt also Kinder, die bessere organische Voraussetzungen zum Ausdauertraining mitbringen als andere.

16.7.3 Krafttraining

Bei Krafttraining denkt man automatisch an Gewichte bzw. Hanteln. Dies steht jedoch bei der Entwicklung der Kraftfähigkeiten bei Heranwachsenden nicht im Vordergrund. Man muss dabei die Besonderheiten des heranwachsenden Organismus beachten. Der kindliche und jugendliche Knochenbau ist zwar aufgrund der geringeren Kalkeinlagerungen elastischer, dafür aber weniger druck- und biegefest. Damit sich ein Knochen gesund entwickeln kann, darf man ihn nur dosiert belasten, ohne ihn zu überlasten (Vorsicht: Fremdgewichte).
Im Vorschulalter ist ein Krafttraining im eigentlichen Sinne nicht angebracht. Vielmehr muss man ausreichend Bewegungsreize für das Knochenwachstum und die Muskelentwicklung setzen. Geeignet ist vor allem Hindernisturnen in Klettergärten (Spielplätze, Wald), mit Seilpyramiden sowie mit Stütz-, Hang- und Zugübungen, die in vielfältiger Weise die verschiedenen Muskelgruppen ansprechen.
Auch im frühen Schulkindalter steht die vielseitige Kräftigung des Halte- und Bewegungsapparates im Mittelpunkt. Ausschließliche Trainingsmethode ist das dynamische Training, da der kindliche Organismus aufgrund der geringen anaeroben Kapazität ungünstige Voraussetzungen für statische (haltende) Muskelarbeit besitzt. Ein geeignetes Trainingsmittel stellt auch das Circuit-Training dar. Die Belastungszeit sollte jedoch nicht mehr als 20 Sekunden betragen.
Zahlreiche Untersuchungen verdeutlichen, dass die Sprungkraft- und Schnellkraftentwicklung im Kindes- und Jugendalter ihre steilsten Zuwachsraten aufweist (Abb. 84). Insbeson-

dere im Grundschulalter ist dieses Training besonders lohnend. In den letzten Jahren ist das Sprungseil als Trainingsgerät völlig zu Unrecht immer mehr aus den Sporthallen verschwunden. Mit dem Sprungseil lässt sich die Sprungkraft ganz hervorragend trainieren. Nebenbei bietet es unzählige Möglichkeiten, die koordinativen Fähigkeiten zu schulen. Auch der Kräftigung der Bauch- und Rückenmuskeln muss man in dieser Altersstufe aufgrund ihrer hervorragenden Trainierbarkeit besondere Beachtung schenken.

Im späten Schulkindalter erfährt die allgemeine und vielseitige Kräftigung der wichtigsten Muskelgruppen durch Übungen, die das Überwinden des eigenen Körpergewichts beinhalten bzw. durch Hinzunahme geringer Zusatzlasten (z. B. Medizinball), eine weitere Steigerung. Zudem sollte eine gezielte Kräftigung der Bauch-, Rücken- und Arm- und Schultermuskulatur angestrebt werden.

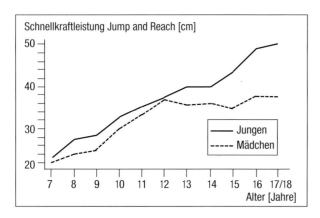

Abb. 84: Schnellkraftentwicklung bei Mädchen und Jungen beim beidbeinigen Vertikalsprung (*Martin* et al., 1999).

16.8 Ernährung

Immer mehr – auch Sport treibende – Kinder leiden unter Übergewicht. Die Zahl der übergewichtigen Kinder im frühen Schulkindalter liegt zwischen 20 und 30 %. Im Sport stehen diese Kinder vor der Frage, welche Sportart für sie geeignet ist. Am besten sind Sportarten, in denen der Einsatz großer Muskelgruppen zu einem hohen Kalorienverbrauch führt. Dies sind vor allem Radfahren, Laufen oder Schwimmen. Eine Gewichtsabnahme bei Kindern nur durch Sporttreiben ist jedoch illusorisch. Dies geht nur in Verbindung mit einer Kalorienreduktion durch eine entsprechende Veränderung des Essverhaltens. Einfach ausgedrückt bedeutet dies: *Die Kinder essen zu viel und zu süß.* (Erwachsene essen zu viel und zu fett.) Dies ist vor allem im Hinblick auf frühe Störungen im Insulinstoffwechsel und den damit verbundenen Folgeerkrankungen von großer Bedeutung. Der Trainer/Übungsleiter sollte auf jeden Fall das Gespräch mit den Eltern suchen. Bei Kindern gilt dasselbe zur Gewichtsabnahme wie bei Erwachsenen: Viel und intensiv Sport treiben und weniger, vor allem weniger Süßes, essen.

Normalgewichtige Kinder sollten sich »kreuz und quer durch den Obst- und Gemüsegarten« essen. *Zwischen 2 und 5 Portionen Obst und/oder Gemüse pro Tag* sind die optimale Dosis

Training der konditionellen Fähigkeiten, Ernährung

für den Immunschutz sowie für das Körpergewicht. Sehr wichtig ist, dass Kinder sowohl im Wettkampf als auch im Training immer genügend (vor allem Mineralwasser) trinken. Sportgetränke sind für Kinder eher überflüssig, ebenso wie spezielle – meist überteuerte – Sportriegel.

 Aufgaben

- Analysieren Sie Ihr Training im Hinblick auf die hier vorgebrachten Forderungen. Wo arbeiten Sie kindgerecht, wo könnten Sie sich noch verbessern?

- Welches pädagogische Verhalten ist im Kindersport Ihrer Meinung nach wichtig? Diskutieren Sie Ihre Meinung mit Ihren Trainerkollegen.

- Überlegen Sie sich gemeinsam mit Ihren Kollegen Übungen oder Spielformen, die für Kinder besonders motivierend sind.

- Welche Möglichkeiten hat ein Trainer, die Kinder/Jugendlichen zu einer aktiveren Teilnahme zu motivieren? Diskutieren Sie Ihre Überlegungen mit Ihren Kollegen.

Aus: *Podgorsky, I.*: Muskeln auf Papier, Wien 1986

17 Training im Freizeitsport – Fitnesstraining

Sporttreiben kann man unter verschiedenen Zielsetzungen und aus unterschiedlichen Motivationen. Begriffe, die man mit dem Freizeitsport in Verbindung bringt sind Spiel, Freude, Geselligkeit, Selbstverwirklichung, Kreativität, soziale Interaktionen, Kommunikation, Solidarität, Partnerschaft, Kooperation oder Fitness (*Dieckert*, 1983). *Aber auch die Leistung ist ein Teil menschlichen Entfaltungs-, Darstellungs- und Verwirklichungsstrebens.* Der Sport ist ein System, in dem Leistungen erbracht werden können und Bewegungskönnen somit als Leistung erlebt, empfunden und bewertet werden kann. Andererseits sind in diesem System recht verständliche Gütemaßstäbe und einsichtige Bewertungskriterien vorhanden, die es erlauben, ein bestimmtes Können als relativ eindeutige Leistung zu bestimmen (*Grupe*, 1982). *Grupe* unterscheidet 4 Sichtweisen des Leistungshandelns:

- Eine mehr *sachlich* orientierte Sichtweise (»Ich habe etwas gut gemacht, etwas ist mir gelungen.«)
- Eine mehr *individuumzentrierte* Sichtweise (»Heute war ich besser als gestern.«)
- Eine stärker *sozialbezogene* Sichtweise (»Ich bin so gut oder so schlecht wie andere.«)
- Eine mehr *normorientierte* Sichtweise (»Ich habe die Anforderungen des Sportabzeichens geschafft.«)

Der Mensch ist demnach ein »leistendes« Wesen. Diese anthropologische (pädagogische) Sichtweise wurde vorausgeschickt, da viele Freizeitsportler sich mit dem Begriff der Leistung schwer tun. Aus vielen Diskussionen ist die Tendenz erkennbar, dass sie den Begriff der Leistung mit dem Leistungs- bzw. Hochleistungssport in Verbindung bringen, der für viele Freizeitsportler – zu Unrecht – negativ besetzt ist. Die folgende Definition von »Fitness« zeigt, dass ihr eine Weiterentwicklung der Leistungsfähigkeit zugrunde liegt.

 Definition
Fitness ist ein durch Training, gezielte Ernährung und gesunde Lebensführung bewusst angestrebter psychophysischer Leistungszustand, der über gesundheitliches Wohlbefinden hinausgeht (*Martin, Carl, Lehnertz*, 1991).

17.1 Ziele und Inhalte

Für das Fitnesstraining, welches man gegen Leistungsschwäche und Inaktivität betreibt, ergeben sich folgende Ziele:
- *Verbesserung der Ausdauerleistungsfähigkeit:* Wichtigstes Ziel ist die Verbesserung der aeroben Leistungsfähigkeit, genauer die Funktionsverbesserung des Herz-Kreislauf-Systems (siehe Kapitel 12.4), der Steuerungsfunktion des vegetativen Nervensystems und der Stoffwechselvorgänge im Muskel.
- *Verbesserung der Kraftfähigkeiten:* Die Muskelleistung der Haltemuskulatur des Rumpfes sowie der Muskulatur der oberen und unteren Extremitäten soll gezielt verbessert werden.
- *Verbesserung der Beweglichkeit:* Hierbei geht es um die allgemeine Beweglichkeit in allen großen Gelenken des Körpers.
- *Lernen anwendungsbezogener motorischer Fertigkeiten:* Ziel ist die Verbesserung der Bewegungskoordination durch das Erlernen von Sportarten und den dazugehörigen Techniken sowie die allgemeine Schulung der Bewegungskoordination durch entsprechende Spiel- und Übungsformen (*Martin, Carl, Lehnertz*, 1991).

17.2 Gestaltung

Die Wirkung des Fitnesstrainings ist von mehreren Faktoren abhängig, die als Grundregeln angegeben werden:
- *Trainingshäufigkeit:* Sie ist der wichtigste Faktor. Ein zweimaliges Training pro Woche ist das Mindestmaß, da ein einmaliges Training nur zum Funktionserhalt dient, nicht zur Funktionssteigerung. Optimal ist ein zwei- bis dreimaliges Training pro Woche.
- *Trainingsdauer:* Sie ist abhängig von den ausgeübten Sportarten bzw. sportlichen Belastungen, in erster Linie von der Belastungsintensität. Wirkungsvolle Belastungszeiten beim Laufen, Jazz-Dance sind etwa 30–60 Minuten, beim Radfahren mindestens 90 Minuten, beim Spielen 60–75 Minuten. Bei Krafttraining und Gymnastik/Funktionsgymnastik genügen bei entsprechender Intensität 30 Minuten.
- *Inhaltliche Ausführung:* Sie sieht für das Fitnesstraining folgende Koppelung vor:
  a) Nach Ausdauertraining: 15 Minuten Lockerung, aktiv-dynamische Dehnung
  b) Vor Spielsportarten: Jazz-Dance, 15 Minuten Beweglichkeitstraining (Aufwärmen)
  c) Vor und nach dem Krafttraining: 15 Minuten Beweglichkeitstraining
  d) Als Kombination möglich: Spielen – Krafttraining – Stretching (*Martin, Carl, Lehnertz*, 1991)
- *Einteilung in Leistungsklassen:* Sie soll vorgenommen werden, um eine optimale individuelle Belastung zu ermöglichen. Die Praxis zeigt, dass viele Freizeitsportgruppen nicht leistungshomogen sind. Hier ist eine Dreiteilung sinnvoll:

a) *Anfänger:* Reagieren am Anfang auf körperliche Belastung mit einem relativ starken Herzfrequenzanstieg und benötigen einige Wochen (bis Monate!) Einführungstraining, bevor sich die Herztätigkeit bei Belastungen reduziert.
b) *Allgemein Trainierende:* Fortgeschrittene, die wöchentlich und kontinuierlich zwischen 2 und 4 Stunden trainieren, mit 2–4 Trainingseinheiten und einer jeweiligen Belastungsdauer von 45–60 Minuten.
c) *Systematisch Trainierende:* Sportler, die mehr als 5 Stunden pro Woche trainieren und sich zudem systematisch auf volkssportliche Wettkämpfe vorbereiten.

17.3 Methodik des Ausdauertrainings

Ziele und Auswirkungen des Ausdauertrainings im Fitnessbereich werden im Kapitel »Herz-Kreislauf-System« beschrieben. Angestrebt werden sollte *beim Anfänger*, möglichst bald einen Lauf über etwa 20–30 Minuten zu absolvieren. Die Laufstrecke sollte nicht zu lang oder zu schwierig (Anstiege!) gewählt werden. Geschwindigkeit und Streckenlänge sollten behutsam und langsam gesteigert werden.

> Trainiert werden sollte nach dem Motto: Laufen ohne Schnaufen.

Der Anfänger sollte ein Tempo wählen, bei dem er sich noch mit seinem Mitläufer unterhalten kann. Die Anfängerphase ist dann beendet, wenn sich die Herzfrequenz über eine längere Zeit eingependelt hat bzw. konstant bleibt und das Belastungsempfinden in einem über mehrere Wochen dauernden Zeitraum sinkt. Bei gleicher Belastungsintensität nimmt die Herzfrequenz kontinuierlich ab. Medizinisch nachweisbare Anpassungserscheinungen sind jedoch erst nach mehreren (3–6) Monaten Training festzustellen (*Martin, Carl, Lehnertz*, 1991). Gewarnt werden muss aus physiologischer und psychologischer Sicht vor »falschen Ehrgeiz«. Entscheidend ist, dass man mit einer ruhigen und gelassenen Einstellung das Training aufnimmt. Am besten schließen sich Wiederbeginner bzw. Neueinsteiger den Lauftreffs oder Walkingtreffs der örtlichen Vereine an. Die ausgebildeten Lauftreffleiter führen diese Personen optimal ein. Gleiches gilt für den Radsportler. In den von den Vereinen organisierten Radtreffs ist der Fitnesssportler am besten aufgehoben. Analog sind hier die Radtreffleiter für die Neuen zuständig.

> [!] Allgemein Trainierende sollten das Ausdauertraining systematisch über die Herzfrequenz steuern und können sich dazu an folgender Formel orientieren (*Martin, Carl, Lehnertz*, 1991):
> Trainingspuls = maximale Herzfrequenz minus (0,45 x Herzfrequenz in Ruhe)

Ziele und Inhalte, Gestaltung, Methodik des Ausdauertrainings

Joggerin (Foto: Polar®)

Um den Trainingspuls zu berechnen, benötigt man die Herzfrequenz in Ruhe, die man einfach messen kann (siehe Kapitel »Herz-Kreislauf-System«). Die maximale Herzfrequenz lässt sich durch einen Steigerungslauf auf einer 400-m-Laufbahn über 1200 m ermitteln, bei der das Tempo etwa alle 200 m bis zur erreichbaren Höchstgeschwindigkeit gesteigert wird (alternativ nach der Formel 220 minus Lebensalter). Rechenbeispiel für einen 40-Jährigen: 180 (HF_{max}) minus (0,45 x 60) = 153 (Trainingspuls).

Systematisch Trainierende sollten über eine Belastungsdauer von
- 45 Minuten bei 90–95 %
- 60 Minuten bei 85–90 %
- 90 Minuten bei 80–85 %
- 120 Minuten bei 75–85 %

dieses Trainingspulses belasten.

Das bisher Gesagte gilt nur für das Laufen bzw. Joggen. Eine nicht zu unterschätzende Gefahr geht in diesen beiden Disziplinen bei Neueinsteigern oder Wiederbeginnern vom Bewegungsapparat aus. Die Gelenke, Bänder, Sehnen sowie Muskeln müssen sich langsam an die Belastung gewöhnen. Entsprechend vorsichtig muss mit der Belastung begonnen werden. Optimales Schuhwerk ist eine unabdingbare Voraussetzung für jeden Jogger (und Sportler überhaupt).

Inhaltlich bieten sich vor allem Laufen, Radfahren, Skilanglauf und Schwimmen an. Um im Schwimmen Ausdauer zu trainieren, muss man allerdings längere Strecken zügig schwimmen können. Um ähnliche Effekte wie durch das Laufen zu erzielen, muss man zeitlich gesehen ungefähr doppelt so lange Radfahren.

17.4 Krafttraining

Systematisch durchgeführtes Krafttraining kann zur Verbesserung der Innervationsfähigkeit der Muskulatur, zur Erweiterung des Energiepotenzials (Dickenwachstum) sowie zur

Verbesserung des Energieflusses im Muskel führen. Als Methoden empfehlen sich die funktionelle Muskelkräftigung sowie sanfte Formen (!) des Kraftausdauer- bzw. Muskelaufbautrainings, dessen Ziele nicht Muskelberge sind, sondern die Ausprägung einer schützenden und stützenden Muskulatur. Aufgrund seiner abwechslungsreichen Formen bietet sich auch das Circuit-Training an.

17.5 Beweglichkeitstraining

Die zweitwichtigste Komponente des Fitnesstrainings ist das Beweglichkeitstraining. Das Ziel ist eine Verbesserung der Gelenkbeweglichkeit. Dies erreicht man durch die *funktionelle* Gymnastik (siehe dort). Man kann sie in Verbindung mit Sportspielen und Krafttraining zum Aufwärmen oder nach dem Ausdauertraining durchführen. Wünschenswert ist ein tägliches Gymnastikprogramm von 10–15 Minuten Dauer.

17.6 Ernährung

Zur Fitness zählt auch eine bewusste und gezielte Ernährung. Anzustreben ist ein optimales Körpergewicht durch dem Energieverbrauch angepasste Ernährung. Übersteigt die Nahrungsaufnahme den Kalorienverbrauch, legt sich der Körper Fettreserven an. Eine Gewichtsreduktion setzt Kalorienreduzierung (weniger essen) *und* Sporttreiben voraus (Näheres siehe Kapitel 14 »Sport und Ernährung«).

Aufgaben

- Viele Freizeitsportler sagen: »Mit Leistung oder Leistungssport wollen wir nichts zu tun haben!« Schildern Sie Ihre Sichtweise zu dieser Aussage.

- Teilen Sie die Mitglieder Ihrer Sportgruppe-/Trainingsgruppe in die oben beschriebenen Leistungsklassen ein.

- Welches sind die vorrangigen Ziele im Fitnesstraining? Begründen Sie dies. Analysieren Sie Ihr eigenes Fitnesstraining, inwieweit Sie diesen Zielen durch Ihr Training gerecht werden.

18 Sportpsychologische Aspekte

Sportliche Leistungen werden je nach Sportart/Disziplin auch mehr oder weniger stark von den psychischen Eigenschaften der Sportler/Athleten mitbestimmt. Der Elfmeter im Fußball oder der Siebenmeter im Handball, jeweils kurz vor Schluss bei unentschiedenem Spielstand, kann die Knie weich werden und den Wurfarm zittern lassen. Die rasende Abfahrt auf vereister Piste mit den Skiern oder dem Snowboard, der Massensprint im Radsport oder eine halsbrecherische Abfahrt im Mountainbike beeinflussen die Psyche der Sportler wiederum in einer anderen Weise. Begriffe wie Angst, Stress, Motivation, Entspannung oder Konzentration sind für die psychologische Situation mancher Sportarten von Bedeutung. Im Folgenden wird anhand der Konzentration beispielhaft aufgezeigt, welche Bedeutung psychischen Aspekten im Sport zukommt und wie man psychische Leistungsvoraussetzungen gezielt verbessern kann.

18.1 Konzentration im Sport

Wenn man sich konzentriert, lenkt man die Aufmerksamkeit auf einen ausgewählten Bereich des Wahrnehmungsfeldes. Je stärker man sich konzentriert, desto kleiner wird das Wahrnehmungsfeld und desto weniger wird man abgelenkt. Spitzensportler sprechen bildhaft von einer »Tunnelkonzentration«, sie nehmen nur noch das Wesentliche wahr. *Gabler*, *Nitsch* und *Singer* (1986) vergleichen die Konzentration bildhaft mit dem Scheinwerferlicht eines Autos bei Nacht. Durch Konzentration versucht man, wichtige Reize gezielt, unwichtige dagegen nicht wahrzunehmen. Wenn man lernen möchte, wie man sich am besten konzentriert, muss man nach *Baumann* (1999) zuvor ein paar Dinge wissen.

18.1.1 Ziel

Konzentration kann nur ausgeübt werden, wenn ein klar definiertes Ziel vorhanden ist. Als Coach einfach in ein Spiel hineinzurufen: »Konzentriert euch!«, ist demnach sinnlos. Die Mannschaft müsste eigentlich nachfragen: »Auf was bzw. wen denn?« Eine klare Zielvorgabe wäre z. B. für einen Handballcoach: »Konzentriert euch auf den Kreisläufer!« oder im Tischtennis: »Konzentriere dich auf seine Vorhand-Aufschläge!«

18.1.2 Bedürfnisse, Motive, Wünsche

Nur wer motiviert ist, kann sich konzentrieren. Dies ist vor allem für Kinder/Jugendliche wichtig. Sie können sich umso besser und länger konzentrieren, je mehr Spaß und Lust sie an der

Tätigkeit empfinden. Über den Aufforderungscharakter von Spiel- und Übungsformen muss sich der Trainer/Übungsleiter im Nachwuchsbereich entsprechend Gedanken machen (*Baumann*, 1999).

> Man muss entweder die Motivation steigern und/oder das Ziel und dessen Bedeutung bewusst machen.

18.1.3 Entspannung

Durch bewusste Entspannungsübungen ist man in der Lage, sich auf das eigene »Ich«, den eigenen Körper und seine Verfassung zu konzentrieren. Entspannungsmethoden kann man lernen.

18.1.4 Zeit

Das Erlernen der Konzentration dauert unterschiedlich lange. Der österreichische Skisprungtrainer *T. Innauer* hat beispielsweise seine Skispringer aufgefordert: »Konzentriert euch im Alltag ausschließlich auf die Tätigkeit, die ihr gerade verrichtet: Essen, Denken, sich mit dem Partner unterhalten. Wer im Alltag lernt, sich zu konzentrieren, braucht im Sport nichts Neues zu lernen.«

18.1.5 Konzentrationsrichtungen

Der ideale Konzentrationszustand ist nach Baumann gekennzeichnet durch eine hellwache Geisteshaltung. Man nimmt alle Einzelheiten der beabsichtigten Aufgabe bzw. Umgebung wahr und bleibt trotzdem körperlich locker. Das Bild einer zum Sprung bereiten Raubkatze zeigt, dass Spannung und Wachheit nichts mit Verkrampfung und Verbissenheit zu tun haben. Der Gedanke »Ich muss mich konzentrieren!« kann Widerstände hervorrufen und unter Umständen das Gegenteil bewirken.
Bei einem Gerätturner ist die Konzentration eng begrenzt, bei einem Fußballspiel ist sie auch dann weit gestreut, wenn man z. B. nicht selbst unmittelbar ins Geschehen eingreift. Bei Ballwechseln im Tischtennis ist die Konzentration kurzzeitig – nämlich zwischen 3 und 5 Sekunden – erforderlich, während sie beim Marathonlauf längerfristig wirken muss. Man kann sich nach innen, auf den eigenen Körper, konzentrieren oder mehr nach außen, auf die Wirkung der eigenen Aktion. Man spricht hier von den verschiedenen Dimensionen der Konzentration (*Baumann*, 1999).

18.1.6 Konzentrationstraining und -kontrolle

Wie die oben aufgeführten Beispiele zeigen, müssen Sportler lernen, mit Ablenkungen umzugehen und sich auf die Handlungen zu konzentrieren, die sie gerade ausführen wollen. In der Praxis hat die Sportpsychologie Maßnahmen, Verfahren bzw. Techniken entwickelt,

um die Bündelung der Gedanken auf eine Aufgabe hin auszurichten. *Baumann* beschreibt folgende Alternativen:
- *Gedankenpendel:* Die Aufmerksamkeit wandert von einem Pol (nach *innen*, z. B. auf die eigene Atmung) zum anderen (nach *außen*, z. B. Geräusche wahrnehmen).
- *Pausengestaltung:* Sie dient der Entspannung, dem Neuaufbau verbrauchter Energien und der Erneuerung der Konzentration auf die nächste Aufgabe.
- *Zentrieren* bedeutet, die Gedanken in die Körpermitte zu richten, die Schwere des Körpers zu spüren und ein- bis zweimal bewusst auszuatmen. Man kontrolliert dadurch Gedanken, Atmung und Muskelanspannung.
- Man soll sich auf die nächste *Aktion* und nicht auf das nächste Ergebnis konzentrieren.
- Positiv denken heißt *realistisch denken,* gleichzeitig aber auch offensiv, zuversichtlich und mit Selbstvertrauen an Aufgaben herantreten.
- *Konzentration vor dem Wettkampf* bedarf bewusster Planung. Der Sportler konzentriert sich auf sich selbst und auf das, was er als Nächstes tun wird. Gedanken an Ergebnisse oder Folgen lenken ab.
- *Entspannung* verstärkt die Wirkung. Man kann gelungene Aktionen der Vergangenheit ins Gedächtnis zurückrufen und sie zunehmend in der Vorstellung mit allen positiven Empfindungen und Gefühlen durchspielen.

Man muss wissen, dass die genannten Methoden vom Sportler gelernt werden können. Man kann sie sich wie einen Tennisschlag oder einen Salto aneignen und sie ebenso gezielt trainieren. Möchte man seine Konzentrationsfähigkeit verbessern, reicht eine punktuelle Beschäftigung nicht aus. Nur bei andauernder Übung und Anwendung kann man für seine eigene Konzentrationsfähigkeit davon profitieren.

 Aufgaben

- Welche Anforderungen stellt Ihre Sportart an die Psyche des Athleten/Sportlers? In welchen Situationen kommt dies besonders deutlich zum Ausdruck?
- Welche selbst erlebten Situationen im Sport haben Sie als psychologisch belastend empfunden? Wie haben sich diese auf Sie ausgewirkt, was haben Sie gespürt?
- Finden Sie Sportarten/Situationen, in denen die Begriffe »Angst«, »Stress«, »Motivation« und »Konzentration« deutlich zu erkennen sind. Was kennzeichnet diese Sportarten/Situationen?
- Wie sieht es in Ihrer Sportart mit der Konzentration aus? Welche Bedeutung kommt ihr zu? Welche Möglichkeit sehen Sie, diese gezielt zu verbessern?
- Welche Dimension der Konzentration ist in Ihrer Sportart wichtig. Verändert sie sich, bleibt sie gleich? Finden Sie weitere Beispiele für Konzentrationsrichtungen in anderen Sportarten/ Disziplinen.

19 Aufwärmen

Das Aufwärmen vor dem Training oder Wettkampf ist eine unverzichtbare Tätigkeit sowohl im Freizeit- als auch im Leistungssport, da es die aktuelle sportliche Leistungsfähigkeit fördert und Verletzungen vorbeugen kann. Man unterscheidet ein allgemeines und ein spezielles (sportartspezifisches) Aufwärmen.

> **Definition**
> Das Aufwärmen vor dem Training oder Wettkampf dient der Schaffung eines optimalen psychophysischen und koordinativ-kinästhetischen Vorbereitungszustandes sowie der Verletzungsvorbeugung (*Weineck*, 2002).

19.1 Allgemeines Aufwärmen

Beim allgemeinen Aufwärmen ist es das übergeordnete Ziel, die funktionellen Möglichkeiten des Organismus durch aktive Muskelarbeit großer Muskelgruppen auf ein höheres Niveau zu bringen. Man beginnt das allgemeine Aufwärmen mit dem *Warmlaufen*, wobei 4–5 Minuten genügen, um das Herz-Kreislauf-System in Schwung zu bringen. Das Warmlaufen darf nicht mit zu niedriger Intensität durchgeführt werden. Herzfrequenzen zwischen 60 und 80 % der maximalen Herzfrequenz wären ratsam, das entspricht einem zügigen Lauftempo (*Joch, Ückert* 1999). Es sollten allerdings keine Sprints gemacht werden. Auch ausgewählte kleine Spiele oder leichte dynamische Koordinationsübungen sind, richtig durchgeführt, vor allem im Kinder- und Nachwuchstraining sinnvoll.

Leverkusen: *P. Rink (re.)* mit *F. Hejduk* beim Aufwärmtraining
(Foto: Team2Sportphoto)

Das allgemeine Aufwärmen wird mit Übungen aus der *funktionellen Gymnastik* fortgeführt, wobei man Dehnübungen (Stretching) und kräftigende Übungen in sinnvoller Weise kombinieren sollte. An dieser Stelle sei nochmals auf die Bedeutung des aktiv-dynamischen Dehnens hingewiesen. Hierfür genügen etwa 10 Minuten. Die gesamte Aufwärmzeit hängt von sehr vielen Faktoren ab, wie z. B. Trainingszustand, Außentemperaturen oder Trainingsziel. Für das allgemeine Aufwärmen sollten bei einer 1,5- bis 2-stündigen Trainingseinheit ca. 20–30 Minuten eingeplant werden.

Das Aufwärmen hat folgende Auswirkungen auf den menschlichen Organismus:
- *Herzfrequenzanstieg und Blutdruckanstieg:* Die Herzfrequenz wird rechtzeitig auf die nachfolgende Belastung eingestellt, ein leistungsmindernder Verzögerungseffekt tritt nicht auf. Der Blutdruckanstieg bewirkt, dass vor allem der im Sport benötigten Skelettmuskulatur genügend Blut zur Verfügung steht, um die optimale Leistungsfähigkeit zu gewährleisten.
- *Erhöhung der zirkulierenden Blutmenge:* Durch das ansteigende Herzminutenvolumen werden den Muskeln genügend Nährstoffe und Sauerstoff zur Energiebereitstellung geliefert. Abfallprodukte können schneller abtransportiert werden.
- *Regulation des Atmungssystems:* Die Aufgabe des Aufwärmens besteht darin, die »Startverzögerung« so gering wie möglich zu halten, d. h. die Atmung bereits auf ein genügendes Ausgangsniveau zu bringen. Dies ist bei allen Sportarten mit entsprechend hoher Anforderung an das Herz-Kreislauf-System zu berücksichtigen.
- *Verringerung der Muskelviskosität:* Ein 20-minütiges intensives Aufwärmen kann die Körperkerntemperatur auf etwa 38,5–39 °C anheben, wodurch die innere Reibung (Viskosität) der Muskulatur abnimmt. Die Muskeln werden ebenso wie Sehnen und Bänder belastbarer, das Muskel-Faszien-Sehnen-System wird auf die darauf folgende Belastung vorbereitet. Die Rissanfälligkeit sinkt.
- *Verbesserung der Energie- und Sauerstoffversorgung:* Die verstärkte Durchblutung der Muskulatur bewirkt eine bessere Versorgung der Muskelzellen mit energiereichen Substraten und dem für die aerobe Energiegewinnung wichtigen Sauerstoff. Letztendlich wird durch das Aufwärmen das Sauerstoffaufnahmevermögen des Organismus erhöht, was das wichtigste Kriterium für die Ausdauerleistungsfähigkeit ist.
- *Optimierung neuromuskulärer Prozesse:* Die durch das Aufwärmen herabgesetzte Viskosität sowie die erhöhte Elastizität und Dehnfähigkeit des Muskels führen zu einer Verbesserung des koordinativen (Nerv-Muskel-)Zusammenspiels und damit auch zu einem geringeren Energiebedarf sowie verminderter Ermüdung. Die Reaktionszeiten nach dem Aufwärmen können um bis zu 15 % gegenüber einem nichtaufgewärmten Zustand besser sein.
- *Auswirkungen auf den passiven Bewegungsapparat:* Durch die Bewegung (Warmlaufen, dynamische Aspekte der Gymnastik) sondert die Synovialhaut der Gelenkkapsel die Synovia (Gelenkschmiere) ab, welche vom hyalinen Gelenkknorpel aufgenommen wird und dessen Oberfläche vergrößert. Durch diese Oberflächenvergrößerung nimmt die Druckbelastung auf die Gelenke deutlich ab; dadurch sind sie weniger verletzungsgefährdet.

- *Auswirkungen auf psychische Leistungsparameter:* Das Aufwärmen erhöht auch die psychische Leistungsbereitschaft. Damit verbunden kann eine Verbesserung der Aufmerksamkeitsleistung und speziell der optischen Wahrnehmung sein. Die Koordination und Präzision motorischer Handlungen wird verbessert (*Weineck*, 2002; *Joch, Ückert*, 1999).

19.2 Spezielles Aufwärmen

Beim speziellen Aufwärmen (auch: sportartspezifisches Aufwärmen) erfolgt das Aufwärmen disziplinspezifisch, d.h. es werden solche Bewegungen ausgeführt, die der Erwärmung derjenigen Muskeln dienen, die in direktem Zusammenhang mit der jeweiligen Sportart stehen. In koordinativ anspruchsvollen Sportarten steht das *Hineinarbeiten* in die speziellen Anforderungen der jeweiligen Sportart/Disziplin im Vordergrund. Durch das *Einspielen* im Tennis oder Tischtennis, das Einpritschen im Volleyball, das Zu- und Einwerfen im Handball oder das »5-gegen-2« im Fußball werden die vorhandenen und abgespeicherten Bewegungen nochmals bzw. wieder aufgefrischt und den aktuellen Bedingungen angepasst. Das Einwerfen im Handball bzw. Einschießen im Fußball (jeweils mit Torwart) sind unerlässliche Bestandteile des speziellen Aufwärmens. Hallensportler stellen sich dabei u. a. auch auf die Besonderheiten des Hallenbodens, der Bälle, Netze, Tische oder Raumwahrnehmung (Lichtverhältnisse) der Halle bzw. sogar der Akustik ein. Beim Tennis und Fußball kann man sich darüber hinaus mit den Platz- bzw. Bodenverhältnissen vertraut machen, was z. B. beim Fußball unmittelbare Auswirkungen auf die Schuhwahl hat.

Vor allem bei Techniken, die eine sehr präzise und feine Steuerung verlangen, wie sie z. B. beim präzisen Zuspielen/Schießen im Fußball oder Handball, gefühlvollen Schlägen in den Rückschlagspielen Tennis, Tischtennis, Badminton oder Squash vorliegen, spielt eine optimale Arbeitstemperatur in den Beinen bzw. im Arm, Schulter- und Handbereich für die sensorische bzw. koordinative Leistungsfähigkeit eine entscheidende Rolle (vgl. *Weineck*, 2002).

Spezielles Aufwärmen

💡 Aufgaben

- Analysieren Sie Ihr eigenes Aufwärmprogramm, inwieweit es den gestellten Forderungen strukturell und inhaltlich entspricht. Wo könnte es noch optimiert werden?

- Welche Anforderungen werden in Ihrer Sportart an das Aufwärmen gestellt? Lassen Sie diese Forderungen in Ihr Aufwärmprogramm einfließen.

- Welche Vorteile bringt das Aufwärmen mit sich?

- Besuchen Sie mit Ihrer Trainingsgruppe eine Spitzensportveranstaltung in Ihrer Sportart und schauen Sie sich vor allem das Aufwärmprogramm gemeinsam sehr genau an. Besprechen Sie es in der nächsten TE mit Ihren Trainingsteilnehmern.

Radsporttraining. Foto: U. Bock

20 Funktionelle Gymnastik

Der zunehmende Trainingsumfang stellt je nach Sportart mehr oder weniger große Ansprüche an die Funktionstüchtigkeit des Bewegungsapparates. Dies gilt gleichermaßen für den Freizeit- und Breitensport sowie den Leistungssport. Der Anspruch der Funktionsgymnastik wird vor folgendem Hintergrund deutlich: *Sie dient zunächst dem Erhalt und der Verbesserung des Muskel- und Gelenkverhaltens, einer für die sportliche Bewegung entscheidenden Grundlage (Knebel, Herbeck, Schaffner, 1988).* Vor allem das ständig sinkende Einstiegsalter der Kinder in das leistungssportliche Training erfordert vom Trainer ein noch verantwortungsvolleres »Trainieren« der ihm anvertrauten jungen Menschen. Der junge Sportler muss systematisch auf einen lebenslangen Sport vorbereitet werden. In diesem Zusammenhang spielen Dehn-, Kräftigungs- und Stabilisierungsübungen eine wichtige Rolle in der langfristigen Vorbereitung von Sportlern (*Freiwald* et al., 1999).

> Funktionell bedeutet, dass diese Gymnastik sich an der Funktionsweise des menschlichen Organismus orientiert. Ihre Wirkungsweise beruht auf der konsequenten Anwendung von Erkenntnissen aus dem Bereich der funktionellen Anatomie, der Physiologie und der Bewegungslehre.

20.1 Funktionelle Muskeldehnung

Eine Dehnung ist notwendig, um ein *muskuläres Ungleichgewicht (»Dysbalance«)* zu beseitigen. Dieses liegt vor, wenn ein Ungleichgewicht in der Ausprägung zwischen einem Muskel und seinem Gegenspieler in einem Gelenksystem besteht. Nach neuesten Erkenntnissen genügt die alleinige Dehnung nicht, um solche Dysbalancen abzubauen. Ist die Dysbalance Folge eines hypertrophierten (zu starken) Muskels, so ist der Gegenspieler des hypertrophierten Muskels einem Krafttraining zu unterziehen (vgl. Abb. 86). Ein Beispiel hierfür ist das Hohlkreuz. Die Gesäßmuskeln und geraden Bauchmuskeln sind schwach, die Kraft der Rücken- und Hüftbeugemuskulatur ist im Verhältnis dazu zu groß. Durch dieses Ungleichgewicht wird das Becken in eine starke Kippstellung gezogen. Um das Ungleichgewicht zu beseitigen, muss man die Becken aufrichtenden Muskeln dehnen (Rücken, Hüftbeuger), andere (Gesäß, Bauch) hingegen gezielt kräftigen. Neuere Erkenntnisse weisen zudem darauf hin, dass Sportverletzungen allein über Dehnung nicht vermieden werden können. Primär werden muskuläre Verspannungen für die Verletzungsanfälligkeit der Muskulatur verantwortlich gemacht. Der Trainer/Übungsleiter muss demnach sein Augenmerk verstärkt auf den Bereich der muskulären Dysbalance lenken, um verletzungsvorbeugend zu wirken.

Funktionelle Muskeldehnung/Dehnen und Stretchen

> ! **Merke**
> Muskuläre Dysbalancen entstehen im Sport häufig durch einseitiges Training der Kraft, ungenügende Dehnungsarbeit und unzureichende Regeneration.

Die Dehnung ist weiterhin notwendig, um die *Beweglichkeit und damit die Leistungsfähigkeit zu steigern*. Viele sportliche Bewegungen (Techniken) sind von einer optimalen Beweglichkeit abhängig. Wird sie verbessert, steigt die sportliche Leistungsfähigkeit an. Gleichzeitig werden die intra- und intermuskuläre Koordination durch aktiv-dynamisches Dehnen verbessert (Abb. 85). Gehaltene Dehnungen (passiv-statisch) haben sich gegenüber schnell- und maximalkräftigen Bewegungen als nachteilig erwiesen. Gegenüber diesen Belastungen ist das aktiv-dynamische Dehnen zu bevorzugen (*Freiwald* et al., 1999). Funktionelles Dehnen (aktiv-dynamisch) lässt sich problemlos bis ins Seniorenalter durchführen. Auch in diesem Alter können noch gute Ergebnisse erzielt werden, die zudem zur Steigerung der Lebensqualität beitragen.

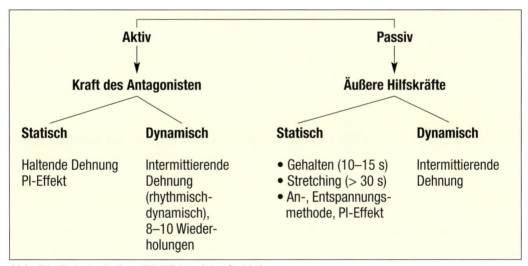

Abb. 85: Dehntechniken (PI-Effekt, siehe S. 191).

20.2 Dehnen und Stretchen

Um das Dehnen zu verstehen, muss man einige Regulationsvorgänge des Muskel- und Nervensystems kennen. Im Muskel existiert ein Reflexmechanismus, der den Muskel zum Zusammenziehen (Kontraktion) veranlasst, sobald sich dieser schnell verlängert, wenn er also wie bei ruckartigen Dehnübungen zu schnell in die Länge gezogen (gedehnt) wird. Diesen wichtigen Schutzreflex bezeichnet man als *Muskeldehnungsreflex* (auch Muskelspindelreflex). Um diesen Reflex nicht auszulösen, muss die *Dehnung langsam durchgeführt* werden.

Ruckartiges, reißendes Dehnen aktiviert diesen Reflex. Durch diese Dehnungsformen kann man die Muskulatur demnach nicht wirkungsvoll und/oder schonend dehnen.

20.3 Dehntechniken

(am Beispiel der Muskulatur der Oberschenkel-Rückseite)

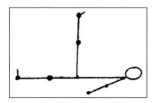

Aktiv-statisch: Der zu dehnende Muskel wird mit Hilfe seiner Gegenspieler (Antagonisten) in die Dehnposition gebracht und 10–15 Sekunden gehalten. Durch Anspannen und Entspannen der Muskulatur ist der PI-Effekt möglich (siehe unten).

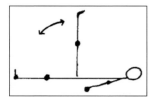

Aktiv-dynamisch: Die Dehnung erfolgt wiederum aktiv, aber im Wechsel von langsamen Bewegungen in das »Ziehen« hinein und Lockerlassen/»Entdehnen«.

Aber: • Kein ruckartiges Federn!
- Schmerzfreier Bereich
- Geringe Dehnungsgeschwindigkeit
- Kleine Amplitude
- 5–15 federnde Bewegungen

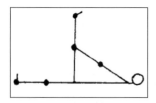

Passiv-statisch:
- Der zu dehnende Muskel wird mit äußeren Kräften (eigene Hände, Geräte, Schwerkraft) in die Dehnposition gebracht und dort ca. 10–15 Sekunden gehalten.
- Die Dehnungszeit wird verlängert und länger als 30 Sekunden gehalten.
- Der zu dehnende Muskel wird in der Dehnposition statisch angespannt (ca. 3–4 Sekunden), danach wird die Anspannung gelöst, und die Dehnposition wird langsam und geführt gesteigert (ca. 8–10 Sekunden) – »PI-Effekt«.

Hierbei macht man sich den »Sehnenspindelreflex« zu Nutze, durch den der zu dehnende Muskel während der Anspannungszeit zu einer Entspannung aufgefordert wird = »Weichmachereffekt«. Nach der aktiven Anspannung des zu dehnenden Muskels in der Dehnposition kann die Dehnung – was der Sportler spürt – nochmals deutlich verstärkt werden.

Dehntechniken, funktionelle Kräftigung

 Definition

PI-Effekt: Ergebnis eines Beweglichkeitstrainings, bei welchem progressiv-intermittierend (voranschreitend mit Unterbrechung) trainiert wird. In der optimalen (gehaltenen) Dehnposition erfolgt eine isometrische Muskelkontraktion, die wieder gelöst wird. Durch diesen Vorgang kommt es zu einer Rückkopplung, wobei die Muskeln über das Zentralnervensystem besser koordiniert (gesteuert) und Muskelverspannungen gelöst werden, sodass anschließend eine bessere Beweglichkeit zustande kommt (*Anrich*, 2002).

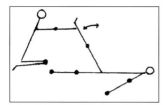 *Passiv-dynamisch:* Siehe aktiv-dynamische Dehnungsdurchführung, nur übernimmt hierbei z. B. ein Partner die Bewegung in die Dehnposition.

- Zur Verspannung neigende Muskeln müssen gedehnt werden
- Deutliches Dehngefühl (»Ziehen«, aber kein Schmerz)
- Konzentration beim Dehnen
- Ruhig und gleichmäßig weiteratmen (den Atem nicht anhalten)
- Keine Ausweichbewegungen machen
- Vor dem Kräftigen dehnen
- Vor dem Dehnen aufwärmen

Tab. 11: Wichtige Hinweise zur Durchführung von Stretchingübungen.

20.4 Funktionelle Kräftigung

Die funktionelle Muskelkräftigung, die nicht mit einem leistungsorientierten Krafttraining verwechselt werden darf, berücksichtigt
- die mangelnde Stabilisationsfähigkeit der zumeist abgeschwächten Haltemuskulatur,
- Ausgangs- und Endpositionen, welche die Wirbelsäule und die übrigen Gelenke möglichst wenig belasten sowie
- die individuelle Dosierungsmöglichkeit bei unterschiedlichem Ausgangsniveau (*Dangel*, *Reichardt*, 1988).

Um bei den Kräftigungs- bzw. Stabilisationsübungen einen möglichst *optimalen Übungseffekt* zu haben, sollte man sich an folgende Prinzipien halten:
- Stets langsam und genau üben.
- Niemals ruckartig oder reißend Schwung holen oder den geforderten Bewegungen ausweichen.

- Die erschwerte Ausführungsform erst dann durchführen, wenn die leichtere sicher beherrscht wird.

Für Übungen, die *statisch* ausgeführt werden gilt:
- Die Anspannungsposition 5–10 Sekunden halten.
- Ruhig und gleichmäßig weiteratmen (keine Pressatmung).
- Von anfänglich 2–3 auf 5–6 Wiederholungen steigern.

Für Übungen, die auch *dynamisch* ausgeführt werden können, gilt:
- Die geforderte Übung wird 5- bis 10-mal ohne Haltepause langsam ausgeführt.
- Von anfänglich einer Serie sollte auf 3 Serien gesteigert werden.
- Ist man in der Lage, 5–10 Wiederholungen mühelos zu bewältigen, so soll am Umkehrpunkt eine Haltepause von 2–3 Sekunden eingefügt werden.
- Diese Ausführungsform soll ebenfalls auf 3 Serien gesteigert werden (mit 5–10 Wiederholungen).

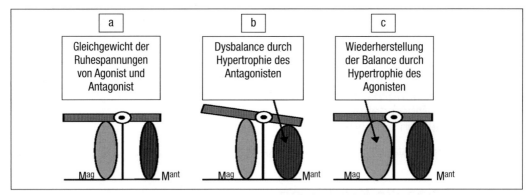

Abb. 86: Modellhafte Darstellung der arthromuskulären Balance in einem Gelenk (a), des Entstehens (b) und Behebens (c) einer muskulären Dysbalance. M^{ag}: Agonist M^{ant}: Antagonist (*Wiemann*, 1999).

Für diese Form der Ausführung gilt dann: Aus der Ausgangsposition wird die Endposition in ca. 2 Sekunden erreicht, dort 2 Sekunden verweilen und in 2 Sekunden zurück in die Ausgangsposition (*Dangel, Reichardt*, 1988).

20.5 Wie sieht es mit »traditioneller« Gymnastik aus?

Dynamische Formen werden bei schonender Ausführung (= vorsichtiges, allmähliches Herantasten an die optimale Bewegungsweite) bevorzugt. Voraussetzung ist weiterhin eine langsame Steigerung der Belastungsintensität im Verlauf der Aufwärmphase. Insbesondere beim sog. »*Cooling-down*« sollte man das aktiv-dynamische Dehnen anwenden. In der

Dehntechniken

Regeneration ist das aktiv-dynamische Dehnen dem passiv-statischen im Hinblick auf die Effektivität überlegen. Durch die dynamische Ausführung wird das Zusammenspiel der bewegenden und bremsenden Muskeln, die sog. intermuskuläre Koordination (Steuerung), positiv beeinflusst, was sich durch passiv statisches Stretching allein nicht beeinflussen lässt. Zur optimalen Einstimmung, vor allem auf schnellkräftige, koordinativ anspruchsvolle sportartspezifische Belastungen, sind diese Formen im Anschluss an ein allgemeines Aufwärmen angebracht.

 Aufgabe

- Weshalb darf man einen Muskel nicht ruckartig oder reißend dehnen?

- Welche Dehnungstechniken kennen Sie? Beschreiben Sie möglichst genau, wie diese ausgeführt werden sollen.

- Analysieren Sie die Übungen Ihres bisherigen Aufwärmprogramms. Welche Übungen müssen Sie künftig weglassen oder ändern?

- Beschreiben Sie, was Sie gegen einen verspannten (verkürzten) Muskel unternehmen können.

Glossar

Adaptation	Anpassung
Adaptabilität	individuelle Anpassungsfähigkeit
aerob	Vorgänge, die mit Beteiligung von Sauerstoff ablaufen
akzeleriert	beschleunigt
alaktazid	ohne Milchsäure (Laktat) ablaufende Energiebereitstellung
Anabolismus	aufbauende Vorgänge im Organismus
anaerob	Vorgänge, die ohne Beteiligung von Sauerstoff ablaufen
Antizipation	vorstellungsmäßige Vorwegnahme des Ergebnisses und Ablaufs einer Handlung
Derivat	Abkömmling
diuretisch	entwässernd
Elektrolyte	z. B. Salze, die in wässriger Lösung in positive und negative Ionen zerfallen
essenziell	wesentlich
exzentrisch	abbremsend/nachgebend (z. B. Muskelarbeit beim Abfangen des Körpergewichts)
Feedback	Rückkopplung, Rückmeldung
Flexibilität	Beweglichkeit, Gelenkigkeit
Fruktose	Fruchtzucker
funktionell	zweckbestimmt
gastrointestinal	den Magen-Darm-Bereich betreffend
Glukose	Traubenzucker
glykämisch	auf den Zuckergehalt in Nahrungsmittel bezogen
Glykogen	tierische Stärke, Speicherform des Traubenzuckers
Homöostase	Konstanz von Lebensbedingungen, Fließgleichgewicht
Heterochronizität	unterschiedlicher Verlauf (im Bereich der Regeneration)
intermuskulär	auf das Zusammenspiel verschiedener Muskeln bezogen
intramuskulär	auf das Zusammenspiel der Fasern in einem Muskel bezogen
isometrisch	Spannungsänderung des Muskels bei gleich bleibender Muskellänge
Ischämie	mangelnde Versorgung einzelner Organe mit Blut
Kohlenhydrate	Zuckerformen
Kontraktion	Anspannung des Muskels
konzentrisch	überwindend (im Krafttraining z. B. Kniestreckbewegung)
Laktat	Milchsäure

Mitochondrien	Zellorganelle für aerobe Energiebereitstellung (»Kraftwerke« der Zelle genannt)
Maltodextrine	Mehrfachzucker
Maltose	Malzzucker
morphologisch	Form, Größe, Umfang und Struktur von Körper, Organen oder Geweben betreffend
motorisch	die Bewegung betreffend
neuromuskulär	das Zusammenspiel von Nerv und Muskel betreffend
Osmolarität	osmotischer Druck einer Flüssigkeit (Verhältnis Teilchen/Flüssigkeit)
physisch	körperlich
Protein	Eiweiß
Prophylaxe	Vorbeugung
psychisch	seelisch
Regeneration	Erholung
Rehydratation	Wiederauffüllung mit Flüssigkeit
Resorptionsrate	Aufnahmemenge an Flüssigkeit in einem definierten Zeitabschnitt
retardiert	verzögert
rezeptiv	aufnehmend
Saccharose	Mehrfachzucker
Substitution	Ersatz
Sympathikus	Grenzstrang des sympathischen Teils des autonomen Nervensystems
Thermoregulation	Temperaturregulation des menschlichen Körpers
Viskosität	Zähflüssigkeit

Abkürzungen

ATP	Adenosintriphoshat
ADP	Adenosindiphosphat
mmHg	Millimeter Quecksilber
HDL	High Density Lipoprotein
kg	Kilogramm
KP	Kreatinphosphat
LDL	Low Density Lipoprotein
mosmol	Milliosmol
min	Minute
s	Sekunde
ÜL	Übungsleiter

Aus: *Liebermann, E.:* Zwischen Start und Ziel, Oldenburg 1981

Literatur

Anrich, C.: Fußball – Leistung steigern, Verletzungen vermeiden. Rowohlt, Reinbek 2002
Bauersfeld, M., G. Voß: Neue Wege im Schnelligkeitstraining. Philippka, Münster 1992
Baumann, S.: Psyche in Form. Bayerischer Landessportverband (Hrsg.), München 1999
Bös, K., W. Brehm: Gesundheitssport. Hofmann, Schorndorf 1998
Bötcher, G., M. Hönl: Effektives Schnelligkeitstraining im Handball – mehr als nur sprinten. Handball-Training 3 (1994) 39–43
Brouns, F.: Die Ernährung von Wettkampfsportlern. Leistungssport 1 (1995) 43–46
Czingon, H.: »Wie werde ich ein ›besserer‹ Trainer?« Leichtathletiktraining 7 (1997) 32–37
Dangel, G., H. Reichard: Fit und gesund im Sport. Sport Verlag, Sindelfingen 1988
Dickhut, H.-H.: Einführung in die Sport- und Leistungsmedizin. Hofmann, Schorndorf 2000
DTTB: Lehrplan 2000. DTTB-Eigenverlag, Frankfurt 2002
Feldmann, K., D. Späte: Handlungsschnelligkeit gezielt trainieren. Handballtraining 9 (1998) 4–17
Findeisen, D., P. Linke, L. Pickenhain: Grundlagen der Sportmedizin. Barth, Leipzig 1980
Francescon, G.: Soziale Kompetenz für Trainer/innen und Übungsleiter/innen im Kinder- und Jugendsport. Eigenverlag Hessische Sportjugend, Frankfurt 2001
Freiwald, J., et al.: Dehnen – neuere Forschungsansätze und deren praktische Umsetzung. Manuelle Medizin 1 (1999) 3–8
Frey, G., E. Hildenbrandt: Einführung in die Trainingslehre. Hofmann, Schorndorf 1994
Gabler, H., J. R. Nitsch, R. Singer: Einführung in die Sportpsychologie. Hofmann, Schorndorf 1986
Göhner, U.: Einführung in die Bewegungslehre des Sports. Verlag Hofmann, Schorndorf 1992
Grosser, M., H. Hermann, F. Tusker, F. Zintl: Die sportliche Bewegung. BLV Verlagsgesellschaft, München 1987
Grosser, M., A. Neumaier: Techniktraining. BLV Verlagsgesellschaft, München 1982
Grosser, M., S. Starischka, E. Zimmermann: Das neue Konditionstraining. BLV Verlagsgesellschaft, München 2001
Grupe, O.: Bewegung, Spiel und Leistung im Sport. Hofmann, Schorndorf 1982
Haidn, O., J. Weineck: Bogenschießen. Spitta, Balingen 2000
Harre, D.: Trainingslehre. Sportverlag, Berlin 1982
Hohmann, A., M. Lames, M. Letzelter: Einführung in die Trainingswissenschaft. Limpert, Wiebelsheim 2002
Hollmann, W., T. Hettinger: Sportmedizin- Arbeits- und Trainingsgrundlagen, 3.Aufl. Schattauer, Stuttgart–New York 1990

Hotz, A.: Praxis der Trainings- und Bewegungslehre. Moritz Diesterweg, Frankfurt 1991

Hotz, A.: So wenig wie nötig korrigiere – So oft wie nur möglich variiere! Leistungssport 3 (1996) 34–40

Hotz, A.: Erfolgreich trainieren! Akademischer Sportverband Zürich, Zürich 2000

Jansen, P.: Ausdauertraining. Spitta, Balingen 2003

Jeukendrup, A. E., F. Brouns: Ernährung im Ausdauersport: von der Theorie zur Praxis. Insider 5,2 (1997) 1–6

Joch, W., S. Ückert: Grundlagen des Trainierens. LIT, Münster 1999

Knebel, K. P., B. Herbeck, S. Schaffner: Tennis Funktionsgymnastik. Rowohlt, Reinbek 1988

Letzelter, M.: Trainingsgrundlagen. Rowohlt, Reinbek 1984

Martin, D.: Training im Kindes- und Jugendalter. Hofmann, Schorndorf 1988

Martin, D., K. Carl, K. Lehnertz: Handbuch Trainingslehre. Hofmann, Schorndorf 1993

Martin, D., J. Nicolaus, C. Ostrowski, K. Rost: Handbuch Kinder- und Jugendtraining. Hofmann, Schorndorf 1999

Meinel, K., G. Schnabel: Bewegungslehre – Sportmotorik. Volkseigener Verlag, Berlin 1977

Moeller, H., A. M. Niess: Getränke im Sport. Dtsch. Zeitschr. Sportmed. 9 (1997) 360–364

Neumaier, A.: Koordinatives Anforderungsprofil und Koordinationstraining. Sport und Buch Strauß, Köln 1999

Paffenbarger, R. S.: Körperliche Aktivität, Leistungsfähigkeit, koronare Herzkrankheit und Lebenserwartung. Dtsch. Zeitschr. Sportmed. 2 (1991) 60–66

Rieder, H., G. Fischer: Methodik und Didaktik im Sport. BLV Verlagsgesellschaft, München 1987

Rieder, H., I. Schmid: Grundlagen der Sportmethodik. Hofmann, Schorndorf 1980

Robbins, A.: Grenzenlose Energie – das Power-Prinzip. Heyne, München 2000

Rost, R.: Sportwissenschaftlich-sportmedizinische Begründung für einen gesundheitsorientierten Sport außerhalb und innerhalb der Hochschule. In: Gesundheit in Bewegung, Aachen 1992

Rost, R.: Sport und Gesundheit. Springer, Berlin–Heidelberg 1994

Schnabel, G., D. Harre, A. Borde: Trainingswissenschaft. Sportverlag, Berlin 1994

Spiecker, H.: Sportschuhe. perimed, Erlangen 1983

Tittel, K.: Beschreibende und funktionelle Anatomie des Menschen. Gustav Fischer, Stuttgart 1985

Weineck, J.: Optimales Training. Spitta, Balingen 2002

Weineck, J.: Sportanatomie. Spitta, Balingen 2002

Weineck, J.: Sportbiologie. Spitta, Balingen 2002

Weineck, J., H. Haas: Optimales Basketballtraining. Spitta, Balingen 1999

Wiemann, K., A. Klee, M. Startmann: Filamentäre Quellen der Muskelruhespannung und die Behandlung muskulärer Dysbalancen. Dtsch. Zeitschr. Sportmed. 4 (1998) 111–118

Willimczik, K., K. Roth: Bewegungslehre. Rowohlt, Reinbek 1983

Wulf, G.: Bewusste Kontrolle stört Bewegungslernen. Spektrum der Wissenschaft 4 (1998) 16–22

»Mr. Osborne, kann ich gehen? Mein Kopf ist voll.«

Sachregister

A
Abstrahlung 137
Adaptation 22, 28
Adenosintriphosphat (ATP) 113
Aktinfilamente 113, 119
Aktion 101
Alkohol 143
Alkoholmissbrauch 131
allgemein Trainierende 180
Anabolismus 148
Anfänger 180
Anfänger- und Jugendbereich 28
Anforderungsprofil 29, 32, 79
Anpassung s. Adaptation
Anspannungsdehnung 63
Antioxidanzien 149
Antizipation 57, 79
Antizipationsfähigkeit 165
Apfelschorle 142
Arterien 120
Arteriosklerose 157, 159
Aspekte, sport- psychologische 183 ff.
Atmungskette 113 ff.
Aufwärmen 186 ff.
–, allgemeines 186 f.
–, spezielles 188 f.
Ausdauer 49 f., 165
–, aerobe 167
–, allgemeine aerobe 51
–, spezielle 52 f.

Ausdauerbelastung 156, 159
Ausdauerfähigkeit 49 ff.
Ausdauerschulung 46, 175
Ausdauersport 158
Ausdauertraining 147, 180f.
–, aerobes 51, 174
Auswahlreaktion 56 f.

B
Bandapparat 125
Bandscheiben 127
Belastungsgefüge 70
Belastungssteigerung 26
Belastungssteuerung 65 ff.
Bewältigungsmodell 155, 157
Beweglichkeit 61 ff.
Beweglichkeitstraining 182
Bewegungen, azyklische 100
–, zyklische 100
Bewegungsabläufe 99 ff.
Bewegungsapparat, aktiver 112 ff., 170
–, passiver 43, 125 ff., 159, 170
Bewegungsaufgabe 99
Bewegungsbeschreibung 94
Bewegungsdemonstration 94
Bewegungserklärung 94
Bewegungsgenauigkeit 75

Bewegungskoordination 71
Bewegungslernen 103
Bewegungsmangel 157
Bewegungsrepertoire 71
Bewegungsschnelligkeit 58 f.
Bewegungssteuerung 83
Bewegungstechnik 131
Bewegunsziel 99
Bier 142 f.
Bindungsmodell 155 f.
biomechanische Prinzipien 103 f.
Blickverhalten 79
Bluthochdruck 158 ff.
Body-Mass-Index 150

C
Carboloading 145
Cholesterin (LDL, HDL) 158
Coach 87
Cooling down 90

D
Dauerdehnung 63
Dauermethode 66 ff.
Dehnen 62
Dehnübungen 61, 186
Dehnungsrückstand 62
Dehydratation 138, 139 ff.
Diastole 122
Differenzierungsfähigkeit 73, 75

Sachregister

Distanzmaximierung 99
Druckbedingungen 81
Durst 139 f., 172

E
Einfachreaktion 55
Einleitung 89
Elektrolythaushalt 137 ff.
Elefant, rosa 106
Energiebereitstellung 112 ff., 151
–, aerobe 115 f., 151
–, anaerob-laktazide 113 f., 151
Energiegewinnung, aerobe 115 ff.
–, anaerob-alaktazide 113 f., 150
–, anaerobe 113 ff.
–, anaerob-laktazide 114
Energieproduktion 140
energiereiche Phosphate 113
Entspannung 184
Entspannungsübungen 184
Erholungsphase 24
Erkältungskrankheiten 149, 168
Ernährung 135 ff., 151 f., 182
Ernährungstraining 148

F
Fähigkeiten, konditionelle 23, 42 ff., 173 ff.
–, koordinative 71 ff., 83, 167, 176
Feedback 105 ff.

Fehlererkennungsmechanismus 108
Fehlerkorrektur 88, 103, 105 ff.
Fette 147 f., 151
Fettmobilisierung 147
Fettreserven 145
Fettstoffwechsel 147
Fettstoffwechselstörung 158
Fitnesstraining 178 ff.
Flüssigkeitshaushalt 137 ff.
Fokus, externer 110 f.
–, interner 110 f.
Funktion 101
Funktionsphase 101
Funktionsphasenanalyse 101
Fußgelenke 127

G
Ganzheitsmethode 95 ff.
Gedankenpendel 185
Gehirn 167, 172
Geschicklichkeit 74
Gesundheitskonzepte 155 ff.
Gesundheitsressourcen 155
Gesundheitssport 153 ff.
Getränke 141 ff.
–, hypertone 139
Gewandtheit 74
Gewichtsreduktion 149 f.
Gleichgewichtsfähigkeit 72, 76, 165
Glykolyse 114
Greif-Loslass-Zyklus 114
Glykogenwiederauffüllung 147

Grundlagenausdauer 51, 168, 174 f.
Grundlagentraining 35, 38
Gymnastik, funktionelle 186, 190 ff.

H
Handlungsschnelligkeit 57 f.
Hauptfunktionsphase 101
Hauptteil 89
Herz 120 ff., 151
Herzerkrankungen, durchblutungsbedingte 154
Herzfrequenz 122, 174, 181
Herzinfarkt 154, 158
Herz-Kreislauf-System 23, 49, 119 ff., 151, 156, 159, 172, 174
Herzminutenvolumen 122
Hilfsfunktionsphase 101

I
Ich-Aussagen 17
Immunschutz 177
Immunsystem 149, 168
Index, glykämischer 147
Infektionskrankheiten 149, 170
Informationsanforderungen 80
Informationsmenge 107
Insulinstoffwechsel 176
Intervallmethode 66 ff.
–, extensive 67, 69
–, intensive 67, 69

K
Kältenanwendung 134
Kapazität, aerobe 139
–, anaerobe 171
Katabolismus 148
Kleinkindalter 164 f.
Kniegelenk 126
Knochen 125
Knochenfrakturen 141
Knorpel 125
Koffein 141, 143
Kohlenhydrate 140, 144 ff., 151
Kohlenhydratverwertung 159
Kommunikation 98, 105
Kompetenz, soziale 14 ff., 105
Komplexitätsdruck 57, 80
Konflikte 19 f.
Konvektion 137
Konzentration 143, 183 ff.
Konzentrationskontrolle 184 f.
Konzentrationsrichtungen 184
Konzentrationstraining 184 f.
Koordination 143, 167
Koordinationstraining 89, 132
Koppelungsfähigkeit 73, 75 f., 165, 167
Körpergewicht 177
Körperkreislauf 120 f.
Körpersprache 106
Korrektur, reduzierte 109
–, verbale 108
Kraftausdauer 46 f., 68
Kraftausdauertraining 46
Kraftfähigkeiten 43 ff.
Kräftigung, funktionelle 193 f.
Krafttraining 23, 175 f., 181 f.
Kraftzuwachs 45 f.
Kreuzband 126

L
Laktat (Milchsäure) 114 f.
Lehr-Lern-Prozess 98
Lehrverfahren, deduktives 95 f.
–, induktives 95 f.
Lehrwege 94
Leistung 178
–, koordinative 139
Leistungsfähigkeit 135
Leistungsklassen 179 f.
Leistungskontrollen 50
Leistungsvoraussetzungen, psychische 192
Lungenkreislauf 120

M
Malzbier 143
Maximalkraftmethode 59
Meinel'sche Analyse 103
Meniskus 126
Methodenwahl 95
Methodik 92 ff.
–, allgemeine 95
Milchsäure s. Laktat
Milchsäurebildung 171
Mineralstoffe 141
Mineralwasser 141 f.
Mitochondrien 115, 121, 149, 151
Motivation 159
Muskeldehnung, funktionelle 190 f.
Muskeldehnungsreflex 191
Muskelfasern 112
Muskelfilamente 113
Muskelgewebe 112 f.
Muskelkater 119
Muskelkontraktion 113 f.
Muskelstoffwechsel 141
Muskulatur 112 ff.
Myofibrillen 112 f.
Myosinfilamente 113, 119

N
Nicht-Anweisungen 106
Niedersprungtraining 170
Nordic Walking 150

O
Orientierungsfähigkeit 72 f., 75

P
Pause, lohnende 69 f.
Pausengestaltung 185
PECH 133
Phasenanalyse 100
Powerdrinks 143
Präzisionsanforderung 73
Präzisionsdruck 80
Präzisionsleistung 75
Prinzip, physiologisches 23
Proteine 148
Pulsfrequenz 51
Pulsfrequenzkontrolle 122

Sachregister

R
Radikale 148
Rauchen 130, 157
Raucher 153
Reaktionsfähigkeit 77, 79
Reaktionsschnelligkeit 55 f.
Reaktivkraft 48
Regelwerk 99
Regeneration 131, 143
Regenerationsgetränk 143
Regenerationsprozess 49
Reiz, überschwelliger 24
Reizdauer 66
Reizdichte 66
Reizstärke 66
Reizstufenregel 25
Reizumfang 66
Rhythmisierungsfähigkeit 77, 165
Risikofaktoren 158
Risikofaktorenmodell 155, 157
Ruhepuls 158

S
Salutogenesemodell 155 ff.
Schlagvolumen 122
Schluss 90
Schnelligkeit 29, 55, 167 f.
Schnelligkeitsausdauer 29, 60, 68
Schnelligkeitsfähigkeit 55 ff.
Schnelligkeitstraining 173 f.
Schnellkraft 28, 47, 168
Schnellkrafttraining 47
Schuhwerk 132
Schulkindalter, frühes 163, 167 f.
–, spätes 163, 168 f.
Schweiß 137
Schweißverdunstung 175
Schwitzen 138
– bei Kindern 138, 171 f.
Sehnenspindelreflex 192
Situationsdruck 81
Skelettmuskelgewebe 112 f.
Sozialkompetenz
s. Kompetenz, soziale
Spätkorrektur 109
Sportarten,
trefferorientierte 99
–, verlaufsorientierte 99
Sportbiologie 112 ff.
Sporternährung 135 ff.
Sportgetränke 141, 143 f., 177
Sportherz 121, 123
Sportriegel 177
Sportschäden 130 ff.
Sportverletzungen 130 ff.
–, akute 133
Sprunggelenk 127
Sprungkraft 176
Strukturmodelle 100 ff.
Superkompensation
s. Überkompensation
Synchronkorrektur 109
System, enzymatisches 149
–, nichtenzymatisches 149
systematisch Trainierende 180
Systole 122

T
Talent 164
Tapering-Methode 145
Technik, sportliche 99
Teillernmethode 95, 97 f.
Thermoregulation 171 f.
Trainer 13 ff., 57 f.
Trainerausbildung 13 ff.
Training 30 ff., 136
– im Kindes- und Jugendalter 163 ff.
–, plyometrisches 48
Trainingsbelastung 53
Trainingsbradykardie 123
Trainingsdauer 179
Trainingseinheit 86 ff.
Trainingshäufigkeit 26, 179
Trainingslager 137
Trainingsplanung 86
Trainingsprinzipien 22 ff.
Trainingsprotokoll 90
Trainingspuls 180
Trainingsquantität 27
Trainingsreiz 25
Trainingsumfang 27
Trainingszustand 27
Trefferorientierung 99

U
Übergangsperiode 28, 148
Übergewicht 158 f., 176
Überkompensation 24
Überlastungsschäden 133
Übungsleiter 13 ff., 61
Umstellungsfähigkeit 78 f.
Ungleichgewicht, muskuläres 190

V

Variabilitätsdruck 58
Variation der Bewegungs-
  ausführung 84
– der Übungsbedingungen
  85
Venen 120
Verdampfung von Wasser
  137
Verlaufsorientierung 99
Verletzungsgefährdung 159
Verletzungsprofil 130
Verletzungsursachen 130
Verletzungsvorbeugung
  130 f.
Videokorrektur 108
Viskosität 123
Vitamine 148 f.
Vorbereitungsperiode 51
Vorbereitungsphase 137
Vorkorrektur 109
Vorschulalter 165 ff.

W

Wachstum und
  Körpergröße 169
– und Stoffwechsel 169 f.
Walking 150
Wasserbauch 139
Wasserkissenfunktion 127
Wettkampfbelastung 53
Wettkampfbetreuung 107
Wiederholungsdehnung
  63 f.
Wiederholungsmethode 48,
  66 ff.
Wirbelsäule 127 ff.
Wohlbefinden 159

Z

Zeitdruck 57, 73, 78, 80
Zeitminimierung 99
Zitronensäurezyklus 115
Zuckerkrankheit 159
Zuhören 18 f.

Fachbücher für Profis – die Sportlinie von Spitta

Optimales Training

J. Weineck

14. Auflage 2004, 769 Seiten,
433 Abbildungen, gebunden
EUR 52,80 [D]
EUR 54,30 [A]
sFr 90,–
ISBN 3-9342-11-75-5

Optimales Fußballtraining

J. Weineck

4., überarbeitete Auflage
624 Seiten, 348 Abbildungen, gebunden
EUR 35,80 [D]
EUR 36,80 [A]
sFr 61,80
ISBN 3-934211-57-7

Optimales Basketballtraining

J. Weineck, H. Haas

1999, 700 Seiten, 508 Abbildungen,
132 Tabellen, gebunden
EUR 24,80 [D]
EUR 25,50 [A]
sFr 43,50
ISBN 3-932753-67-4

Fachbücher für Profis – die Sportlinie von Spitta

Ausdauertraining

Trainingssteuerung über die Herzfrequenz- und Milchsäurebestimmung

P. G. J. M. Janssen

3., überarbeitete u. erweiterte Auflage 2003

312 Seiten, ca. 250 Abbildungen,
85 Tabellen, Broschur
EUR 35,80 [D] / EUR 36,80 [A] / sFr 61,80
ISBN 3-934211-43-7

Neu!

Handverletzungen beim Sport

Ursachen, Behandlung, Vorbeugung

H. Rieger, J. Grünert

282 Seiten, 256 Abbildungen, gebunden
EUR 49,80 [D]
EUR 51,20 [A]
sFr 85,–
ISBN 3-934211-44-5

Neu!

Doping und seine Wirkstoffe

Verbotene Arzneimittel beim Sport

Hrsg.: D. Clasing

276 Seiten, 37 Abbildungen,
40 Tabellen, Broschur
EUR 27,80 [D]
EUR 28,60 [A]
sFr 48,70
ISBN 3-934211-73-9